DROEMER

Über die Autorin:
Katherine Boo schreibt fest angestellt beim *New Yorker*. Ihre Arbeit wurde vielfach ausgezeichnet, unter anderem mit dem Mac Arthur »Genius« Grant, dem National Magazine Award for Feature Writing und dem Pulitzer Prize. In den letzten zehn Jahren pendelte sie zwischen Indien und den USA. »Slum. Eine Geschichte von Leben, Tod und Hoffnung« ist ihr erstes Buch.

KATHERINE BOO

Slum. Eine Geschichte von Leben, Tod und Hoffnung

Aus dem Amerikanischen
von Pieke Biermann

DROEMER

Die amerikanische Originalausgabe erschien 2012 unter dem Titel
»Behind the Beautiful Forevers.
Life, death, and hope in a Mumbai undercity« bei Random House US.

»Slum. Eine Geschichte von Leben, Tod und Hoffnung«
ist erstmals 2012 unter dem Titel
»Annawadi oder der Traum von einem anderen Leben«
im Droemer Verlag erschienen.

Besuchen Sie uns im Internet:
www.droemer.de

FSC
www.fsc.org
MIX
Papier aus verantwortungsvollen Quellen
FSC® C083411

Vollständige Taschenbuchausgabe 2015
Droemer Taschenbuch

Umschlaggestaltung: NETWORK! Werbeagentur, München
nach einem Entwurf Społeczny Instytut Wydawniczy
ZNAK Sp. z o.o., Kraków, Poland
Umschlagabbildung: © Gettyimages/Christopher Pillitz;
© Les Stone/Sygma/Corbis
Satz: Adobe InDesign im Verlag
Druck und Bindung: CPI books GmbH, Leck
ISBN 978-3-426-30061-9

2 4 5 3 1

Für die zwei Sunils,
die mir beigebracht haben,
wie man nicht aufgibt.

INHALT

PROLOG:

Inmitten von Rosen

Mumbai, 17. Juli 2008

Es war kurz vor Mitternacht, die einbeinige Frau hatte schwere Verbrennungen, und die Mumbaier Polizei war auf dem Weg, um Abdul und seinen Vater abzuholen. In ihrer Slumhütte beim internationalen Flughafen trafen Abduls Eltern, ungewohnt sparsam mit Worten, eine Entscheidung. Der Vater, ein kranker Mann, sollte in der müllüberladenen Hütte mit dem Blechdach ausharren, in der die elfköpfige Familie wohnte. Er sollte sich widerstandslos abführen lassen. Abdul dagegen, der Verdiener der Familie, sollte abhauen.

Abdul selbst war wie üblich nicht nach seiner Meinung zu diesem Plan gefragt worden. Er hatte ohnehin längst Hirnstarre vor lauter Panik. Er war sechzehn, vielleicht auch neunzehn – seine Eltern waren hoffnungslos desinteressiert an derlei Daten. Allah in seiner unergründlichen Weisheit hatte Abdul klein und schreckhaft angelegt. Als Feigling, wie er selbst sich nannte. Er hatte keine Ahnung, wie man der Polizei entwischt. Ahnung hatte er vor allem von einem: Müll. Er hatte fast sämtliche wachen Stunden in fast sämtlichen Jahren, an die er sich erinnern konnte, damit verbracht, von reicheren Leuten weggeworfene Sachen aufzukaufen und an Recyclingfirmen weiterzuverkaufen.

Abdul begriff sehr wohl, dass er unbedingt verschwinden

musste, aber er hatte keine Vorstellung davon, wie das ging. Er rannte los, war aber bald wieder da. Ihm fiel nur ein Versteck ein, und das war zwischen seinem Müll.

Er riss die Tür auf und sah hinaus. Die Hütte seiner Familie stand in einer Reihe mit anderen mehr schlecht als recht zusammengenagelten Behausungen, und gleich nebenan war der windschiefe Verschlag, in dem er seinen Müll lagerte. Wenn er es unbemerkt da hinein schaffen könnte, wären die Nachbarn um das Vergnügen gebracht, ihn an die Polizei zu verpfeifen.

Der Mond gefiel ihm dagegen gar nicht: ein blödsinnig heller Vollmond, der die ganze staubige offene Fläche vor seinem Zuhause erleuchtete. Jenseits davon standen zwei Dutzend Hütten anderer Familien, und Abdul fürchtete, dass er nicht der Einzige war, der im Schutz einer Brettertür nach draußen spähte. Es gab Leute in diesem Slum, die seiner Familie alles Schlechte wünschten, einzig und allein aufgrund der alten Ressentiments zwischen Hindus und Muslimen. Andere hatten einen moderneren Grund für ihre Missgunst: Sozialneid. Abdul war im Müllgeschäft tätig, für das viele Inder nur Verachtung empfanden, und er hatte seine große Familie damit weit über das schiere Existenzminimum hinaus vorangebracht.

Immerhin lag der Platz ruhig da – verdächtig ruhig. Er zog sich wie eine Art Strand bis zu einem riesigen Klärteich, der den Slum nach Osten begrenzte, und abends ging es dort eigentlich hoch her: Leute prügelten sich, kochten, flirteten, badeten, versorgten ihre Ziegen, spielten Kricket, standen Schlange an der öffentlichen Wasserpumpe oder vor einem kleinen Bordell oder schliefen nach dem mörderischen Fusel aus der Bude zwei Türen neben Abdul ihren Rausch aus. Was immer sich in den überfüllten Hütten und auf den engen Slumwegen an Druck aufstaute, konnte sich nur hier auf dem Platz, dem Maidan, Luft verschaffen. Aber seit dem Streit und seitdem die Frau gebrannt hatte, die bei vielen nur Einbein hieß, hatten alle Leute sich in ihre Hütten zurückgezogen.

Jetzt schien zwischen den streunenden Schweinen, dem Wasserbüffel und den üblichen Betrunkenen, die bäuchlings und breitbeinig herumlagen, nur ein Wesen wachsam zu sein: ein kleiner Junge aus Nepal, der keine Angst vor Gespenstern hatte. Er saß am Klärteich, die Arme um die Knie geschlungen, eingehüllt in glitzernden blauen Dunst – einer Spiegelung des Neonschilds von einem der Luxushotels auf der anderen Seite des Wassers. Dass der junge Nepali beobachten könnte, wo er sich versteckte, fand Abdul nicht schlimm. Adarsh war kein Spitzel. Er blieb nur einfach gern lange draußen, um seiner Mutter und ihren nächtlichen Wutanfällen aus dem Weg zu gehen.

Eine bessere Gelegenheit würde er nicht bekommen. Abdul flitzte zu seinem Müllverschlag und zog die Tür hinter sich zu.

Es war pechschwarz, und es wimmelte von Ratten, trotzdem war Abdul erleichtert. Das hier war *sein* Lager – zehn Quadratmeter, bis an das löcherige Dach vollgestapelt mit den Dingen dieser Welt, mit denen Abdul etwas anzufangen wusste. Leere Wasser- und Whiskey-Flaschen, schimmelige Zeitungen, benutzte Tampon-Einführhilfen, zusammengeknüllte Alufolie, vom Monsun skelettierte Regenschirme, gerissene Schnürsenkel, vergilbte Wattestäbchen, verhedderte Tonbandkassetten, zerfetzte Plastikpackungen, in denen einst Barbiepuppen-Imitate gesteckt hatten. Irgendwo da im Dunkeln lagen auch die dazugehörigen Beebees oder Barblies, verkrüppelt von Experimenten, wie sie mit Spielzeug überfrachtete Kinder mit Dingen anstellten, die nicht mehr zu ihren Lieblingen gehörten. Abdul war im Laufe der Jahre auch zum Experten für die Vermeidung jeglicher Ablenkung geworden: Solche Puppen kamen immer mit dem Busen nach unten auf seinen Schrottstapel.

Geh jedem Ärger aus dem Weg. Das war Abdul Hakim Husains oberste Handlungsmaxime, an diesem Prinzip hielt er so verbissen fest, dass man es ihm regelrecht ansehen konnte. Die Augen lagen tief in ihren Höhlen, die Wangen waren eingesunken, sein drahtiger Körper von der Arbeit gekrümmt – er war der Typ, der sich auf den Slumwegen durch das Menschengewimmel fädelte, ohne auch nur so viel Raum zu beanspruchen, wie ihm eigentlich zustand. Fast alles an ihm war eingezogen, außer den abstehenden Ohren und den Haaren, die sich mädchenhaft nach oben kringelten, wenn er sich den Schweiß von der Stirn wischte.
Ein bescheidenes Auftreten, mit dem man nicht auffiel, war nützlich in Annawadi, in diesem Sumpfloch von einem Slum, in dem er lebte. Hier in den aufstrebenden westlichen Außenbezirken der indischen Finanzmetropole drängten sich dreitausend Leute in 335 Hütten – oder obendrauf. Es herrschte ein ständiges Kommen und Gehen von Zuzüglern aus ganz Indien, zumeist Hindus aus allen möglichen Kasten und Unterkasten. Abduls Nachbarn kamen aus so vielen und so verschiedenen Glaubensrichtungen und Kulturen, dass er als einer von nur drei Dutzend Muslims in Annawadi nicht mal annähernd durchfand. Für ihn war dieser Slum gepflastert mit Tretminen aus neuen und uralten Querelen, und er war fest entschlossen, in keine einzige zu tappen. Denn Annawadi war eben auch der ideale Ort für den Handel mit reicher Leute Müll.

Abdul und alle anderen lebten illegal auf einem Stück Land, das der indischen Luftfahrtbehörde gehörte. Zwischen dem Slum und der Zufahrt zum internationalen Terminal des Flughafens von Mumbai lag eine von Kokospalmen gesäumte Durchgangsstraße. Fünf piekfeine Hotels zu Nutz und Frommen der fliegenden Kundschaft zogen einen Halbkreis um Annawadi: vier ornamentüberladene Marmormegalithe und ein schnittiger blauer Glaskasten, das Hyatt. Von deren obersten Etagen aus muteten Annawadi und die anderen illegal besiedelten Flächen an wie ein paar Dörfer, die jemand vom Himmel herab in die Hohlräume der eleganten Modernität gestreut hatte.

»Um uns rum lauter Rosen«, wie Mirchi, Abduls jüngerer Bruder, es einmal beschrieben hatte, »und wir als Scheiße mittendrin.«

Seit der Jahrtausendwende boomte die indische Wirtschaft rasanter als jede andere außer der chinesischen, und in der Umgebung des Flughafens waren rosarote Paläste mit Eigentumswohnungen und gläserne Bürotürme hochgezogen worden. Ein Konzern nannte sich schlicht »More«. Immer mehr Kräne für immer mehr Gebäude, von denen das allerhöchste immer mehr Flugzeugen beim Landemanöver im Weg war: Hoch oben über der Oberstadt war ein smogvernebeltes, erfolgsbesessenes Hindernisrennen im Gange und ließ in kleinen Scheinen ein paar Chancen auf die Unterstadt der Slums hinabrieseln.

Jeden Morgen schwärmten Tausende Müllsammler aus und grasten das Flughafengelände nach verkäuflichem Überfluss ab, nach ein paar Pfund von den achttausend Tonnen Abfall, die Mumbai tagtäglich unter sich ließ. Wie Aasfresser schnappten sie nach zerknautschten Zigarettenpackungen, die aus Autos mit verdunkelten Scheiben geworfen wurden. Wie Straßenkehrer durchkämmten sie Kloaken und durchwühlten Müllcontainer nach leeren Wasser- und Bierflaschen. Wie Plünderer trotteten sie jeden Abend, Jutesäcke voll Müll auf dem Rücken, zurück in ihre Unterstadt. Eine Prozession Nikoläuse mit kaputten Zähnen und viel Sinn für Gewinn.

Abdul hockte dann schon wartend vor seiner rostigen Balkenwaage. Er war noch ein Teenager, stand aber in der Rangordnung des Müllgeschäfts eine Stufe höher als die

Müllsucher. Er war der Händler, der taxierte und ankaufte, was sie gefunden hatten. Und der seinen eigenen Gewinn durch den Weiterverkauf von Müll en gros an kleine Recyclingfirmen ein paar Kilometer weiter erzielte.

Beim Feilschen um Preise war Abduls Mutter der Star der Familie. Müllsucher, die zu viel für ihren Dreck haben wollten, deckte sie mit deftigen Pöbeleien regelrecht ein. Abdul dagegen tat sich schwer mit Worten und redete langsam. Sein Metier war das Müllsortieren – das äußerst wichtige Verfahren, mit dem er die jeweiligen Ankäufe akkurat in über sechzig Kategorien wie Papier, Plastik, Metall unterteilte, um sie gezielt verkaufen zu können.

Natürlich war er schnell. Er sortierte Müll ungefähr seit seinem sechsten Lebensjahr, denn die Tuberkulose und die Arbeit mit dem Müll hatten seinem Vater die Lunge ruiniert. Abdul verdankte sein ganzes motorisches Geschick allein dem Sortieren von Abfällen.

»Du wolltest ja sowieso nicht mehr zur Schule«, hatte sein Vater neulich festgestellt. Abdul war nicht sicher, ob er überhaupt lange genug in einer Schule gewesen war, um irgendetwas beurteilen zu können. Vor langer Zeit hatte er mal ein paar Jahre in einem Klassenzimmer gesessen, aber viel los gewesen war da nicht. Danach hatte es nur noch Arbeit gegeben. Arbeit, die so viel Dreckluft aufwirbelte, dass ihm schwarzer Rotz aus der Nase lief. Arbeit, die noch langweiliger als schmutzig war. Arbeit, von der er annahm, sie sein Leben lang zu tun. Meistens drückte ihn diese Aussicht nieder wie ein Urteilsspruch. An diesem Abend aber, als er sich vor der Polizei versteckte, fühlte sie sich an wie Hoffnung.

Der Brandgeruch war hier im Verschlag nicht mehr so deutlich wahrzunehmen, hier wetteiferte der Müllgestank mit dem Angstschweiß, der ihm in den Kleidern hing. Abdul zog

Hemd und Hose aus und stopfte sie hinter einen kippelnden Zeitungsstapel an der Tür.
Am besten war, überlegte er, oben auf den verknäulten Müllberg zu klettern und sich dicht an der Rückwand einzubuddeln, in zwei Metern fünfzig Höhe und größtmöglicher Entfernung zur Tür. Er war wendig, bei Tageslicht kam er in nur fünfzehn Sekunden auf den geschickt ausbalancierten Haufen. Aber jetzt im Dunkeln konnte ein einziger Fehltritt einen Erdrutsch aus Flaschen und Dosen auslösen, und der würde in alle Welt hinausposaunen, wo er steckte, denn die Hütten standen Wand an Wand, und Wände waren hier dünn.
Von rechts war ein beunruhigendes leises Schnarchen zu hören. Es kam von einem mundfaulen Cousin, der frisch aus dem Dorf zugezogen war und vermutlich davon ausging, dass in der Stadt täglich Frauen brannten. Abdul schob sich nach links und tastete in der totalen Finsternis nach einem Haufen blauer Polyurethansäcke. Die reinsten Schmutzmagneten, diese Säcke. Die sortierte er überhaupt nicht gern. Aber er erinnerte sich, dass er ein Bündel davon auf einen Stapel auseinandergefalteter, feuchter Pappkartons geworfen hatte – ideal für einen lautlosen Aufstieg.
Er ertastete Sackbündel und Pappstapel an der anderen Wand, die seinen Verschlag von der Familienhütte trennte. Er hievte sich hoch und wartete. Die Pappen pressten sich zusammen, Ratten gruppierten sich um, aber zum Glück schepperte nichts Metallisches zu Boden. Jetzt konnte er sich an der Seitenwand abstützen und über den nächsten Schritt des Balanceakts nachdenken.
Jenseits der Wand schlurfte jemand herum. Sein Vater höchstwahrscheinlich. Bestimmt hatte er den Schlafanzug schon ausgezogen, das Polyesterunterhemd hing ihm schlackernd von den Schultern, und er musterte eine Handvoll Tabakkrümel. Und bestimmt hatte er den ganzen Abend lang

mit seinem Tabak herumgespielt, hatte ihn mit dem Finger zu Kreisen, Dreiecken und wieder Kreisen zurechtgeschoben. Das tat er immer, wenn er nicht wusste, was er tun sollte.
Noch ein paar Schritte, ein lästiges Scheppern, und Abdul war bis zur Rückwand vorgedrungen. Er streckte sich aus. Und bereute sofort, seine lange Hose nicht mehr anzuhaben. Moskitos. Die Kanten von aufgerissenen Plastik-Blisterverpackungen, die ihm von unten in die Oberschenkel schnitten. Ein bitterer Brandgeruch hing in der Luft, aber es roch weniger nach Fleisch als nach Petroleum und verschmorter Sandale. Hätte Abdul ihn auf einem der Slumwege aufgeschnappt, sein Magen hätte sich nicht zusammengezogen. Es war geradezu Orangenblütenduft, verglichen mit dem verrottenden Hotelessen, das nachts in Annawadi ausgekippt wurde und dreihundert kotverklebte Schweine ernährte. Jetzt reagierte sein Magen so heftig, weil er genau wusste, was da roch – oder vielmehr wer.
Abdul kannte Einbein seit jenem Tag vor acht Jahren, an dem seine Familie nach Annawadi gezogen war. Er konnte sie gar nicht nicht kennen, denn ihre Hütten waren nur durch ein Laken voneinander getrennt. Schon damals hatte er Probleme mit ihrem Geruch gehabt. Einbein war arm, aber trotzdem immer irgendwie parfümiert. Abduls Mutter Zehrunisa dagegen roch nach Muttermilch und gebratenen Zwiebeln, und sie missbilligte so was.
Seit der Zeit mit dem Laken war Abdul sicher, dass seine Mutter in den meisten Fällen recht hatte. Sie war zärtlich zu ihren Kindern und spielte mit ihnen, und nach Ansicht ihres ältesten Sohns Abdul war ihr einziger wunder Punkt, ihre Art zu feilschen. Im Müllgeschäft waren drastische Lästereien beim Schachern zwar die Regel, aber für Abduls Geschmack befolgte seine Mutter diese Regel allzu schwelgerisch.

»Du dämlicher Loddel mit deinem Zitronenhirn!«, bellte sie mit gespielter Empörung. »Glaubst du etwa, ohne deine Büchsen verhungern meine Babys? Eigentlich müsst ich dir die Hose runterziehen und den Kleinkram wegsäbeln, den du da drin hast!«

Und das aus dem Mund einer Frau, die in irgendeinem weltfernen Dorf dazu erzogen worden war, Burka zu tragen und unterwürfig zu sein.

Abdul, der sich für »altmodisch, zu neunzig Prozent« hielt, fuhr seiner Mutter oft über den Mund. »Was würde dein Vater wohl sagen, wenn er dich so auf der Straße rumpöbeln hört?«

»Zusammenstauchen würd der mich«, konterte Zehrunisa eines Tages, »dabei hat er mich doch in diese Ehe mit einem kranken Mann getrieben. Hätt ich still und brav zu Hause gesessen wie meine Mutter, dann wär'n die Kinder hier alle verhungert.«

Den wunden Punkt seines Vaters wagte Abdul nicht zur Sprache zu bringen: Karam Husain war zu krank, um nennenswerte Mengen Müll zu sortieren, aber nicht so krank, die Finger von seiner Frau zu lassen. Die wahhabitische Sekte, in der er aufgewachsen war, lehnte jede Art von Empfängnisverhütung ab, und von den zehn Kindern, die Zehrunisa zur Welt gebracht hatte, waren neun am Leben.

Zehrunisa tröstete sich bei jeder neuen Schwangerschaft mit dem Gedanken, dass sie eine zusätzliche zukünftige Arbeitskraft produzierte. Abdul dagegen, die Arbeitskraft der Gegenwart, wurde bei jedem neu erwarteten Geschwisterchen besorgter. Dann machte er Fehler, zahlte den Müllsuchern zu viel Geld für Säcke voll wertlosem Krempel.

»Mach langsam«, hatte sein Vater ihm sanft geraten. »Du musst Nase, Mund und Ohren benutzen, nicht bloß deine Waage.« Klopf Metallschrott mit dem Fingernagel ab. Du hörst am Klang, was genau das ist. Kau auf Plastik herum,

um die Dichte herauszufinden. Hartplastik steckst du halb in den Mund und holst Luft. Wenn es frisch riecht, ist es hochwertiges Polyurethan.
Und Abdul hatte gelernt. Nach einem Jahr war genug zu essen da. Nach einem weiteren war auch ein bewohnbareres Zuhause da. An die Stelle des Lakens trat erst eine Trennwand aus Wellblechresten und später eine Mauer aus ausgemusterten Ziegelsteinen, die sein Zuhause zum solidesten Gebäude der ganzen Reihe machte. Beim Gedanken an diese Steinmauer überfielen Abdul allerdings immer gemischte Gefühle: zum einen Stolz, zum anderen Furcht, womöglich waren die Steine ja so minderwertig, dass die Wand bald wegbröckelte, aber drittens auch Erleichterung, weil seine Sinne geschont wurden. Es gab jetzt eine fast zehn Zentimeter dicke Barriere zwischen ihm und Einbein, die Liebhaber empfing, während ihr Mann irgendwo anders Müll sortierte. Seit ein paar Monaten hatte Abdul von ihr nur noch Notiz nehmen müssen, wenn sie auf dem Weg zum Markt oder zur öffentlichen Toilette mit ihren Metallkrücken vorbeigeklackert kam. Die Krücken schienen zu kurz zu sein, denn Einbein streckte beim Gehen immer den Hintern raus – und schwenkte ihn so durch die Gegend, dass die Leute lachten. Ihr Lippenstift sorgte für weitere Heiterkeit. *Die malt sich sogar 'n Gesicht, wenn sie bloß aufs Scheißhaus latscht?* An manchen Tagen war ihr Mund orangerot, an anderen purpurrot, als wäre sie auf den Jambolana-Pflaumenbaum beim Hotel Leela geklettert und hätte ihn kahlgefressen.
Eigentlich hieß sie Sita. Sie war hellhäutig, normalerweise ein Pluspunkt, aber ihr eines verkümmertes Bein hatte den Brautpreis massiv gedrückt. Ihre hinduistischen Eltern hatten das einzige überhaupt abgegebene Angebot angenommen. Es kam von einem armen, unansehnlichen, schwer schuftenden alten Muslim – »der war schon halbtot, aber sonst wollt sie ja keiner«, hatte die Mutter einmal nase-

rümpfend verkündet. Der unmögliche Ehemann hatte Sita den Namen Fatima verpasst, und der missratenen Verbindung waren drei dürre Töchter entsprungen. Die Kränklichste war eines Tages in einem Eimer ertrunken, zu Hause. Dass Fatima gar nicht zu trauern schien, erregte allgemeines Getuschel. Schon ein paar Tage danach war sie wieder außerhalb ihrer Hütte unterwegs, wie immer die Hüften schwenkend und hinter Männern herstarrend, aus goldgesprenkelten Augen, nie mit gesenktem Blick.

In letzter Zeit machte in Annawadi überhaupt jeder viel zu sehr, wozu er Lust hatte, so kam es Abdul jedenfalls vor. Seit Indien prosperierte, waren die alten Vorstellungen, dass man das Leben so anzunehmen hatte, wie die eigene Kaste und die eigenen Götter es vorgaben, mehr und mehr dem neuen Glauben gewichen, man könne sich auf Erden einfach neu erfinden. Mittlerweile redeten auch Annawadier so locker von besserer Lebensqualität, als wäre Fortuna eine nette Tante, die nächsten Sonntag zu Besuch kommt, als hätte die Zukunft nicht die geringste Ähnlichkeit mit der Vergangenheit.

Sein Bruder Mirchi zum Beispiel hatte nichts im Sinn mit Müllsortieren. Er sah sich lieber in einer gestärkten Uniform zum Dienst in einem Luxushotel antreten. Er hatte von Kellnern gehört, die den ganzen Tag lang bloß Zahnstocher in Käsewürfel steckten oder Messer und Gabeln korrekt auf Tischen plazierten. So einen sauberen Job wollte er auch. »Wart's ab!«, blaffte er einmal seine Mutter an. »Irgendwann hab ich ein Badezimmer, so groß wie die ganze Hütte hier!«

Oder Raja Kamble, ein kränkelnder Klomann, der auf dem Slumweg hinter den Husains wohnte. Sein Traum war eine Wiedergeburt durch Medizin. Eine neue Klappe für sein kaputtes Herz, damit könnte er überleben und seine drei Kinder zu Ende aufziehen. Oder Meena mit den konservativen, zu Gewalt neigenden Alten, sie war fünfzehn und entschieden schärfer auf den Geschmack von Freiheit und Abenteuer, den sie aus Fernsehserien kannte, als auf eine arrangierte Ehe und häusliche Unterwerfung. Oder Sunil, der Müllsucher, viel zu klein für seine zwölf Jahre, er wollte einfach genug zu essen haben, um endlich zu wachsen. Asha, eine Frau vom Kaliber eines Kampfhahns, die neben der öffentlichen Toilette lebte, hatte ganz andere Ambitionen. Sie sehnte sich danach, Annawadis erster weiblicher Slumlord zu werden und auf der Welle der unaufhaltsamen Korruption bis hoch in die Mittelschicht zu reiten. Ihre Tochter Manju verfolgte dagegen ein in ihren Augen hehreres Ziel: Sie wollte Annawadis erster weiblicher Teenager mit Collegeabschluss werden.

Die absurdesten Träume von allen aber hatte Einbein. Das fand jeder. Sie interessierte sich vorrangig für außerehelichen Sex, und zwar nicht bloß wegen des Kleingelds. Das hätten die Nachbarn noch verstanden. Doch Einbein wollte via Sex hinauswachsen über das Gebrechen, das die anderen ihr als Namen angehängt hatten. Sie wollte respektiert und attraktiv gefunden werden. Die Annawadier empfanden derlei Begehr als unangemessen für einen Krüppel.

Abdul selbst wollte einfach nur eine Frau, die keinen Schimmer von Wörtern wie *Loddel* und *Schwesterficker* hatte und der es nicht viel ausmachte, wie er roch, und irgendwann irgendwo ein Zuhause, Hauptsache nicht in Annawadi. Und wie die meisten Menschen im Slum und übrigens auf der ganzen Welt glaubte auch er, dass seine Träume im Einklang mit seinen Fähigkeiten standen.

Inzwischen war die Polizei in Annawadi. Sie kamen über den Maidan auf sein Zuhause zu. Das mussten Polizisten sein. Slumbewohner hatten keinen so selbstgewissen Tonfall.

Die Husains kannten etliche der Beamten von der zuständigen Polizeiwache Sahar. Genügend, um Angst vor allen zu haben. Sobald die mitkriegten, dass im Slum eine Familie zu Geld gekommen war, kreuzten sie alle paar Tage auf und pressten ihr etwas ab. Der Schlimmste von dem ganzen Haufen war Constable Pawar, er hatte die obdachlose kleine Deepa, die vor dem Hyatt-Hotel Blumen verkaufte, schwer misshandelt. Aber auch die meisten seiner Kollegen würden einem mit Freuden noch auf das letzte Stück Brot rotzen.

Abdul hatte sich innerlich für den Moment gewappnet, in dem die Polizisten den Fuß in die Hütte seiner Familie setzen würden, er war gefasst auf schreiende kleine Kinder und umgerissene polternde Edelstahltöpfe. Diese beiden Polizisten waren jedoch völlig ruhig, teilten geradezu freundlich die wesentlichen Fakten mit. Einbein hatte überlebt und im Krankenhaus Abdul, seine ältere Schwester Kekhashan und seinen Vater beschuldigt, sie erst geschlagen und dann angezündet zu haben.

Abdul erinnerte sich später genau, dass die Worte der Polizisten gleichsam wie in einem Fiebertraum durch die Wand zu ihm in den Lagerraum gedrungen waren. Einbein hatte also auch seine Schwester beschuldigt. Dafür wünschte er ihr den Tod, was er sofort wieder bereute. Denn wenn Einbein tot wäre, säße seine Familie noch tiefer in der Patsche.

Wer arm war in Annawadi, überhaupt in jedem Mumbaier Slum, war automatisch schuldig, welches Vergehens auch immer. Abdul kaufte manchmal gestohlenen Metallschrott von Müllsuchern. Er betrieb ein Geschäft, für das es gar keinen Gewerbeschein gab. Allein in Annawadi zu leben war strafbar, seit die Flughafenbehörde illegale Bewohner wie ihn da weghaben wollte. Aber niemand von seiner Familie hatte Einbein Verbrennungen zugefügt. Sie hatte sich selbst angezündet.

Japsend und mit seiner lungenschwachen Stimme beteuerte Abduls Vater, dass seine Familie unschuldig war, als die beiden Polizisten ihn abführten. »Und Ihr Sohn, wo ist der?«, fragte der eine laut, direkt vor der Tür zu Abduls Lager. Die Lautstärke war ausnahmsweise nicht als Machtdemonstration gemeint. Er wollte wohl einfach das Jammern von Abduls Mutter übertönen.

Zehrunisa Husain hatte auch in guten Zeiten nahe am Wasser gebaut, Tränen waren eins ihrer Lieblingsmittel zur Gesprächseröffnung. Aber jetzt schluchzte sie heftiger als gewöhnlich, weil auch ihre Kinder schluchzten. Die kleinen Husains hingen noch mit argloserer Liebe an ihrem Vater als Abdul, und sie würden die Nacht, in der die Polizei kam und ihn mitnahm, nie vergessen.

Zeit verstrich. Das Jammern verklang. »In einer halben Stunde ist er zurück«, erzählte Zehrunisa den Kindern in schrillem Singsang, einem der Tonfälle, in denen sie log. Trotzdem schöpfte Abdul beim Wort *zurück* wieder etwas Mut. Offenbar waren die Polizisten erst mal weg aus Annawadi, nachdem sie seinen Vater festgenommen hatten.

Es war zwar nicht ganz auszuschließen, dass sie zurückkommen und auch nach ihm suchen würden. Aber nach allem, was er über den Energiehaushalt von Mumbaier Polizisten wusste, war es wahrscheinlicher, dass sie für diesen Tag Feierabend machten. Das verschaffte ihm drei, vier weitere Stunden Dunkelheit zum Schmieden von Fluchtplänen, die mehr brachten, als sich bloß in der Hütte nebenan zu verkriechen.

Abdul fühlte sich durchaus imstande zu gewagten Unternehmungen. Insgeheim bildete er sich zum Beispiel etwas darauf ein, dass die ewige Müllsortiererei seinen Händen schier tödliche Kräfte verliehen hatte – dass er einen Ziegelstein mit einem Hieb halbieren könnte wie Bruce Lee. »Komm, wir holen mal einen«, hatte ein Mädchen gesagt, vor dem er einmal unklugerweise damit angegeben hatte. Er hatte sich schnell rausgeredet. Schließlich wollte er seinen Glauben still für sich hegen und nicht auf die Probe stellen.

Mirchi, sein zwei Jahre jüngerer Bruder, war entschieden kühner, er hätte sich nicht in dem Verschlag versteckt. Mirchi war ein Fan von Bollywood-Filmen, in denen Outlaws mit blanker Brust aus Hochhausfenstern springen und über die Dächer von fahrenden Zügen rennen, verfolgt von um sich ballernden Polizisten, die nie treffen. Abdul dagegen nahm sich jede bedrohliche Situation in jedem Film zu Herzen. Er hatte auch noch immer lebhaft im Kopf, wie er eines Abends mit einem anderen Jungen gut einen Kilometer weit zu einer Hütte gegangen war, in der immer raubkopierte Videos liefen. Der Film spielte in einer Villa, und in deren Keller hauste ein Monster – eine pelzige, orangegelbe Kreatur, die sich von Menschenfleisch ernährte. Abdul hatte dem Besitzer der Videobude hinterher zwanzig Rupien zahlen müssen, um bei ihm auf dem Boden schlafen zu dürfen, seine Beine waren vor lauter Angst so steif gewesen, dass er nicht mehr nach Hause gehen konnte.

Aber so peinlich es ihm auch war, wenn andere Jungen mitbekamen, dass er Angst hatte, es wäre ihm unvernünftig vorgekommen, jemand anders sein zu wollen. Er studierte lieber seine Nachbarn, während er Zeitungen oder Dosen sortierte, Tätigkeiten, bei denen es mehr auf Tasten als auf Sehen ankam. Die Angewohnheit war ein guter Zeitvertreib und brachte ihn auf allerlei Theorien, von denen eine schließlich die Oberhand gewann. Seiner Ansicht nach hingen in Annawadi Glück und Wohlstand nicht nur davon ab, was man machte und wie gut man das machte, sondern auch davon, dass man Unfällen und Katastrophen aus dem Weg ging. Ein anständiges Leben, das war der Zug, unter den man nicht gekommen war, der Slumlord, den man nicht verärgert, die Malaria, die man sich nicht eingefangen hatte. Gut, er wäre schon gern aufgeweckter, aber andererseits war er sicher, eine für seine Lebensumstände fast ebenso wertvolle Eigenschaft zu besitzen. Er war *chaukanna,* wachsam.

»Meine Augen sehen in alle Richtungen gleichzeitig«, so drückte er es auch aus. Er war sicher, ein Unheil schon kommen zu sehen, wenn man ihm noch ausweichen konnte. Einbeins Verbrennung hatte ihn zum ersten Mal kalt erwischt.

Wie spät war es? Auf dem Maidan brüllte eine Nachbarin namens Cynthia: »Wieso haben die nicht gleich die ganze Familie mitverhaftet?« Cynthia war eng mit Einbein befreundet und hasste die Husains, seit ihre eigene Familie mit ihrem Müllgeschäft Pleite gemacht hatte. »Los, wir gehen zur Polizei und sagen, die sollen wiederkommen und die alle mitnehmen«, wiegelte sie die anderen Nachbarn auf. Aus Abduls Hütte kam nur Schweigen.

Nach einer Weile hielt sie zum Glück den Mund. Offenbar brach keine allgemeine Zustimmung zu einem Protestmarsch über den Slum herein, im Gegenteil, die meisten waren sauer auf Cynthia, weil sie mit ihrem Geschrei alle aufweckte. Ganz allmählich schien sich die Spannung der Nacht zu lösen, aber plötzlich schepperten überall ringsum Edelstahltöpfe los. Abdul schreckte hoch und war verwirrt.

Goldenes Licht sickerte durch die Ritzen einer Tür. Einer Tür, die nicht zu seinem Lagerverschlag gehörte. Einer Tür, für deren Identifizierung er eine Minute brauchte. Er hatte seine lange Hose wieder an und lag anscheinend auf dem Boden der Hütte eines jungen muslimischen Kochs, der auf der anderen Seite vom Maidan lebte. Es war heller Morgen. Das Geschepper um ihn herum kam aus den Nachbarhütten, in Annawadi wurde das Frühstück zubereitet.

Wann und wie war er über den Maidan und in diese Hütte gekommen? Und warum? Die Panik hatte ihm ein Loch ins Gedächtnis gefressen, die letzten Stunden dieser Nacht blieben ihm für immer ungeklärt. Klar war nur eins: Er war im heikelsten Augenblick seines Lebens, in einer Situation, die

Mut und Tatkraft erfordert hätte, in Annawadi geblieben und eingeschlafen.

Im selben Moment wusste er, was jetzt zu tun war: Er musste seine Mutter finden. Er hatte sich als dermaßen fluchtuntauglich erwiesen, dass sie ihm erst einmal sagen musste, was er machen sollte.

»Und lauf schnell«, fügte Zehrunisa noch hinzu, als sie ihre Instruktionen beendet hatte. »So schnell du kannst!«

Abdul schnappte sich ein frisches Hemd und flüchtete. Über den Maidan, vorbei an einer krakeligen Reihe von Hütten, weiter auf einer Schotterstraße. Müll und Wasserbüffel auf der Slumseite. Hyatt-Glitzerglas auf der anderen. Im Laufschritt fummelte er Hemdknöpfe zu. Nach knapp zweihundert Metern erreichte er die breite Durchfahrt zum Flughafen mit den blühenden Gärten zu beiden Seiten, Aushängeschilder einer Stadt, die er kaum kannte.

Sogar Schmetterlinge. Er keuchte an ihnen vorbei und mogelte sich auf das Flughafengelände. Arrivals nach unten. Departures nach oben. Er nahm einen dritten Weg, an einer langen blauweißen Wellblechwand entlang, hinter der Presslufthämmer mit lautem Getöse das Fundament für ein protziges neues Terminal aushoben. Abdul hatte immer mal wieder probiert, die Flughafenabsperrung zu Geld zu machen. Zwei solche Wellblechplatten klauen und verkaufen, und ein Mülljunge könnte sich ein Jahr lang zur Ruhe setzen.

Er lief weiter, bog scharf nach rechts an einem Halteplatz voll schwarzer und gelber in der Morgensonne glänzender Taxis. Noch einmal nach rechts, in die schattige Kurve einer Auffahrt, über die ein großer, dichtbelaubter Ast ragte. Ein drittes Mal nach rechts und er war bei der Polizeiwache von Sahar.

Zehrunisa hatte es ihrem Sohn sofort angesehen: Dieser Junge hatte einfach zu viel Angst, um sich vor der Polizei zu verstecken. Sie selbst war auch angsterfüllt aufgewacht, sie fürchtete, dass die Polizisten womöglich ihren Mann verprügelten, zur Strafe dafür, dass Abdul abgehauen war. Und der älteste Sohn hatte die Pflicht, seinen kranken Vater vor so etwas zu bewahren.

Abdul war bereit, seine Pflicht zu tun, beinah freudig sogar. Untertauchen war etwas für Leute, die sich wirklich schuldig gemacht hatten. Das hatte er aber nicht, und er wollte den Unschuldsstempel dafür auf die Stirn. Also blieb ihm gar nichts anderes übrig, als sich den Behörden zu stellen, die solche Stempel hatten – der Polizei, der Justiz. Nicht dass ihm seine kurze Lebensgeschichte irgendeinen Anlass geboten hätte, an deren Prinzipien zu glauben. Trotzdem würde er genau das jetzt versuchen.

Ein Polizist in Khakiuniform mit Epauletten klebte hinter einem grauen Metalltresen. Als er Abdul sah, stand er überrascht auf. Er hatte einen Schnauzbart und darunter fette, fischartige Lippen, an die erinnerte Abdul sich später ganz genau – vor allem daran, wie sie immer erst etwas aufschnappten, bevor der Mann lächelte.

TEIL EINS:

Die Unterstadt und ihre Bürger

Die reden alle so in Annawadi –
na, mein Sohn wird mal Doktor, Anwalt,
und der macht uns reich. Reine Einbildung,
sonst gar nichts. Dein Bötchen segelt
nach Westen, du klopfst dir auf die
Schulter: »Was bin ich für'n toller
Steuermann!« Und dann fegt der Wind
dich doch nach Osten.

Karam Husain, Abduls Vater

1. Annawadi

Kurz anhalten, Standbild von dem Moment, in dem Officer Fischmaul und Abdul in der Polizeiwache aufeinandertreffen. Zurückspulen, Abdul im Schnelllauf rückwärts, raus aus der Wache, weg vom Flughafen, zurück nach Hause. Flammen, die eine behinderte Frau in einer rosageblümten Tunika umzüngeln, schließlich zusammenschnurren zu einem Streichholzbriefchen auf dem Boden. Fatima, die ein paar Minuten vorher zu einem heiseren Liebeslied tanzt, auf Krücken, die feinen Gesichtszüge noch unversehrt. Noch weiter zurückspulen, sieben Monate früher, anhalten bei einem ganz normalen Tag im Januar 2008. Die Jahreszeit etwa so verheißungsvoll wie in all den Jahren, seit dieser Slum zusammengezimmert worden war, in der größten Stadt eines Landes, in dem ein Drittel aller armen Leute dieses Planeten lebt. Eines Landes, dem vor lauter Entwicklung und umlaufenden Geldmengen ganz schwindelig ist.

Der Tag war mit Böen angebrochen, wie oft im Januar, dem Monat der verhedderten Drachen und vergrippten Köpfe. Weil auf dem Fußboden der Hütte nicht genug Platz zum Schlafen für die ganze Familie war, lag Abdul im Kies auf dem Maidan, der einigen Husain-Kindern seit Jahren als Bett diente. Vorsichtig stieg seine Mutter über einen seiner jüngeren Brüder, dann noch einen und bückte sich zu Abduls Ohr. »Wach auf, du Trottel!«, flachste sie. »Oder bist du neuerdings Traumarbeiter?«

Der abergläubischen Zehrunisa war aufgefallen, dass die Tage, an denen sie ihren Ältesten morgens mit Schimpftiraden überzog, oft mit den besten Gewinnen endeten.

Und da die Januareinnahmen eine tragende Säule im jüngsten Husainschen Plan waren, aus Annawadi zu entkommen, hatte sie sich dieses Geschimpfe zur Gewohnheit gemacht.

Abdul wachte auf, ohne groß zu klagen, denn seine Mutter duldete nur eine einzige Art Klagen, und das war ihr eigenes. Außerdem hatte diese Morgenstunde immer etwas Sanft-Gemächliches, in ihr erschien ihm Annawadi am wenigsten hassenswert. Die bleiche Sonne legte einen funkelnden silbernen Zauber über den Klärteich, und noch waren die Papageien, die am gegenüberliegenden Ufer nisteten, deutlicher zu hören als die Flugzeuge. Nebenan, vor den teilweise nur von Stricken und Klebeband zusammengehaltenen Hütten, machten sich Nachbarn mit feuchten Lappen diskret frisch. Kinder in Schuluniform mit Schlips schleppten töpfeweise Wasser von der öffentlichen Pumpe herbei. Vor dem orangeroten Betonklotz mit den öffentlichen Toiletten stand eine träge Schlange. Selbst die Ziegen hatten noch schlafschwere Augen. Es war ein kurzer Augenblick intimer Häuslichkeit, bevor die große Jagd nach der winzigen Marktnische wieder losging.

Ein Bauarbeiter nach dem anderen zog zu einer Kreuzung voller Menschen, an der Bauaufseher sich Tagelöhner aussuchten. Junge Mädchen flochten Girlanden aus Ringelblumen, die sich später an Autofahrer auf der Airport Road verhökern ließen. Ältere Frauen nähten rosarote und blaue Flicken auf Baumwollquilts, für eine Firma, die Stücklöhne zahlte. In einer kleinen, brütend heißen Plastikfabrik kurbelten Männer mit nackten Oberkörpern an Maschinen herum, die die bunten Kügelchen zu Verzierungen für Autorückspiegel verarbeiteten – grinsende Entchen und pinkrosa Katzen mit Halskettchen –, und konnten sich nicht vorstellen, dass irgendwer irgendwo so was kaufte. Und auf dem Maidan ging Abdul in die Hocke und machte sich ans Sortieren

der Abfallankäufe von zwei Wochen, wobei ihm das fleckige Hemd die knorrige Wirbelsäule hochrutschte.
Im Allgemeinen hatte er seinen Nachbarn gegenüber die Einstellung: »Je besser ich euch kenne, desto unsympathischer finde ich euch und ihr mich umgekehrt auch. Also bleiben wir lieber jeder für sich.« Wenn er allerdings wie an diesem Morgen ganz in seiner Arbeit aufging, konnte er sich sogar vorstellen, Seite an Seite mit seinen annawadischen Kollegen zu schuften.

Annawadi lag knapp zweihundert Meter neben der Airport Road, der Trennlinie, an der das neue Indien und das alte Indien aufeinanderprallten und das neue Indien kurz ins Hintertreffen geriet. Die Fahrer in den Geländewagen hupten erbost, wenn wieder mal die Botenjungen vom Hühnerladen im Slum auf ihren Fahrrädern ausschwärmten, ein Gestell mit dreihundert Eiern auf dem Gepäckträger. Annawadi selbst war nichts Besonderes, ein Slum wie alle anderen in Mumbai. Die Häuser waren windschief, alles, was ein bisschen weniger windschief war, sah folglich aus wie gerade. Und Klärteich und Kranksein sahen aus wie das Leben.
Der Slum war 1991 von einem Trupp Saisonarbeiter errichtet worden, die aus dem südindischen Bundesstaat Tamil Nadu angekarrt worden waren, um eine Startbahn auf dem internationalen Flughafen auszubessern. Nach getaner Arbeit hatten sie jedoch beschlossen dazubleiben, dicht beim Flughafen und den verlockenden Aussichten auf weitere Baustellen. In einer Gegend, in der herrenloser Grund und Boden kaum noch vorhanden war, schien eine matschige Brache voller Schlangen und Gestrüpp direkt an der Straße zum internationalen Terminal nicht der schlechteste Ort zum Leben.
Anderen armen Leuten war die Stelle zu feucht zum Wohnen, die Tamilen dagegen machten sich an die Arbeit, hack-

ten das Gestrüpp weg, in dem die Schlangen hausten, schaufelten Dreck aus trockeneren Ecken zusammen und füllten das Schlammloch damit auf. Nach einem Monat kippten die Bambusstangen schon nicht mehr vornüber, kaum dass sie sie in den Boden gerammt hatten. Sobald sie sicher hielten, wurden leere Zementsäcke als Decke darübergespannt, und so entstand allmählich eine Siedlung. Den Namen gaben ihr die Bewohner der Nachbarslums: Annawadi – Land der *annas*, eine respektvolle tamilische Bezeichnung für große Brüder. Für tamilische Migranten waren sonst eher weniger respektvolle Bezeichnungen in Umlauf. Aber die anderen armen Unterstädter hatten gesehen, wie die Tamilen mit viel Schweiß den Morast in festen Boden verwandelt hatten, und dass sie so schuften konnten, hatte ihnen eine gewisse Hochachtung eingetragen.

Siebzehn Jahre später galt in diesem Slum nach offiziellen indischen Maßstäben niemand mehr als arm. Die Annawadier gehörten sogar zu den etwa hundert Millionen Indern, die nach 1991 von Armut befreit worden waren. Seit diesem Zeitpunkt, also etwa seit der Gründung des kleinen Slums, trieb die indische Bundesregierung die Liberalisierung der Wirtschaft energisch voran. Und so wurden die Annawadier Teil einer der mitreißendsten Erfolgsstorys in der modernen Geschichte des globalen Marktkapitalismus, ein Narrativ, das noch lange nicht zu Ende erzählt ist.

Sicher, nur sechs der dreitausend Einwohner des Slums hatten einen festen Job. (Der Rest gehörte wie 85 Prozent aller indischen Arbeiter zur informellen, unorganisierten Ökonomie.) Sicher, ein paar Bewohner stellten Fallen auf, um zum Abendessen wenigstens eine Ratte oder einen Frosch in der Pfanne zu haben. Ein paar aßen Grasbüschel vom Rand des Klärteichs. Aber genau damit leisteten diese Einzelnen, diese bedauernswerten Seelen, einen unschätzbaren Beitrag für die Nachbarschaft: Sie verschafften Slumbewohnern wie

Abdul, die sich nicht von Rattenbraten und Unkraut ernähren mussten, das sichere Gefühl, selbst auf dem Weg nach oben zu sein.

Im Winter kotzten der Flughafen und die Hotels den Müll regelrecht aus, dann war Hochsaison für Tourismus, Geschäftsreisen und pompöse Hochzeitsfeiern, die in ihrer Maßlosigkeit ein ziemlich genaues Abbild der Börse des Jahres 2008 und ihres bis dato höchsten Hochs waren. Noch lukrativer für Abdul waren die Olympischen Spiele im kommenden Sommer in Peking, denn der Bauwahn in China trieb die Schrottpreise weltweit in die Höhe. Goldene Zeiten für einen Mumbaier Müllhändler. Nicht dass irgendein Passant ihn so tituliert hätte. Manche sagten einfach Müll und ließen den Rest des Wortes weg.

An diesem Morgen las Abdul Schrauben und Schuhnägel aus seinem Stapel und versuchte, gleichzeitig ein Auge auf die Ziegen zu haben. Die Ziegen von Annawadi liebten den Geruch von Bodensätzen in Flaschen und den Geschmack von Etikettenkleber. Normalerweise hatte Abdul nichts dagegen, dass sie überall herumschnüffelten, aber dieser Tage waren sie der wandelnde Dünnschiss – sehr bedrohlich.

Die Ziegen gehörten einem Muslim, der in seiner Hütte einen Puff betrieb und seine Huren für eine Bande Drückebergerinnen hielt. Deshalb hatte er sich auf Diversifizierung verlegt und angefangen, Ziegen zu züchten, um sie als Opfertiere zum Eid zu verkaufen, dem Fest am Ende des Ramadans. Seine Ziegen hatten sich jedoch als ebenso unerquicklich erwiesen wie seine Mädels. Zwölf der zweiundzwanzig Tiere waren gestorben, und die überlebenden hatten ständig Verdauungsprobleme. Der Puffbetreiber bezichtigte die Tamilen, die die örtliche Schnapsbrennerei betrieben, der schwarzen Magie. Andere Annawadier hatten eher die Getränkequelle der Ziegen im Verdacht, den Klärteich.

In diesem Teich ließen die Bauunternehmer, die den Flughafen modernisierten, im Schatten der Dunkelheit alles Mögliche deponieren. In ihm entsorgten aber auch die Annawadier selbst alles Mögliche. Erst kürzlich zwölf Ziegenkarkassen im Zersetzungsprozess. Was immer in diesem Gebräu herumschwimmen mochte, Schweine und Hunde, die an den seichten Stellen geschlafen hatten, wachte mit blauscheckigem Bauch auf. Manche Geschöpfe kamen dagegen gut klar mit dem Teich, und nicht nur die Malariamücken. Am späteren Morgen sah man oft einen Fischer durch die Brühe waten, der mit der einen Hand Zigarettenschachteln und blaue Plastiktüten beiseiteschob und mit der anderen ein Netz über die Oberfläche zog. Seinen Fang brachte er auf den Marol-Markt, er wurde später zu Fischöl verarbeitet, und seit der Westen Fischöl als wertvolles Gesundheitsprodukt entdeckt hatte, stieg die Nachfrage.

Abdul stand auf, schüttelte sich einen Krampf aus der Wade und stellte erstaunt fest, dass der Himmel braun war wie Fliegenflügel und die Sonne durch den Smogschleier den baldigen Nachmittag ankündigte. Beim Müllsortieren vergaß er regelmäßig die Zeit. Seine kleinen Schwestern und Einbeins Töchter spielten mit einem selbstgebastelten Rollstuhl, das war ein kaputter Plastikgartenstuhl zwischen zwei verrosteten Fahrradreifen. Mirchi war aus der Schule zurück und fläzte sich mit einem ungelesenen Mathebuch auf dem Schoß auf der Türschwelle der Familienhütte.

Mirchi wartete ungeduldig auf Rahul, seinen besten Freund. Der junge Hindu wohnte ein paar Hütten weiter und zählte neuerdings zur Prominenz von Annawadi. Rahul hatte nämlich in diesem Monat das geschafft, was Mirchi sich erträumte: Er hatte die Barriere zwischen der Unter- und der Oberstadt, der Slumwelt und der Reichenwelt, niedergerissen.

Rahuls Mutter war Asha, eine Vorschulerzieherin mit geheimnisumwitterten Beziehungen zu Lokalpolitikern und Polizisten. Sie hatte ihm den Job, ein paar Abende als Aushilfe im Intercontinental Hotel auf der andern Seite des Klärteichs, auch beschafft. Rahul – wie Mirchi im neunten Schuljahr, mit Teiggesicht und Zickzackzähnen – hatte jetzt also mit eigenen Augen gesehen, wie opulent es in der Oberstadt zuging.

Endlich kam er, ausstaffiert mit lauter Neuerwerbungen aus den Einnahmen seines Glückstreffers: einer auf den Hüften schlabbernden Cargohose, einer recyclingmäßig gewichtigen, ovalen Hochglanz-Gürtelschnalle, einer bis knapp über die Augen gezogenen Strickmütze. »Hiphop-Style«, in Rahuls Worten. Am Vortag vor sechzig Jahren war Mahatma Gandhi ermordet worden, und einst hatte es bei der indischen Elite als geschmacklos gegolten, den Nationalfeiertag mit extravaganten Events zu begehen. Jetzt nicht mehr. Rahul hatte im Intercontinental bei einer Wahnsinnsparty gejobbt und wusste, dass Mirchi alles haarklein erzählt haben wollte.

»Du weißt, ich könnte dich nie anlügen«, sagte er grinsend. »Auf meiner Saalseite waren fünfhundert Frauen, alle höchstens halb bekleidet – als wären die aus'm Haus gegangen und hätten vergessen, das Unterteil mit anzuziehen!«

»Oh nee, wieso war ich da nicht!«, sagte Mirchi. »Erzähl. Wer Berühmtes dabei?«

»Lauter Berühmtes! War 'ne Bollywood-Party. Ein paar Stars saßen in der VIP-Zone, hinter 'nem Seil, aber John Abraham ist rausgekommen, bis fast zu meinem Revier. Der hatte so 'n dicken blauen Mantel an, und der hat Zigaretten geraucht, direkt vor meiner Nase. Bipasha soll auch da gewesen sein, ich hab aber nicht rauskriegen können, ob das wirklich sie war oder irgend so 'n anderes Bollywood-Girl. Wenn nämlich der Manager dich erwischt, wie du Gäste anglotzt, schmeißt der dich sofort raus und behält den Lohn komplett ein – das haben die uns vor der Party zwanzigmal erzählt, als ob wir schwach in der Birne wären. Du hast ausschließlich die Tische und den Teppich im Auge zu behalten. Und wenn du 'n schmutzigen Teller oder 'ne Serviette siehst, hast du dir die zu schnappen und nach hinten zur Mülltonne zu bringen. Ach, und der Saal sah vielleicht toll aus. Am Anfang haben wir so 'n dicken weißen Teppich ausgerollt – da hast du bloß 'n Fuß draufgestellt und bist sofort eingesunken. Dann haben sie weiße Kerzen angezündet und alles dunkel gemacht, so wie in der Disko, und der Chefkoch hat auf den einen Tisch zwei riesengroße Delphine aus Eiskrem gestellt. Der eine hatte Kirschen als Augen –«

»Du Idiot, lass doch mal den Fisch, erzähl mir von den Mädchen«, fiel Mirchi ihm ins Wort. »Die wollen doch, dass man sie anguckt, wenn die sich so anziehen.«

»Nein, ehrlich, du darfst nichts angucken. Nicht mal die Klos von den reichen Leuten. Da scheucht dich sofort die Security raus. Aber die Personalklos waren auch toll. Da kannst du wählen zwischen indischem und amerikanischem Style.« Rahul mit seinem Hang zum Patriotismus hatte im indischen Stil gepinkelt, in einen Abtritt mit Loch im Boden.

Inzwischen hatten sich noch andere Jungen vor der Hütte der Husains um Rahul geschart. Annawadier tratschten gern über die Hotels und all die verruchten Sachen, die da bestimmt abgingen. Einer von ihnen, ein drogenbenebelter Müllsucher, redete sogar *mit* den Hotels: »Ich weiß ganz genau, dass du mich umbringen willst, du verschissenes Hyatt!« Rahuls Erzählungen waren natürlich von anderem Kaliber, denn Rahul flunkerte nicht, oder höchstens einmal alle zwanzig Sätze. Deshalb und wegen seines fröhlichen Naturells nahmen ihm die anderen Jungen seine Privilegien nicht übel.

Im Gegenzug räumte Rahul ein, dass er eine Null war, verglichen mit den Festangestellten im Intercontinental. Viele der Kellner waren hochgewachsen und hellhäutig und hatten einen Collegeabschluss und Hochglanz-Handys, die man auch als Spiegel benutzen konnte, um den Haarlook zu korrigieren. Ein paar Kellner hatten sich über Rahuls langen blaulackierten Daumennagel lustig gemacht, in Annawadi war so was bei Männern gerade der letzte Schrei. Nachdem er ihn sich abgeschnitten hatte, nahmen sie ihn wegen seiner Art zu reden hoch. *Sa'ab,* in Annawadi die ehrerbietige Anrede für einen reichen Mann, komme in den Reichenvierteln der Stadt nicht gut an, berichtete Rahul seinen Freunden. »Die Kellner sagen, damit klingt man fünftklassig – wie so 'n Strolch, 'n *tapori*«, erzählte er. »Korrekt heißt das *Sir.*«

»Sirrrrrr«, sagte jemand, mit endlos gerolltem R, und alle anderen machten es lachend nach.

Die Jungen standen eng beieinander, obwohl der Maidan geräumig war. Menschen, die in engen Quartieren zu schlafen gewohnt sind, des einen Fuß in des anderen Mund und umgekehrt, muss direkter Hautkontakt einfach zur Gewohnheit werden. Abdul lief um das Grüppchen herum, er hatte einen Armvoll Kofferanhänger aus Pappe auf den Maidan gelegt und jagte hinter ein paar davonflatternden her. Die anderen nahmen keine Notiz von ihm. Abdul sagte sowieso nicht viel, und wenn er es doch mal tat, klang es, als hätte er wochenlang in aller Stille an einem kleinen Gedanken herumgefeilt. Er hätte durchaus auch ein, zwei Freunde haben können, er hätte dafür nur wissen müssen, wie man eine gute Geschichte erzählt.

Einmal hatte er versucht, sein Defizit zu beheben, und in Umlauf gebracht, er sei auch schon mal im Intercontinental gewesen – da sei gerade ein Bollywood-Film gedreht worden, *Welcome,* und er habe Katrina Kaif gesehen, ganz in Weiß. Das war alles ziemlich dürftig zusammengedichtet. Rahul hatte es sofort rausgehabt. Rahuls eigener neuester Report enthielt allerdings wertvolle Informationen für Abdul, damit konnte er seine Märchen in Zukunft realistischer gestalten.

Ein junger Nepali wollte mehr über die Frauen in den Hotels wissen. Er hatte mal durch einen Lattenzaun geguckt, und da hatten ein paar Frauen geraucht – »nicht bloß eine Zigarette, ganz viele« –, vor dem Eingang, wo sie auf ihre Chauffeure gewartet hatten. »Aus welchem Dorf kommen so Frauen eigentlich?«

»Hör mal, du Trottel«, sagte Rahul gutmütig, »weiße Leute kommen aus allen möglichen Ländern. Du bist ja echt hinterm Mond, wenn du so was Elementares nicht weiß.«

»Was denn für Länder? Amerika?«

Das wusste Rahul auch nicht genau. »Aber es gibt auch 'ne ganze Menge indische Gäste in so Hotels, so viel steht fest.« Und zwar Inder von »gesundem Format« – also groß und fett, nicht so mickrig wie der Nepali und viele andere Kinder hier.

Den ersten Einsatz hatte Rahul bei der Silvesterparty im Intercontinental gehabt. Die Neujahrsgalas in den Mumbaier Luxushotels waren legendär, die Müllsucher hatten oft weggeworfene Prospekte nach Annawadi mitgebracht. *Feiern Sie stilvoll hinein ins neue Jahr 2008 im Le Royal Meridien Hotel! Schlendern Sie durch die Straßen von Paris und schwelgen Sie in Kunst, Musik & Gastronomie. Genießen Sie unsere brillanten Live-Shows. Buchen Sie jetzt und Bon Voyage! 12 000 Rupien für zwei Personen inklusive Champagner.* Gedruckt waren solche Werbeprospekte auf Hochglanzpapier, Recyclingfirmen zahlten dafür zwei Rupien, also drei Euro-Cents das Kilo.

Rahul fand die Neujahrsrituale der Reichen aber eher unter- als überwältigend. »Der reine Stumpfsinn«, lautete sein Fazit. »Da stehen Leute einfach in der Gegend rum und trinken und tanzen und benehmen sich genauso dämlich wie hier jeden Abend.«

»So Hotel-Leute werden auch komisch, wenn die was getrunken haben«, erzählte er seinen Freunden. »Gestern Nacht am Ende der Party, da war so 'n Held – sah gut aus,

Nadelstreifenanzug, feiner Zwirn. Aber der war voll, hackedicht, und plötzlich fängt der an und stopft sich Brot in die Hosentaschen, in die Sakkotaschen. Dann hat er sich auch noch Brötchen in die Hose gesteckt! Und die sind dann rausgefallen, und er ist auf dem Boden und unterm Tisch rumgerutscht, um sie wieder einzusammeln. Der eine Kellner hat gemeint, der Typ hat bestimmt früher mal gehungert, und mit dem Whiskey ist die Erinnerung wieder hochgekommen. Also, wenn ich mal so reich bin, dass ich in großen Hotels absteigen kann, führ ich mich aber nicht auf wie so 'n Loser.«

Mirchi lachte und stellte Rahul die Frage, die viele Leute im Mumbai des Jahres 2008 bewegte: »Und wie wollen Sie's anstellen, *Sirrrrr,* dass Sie mal in so einem Hotel bedient werden?«

Aber Rahul war mit den Gedanken schon woanders, ihm war ein grüner Plastikdrachen aufgefallen, der sich hoch oben in einer Pappelfeige am Eingang nach Annawadi verhakt hatte. Der Drachen sah verknickt aus, aber wenn er die Stäbe wieder geradebog, überlegte Rahul, könnte er noch zwei Rupien dafür kriegen. Hauptsache, er machte seinen Anspruch auf den Drachen geltend, bevor irgendein anderer gewinnorientierter Junge auf dieselbe Idee kam.

Dass man ständig neue Geschäftsmodelle ausprobieren musste, hatte Rahul von seiner Mutter Asha gelernt. Abduls Eltern hatten ein bisschen Angst vor ihr. Sie war eine treue Parteisoldatin der Shiv Sena, und die war fest in der Hand von Hindus, die in Maharashtra geboren waren, dem Bundesstaat, in dem Mumbai lag. Als die Bevölkerung von Groß-Mumbai auf 20 Millionen anzuwachsen drohte, wurde auch die Konkurrenz um Jobs und Wohnraum schärfer, und die Shiv Sena hetzte gegen Migranten aus anderen Bundesstaaten, weil die angeblich von Dingen profitierten, die nur gebürtigen Maharashtrianern rechtmäßig zustanden. (Der Parteigründer Bal

Thackeray war inzwischen zweiundachtzig und hatte von jeher ein gewisses Faible für Hitlers Vorstellungen von ethnischer Säuberung.) Zurzeit machte die Shiv Sena massiv mobil mit der Forderung, alle Zuwanderer aus Indiens armen Nordstaaten abzuschieben. Ihre Feindseligkeit gegenüber der muslimischen Minderheit hatte jedoch eine längere und gewalttätigere Vorgeschichte. Und dadurch waren die muslimischen Husains mit ihren Wurzeln im nördlichen Bundesstaat Uttar Pradesh gleich doppelt im Visier der Partei.

Die Freundschaft zwischen Rahul und Mirchi setzte sich über derlei ethnische und religiöse Grenzen locker hinweg. Mirchi brüllte Rahul manchmal mit geballter Faust den Shiv-Sena-Gruß »Jai Maharashtra!« entgegen, einfach um ihn zum Lachen zu bringen. Auch äußerlich wurden die beiden gleichaltrigen Jungen sich immer ähnlicher, nachdem sie sich beide Ponys hatten wachsen lassen, sogar die langen weichen Locken streiften sie sich beide genauso aus den Augen wie der Filmstar Ajay Devgan.

Abdul war neidisch auf ihre innige Verbindung. Er hatte nur so eine Art Freund, Kalu. Der war fünfzehn, obdachlos und klaute Zeug aus Recyclingtonnen auf dem Flughafengelände. Aber Kalu arbeitete nachts, wenn Abdul schlief, und so redeten sie kaum noch miteinander.

Die tiefste Zuneigung empfand Abdul für seinen zweijährigen Bruder Lallu, und darüber kam er allmählich ins Grübeln. Wenn man Bollywood-Liebesliedern glaubte, konnte das nur heißen, dass sein Herz zu klein geraten war. Nach einem Mädchen hatte er sich jedenfalls noch nie verzehrt, und dass er seine Mutter liebte, stand zwar fest, aber ein überströmendes Gefühl war das auch nicht gerade. Lallu dagegen brauchte er nur anzusehen, und schon schossen ihm die Tränen in die Augen. So schreckhaft er selbst war, so unerschrocken war der Kleine mit seinen Bäckchen und seinem Hinterköpfchen voller geschwollener Rattenbisse.

Aber was hätte Abdul dagegen tun können? In Blütezeiten wie dem Januar war sein Lagerverschlag überfüllt, dann türmte der Müll sich eben auch in der Hütte, und mit ihm kamen die Ratten. Wenn er den Dreck draußen liegenließ, klauten ihn die Müllsucher, und Abdul kaufte ausgesprochen ungern denselben Dreck zweimal.

Gegen drei Uhr nachmittags war Abdul zu den Kronkorken vorgedrungen, sortiertechnisch besonders unangenehmes Zeug. Manche hatten Plastikeinlagen innen, die mussten erst rausgekratzt werden, bevor die Blechdeckelchen auf den Aluminiumhaufen durften. Was reiche Leute wegschmissen, wurde von Jahr zu Jahr undurchsichtiger, es gab immer öfter Mischstoffe, Fremdmaterial, Imitate. Bohlen sahen aus wie aus Holz, waren aber mit Plastik versetzt. In welche Kategorie gehörte eigentlich Luffaschwamm? Die Besitzer der Recyclingfirmen nahmen doch nur die eindeutigen Abfälle, sortenrein.

Seine Mutter hockte neben ihm und bearbeitete einen Stapel nasse schmutzige Kleider mit einem Stein. Sie sah zornig hinüber zu Mirchi, der auf der Schwelle döste. »Was ist? Schulferien?«, fragte sie.

Zehrunisa erwartete von Mirchi, dass er das neunte Schuljahr schaffte, schließlich bezahlten sie dreihundert Rupien pro Jahr für diese drittklassige urdusprachige Privatschule. Die Ausgabe musste sein, denn Gratisbildung für die breite Masse gehörte nicht zu den Stärken im Repertoire der indischen Regierung. Die städtische Schule am Flughafen kostete zwar nichts, aber sie endete mit der achten Klasse, und da blieben oft auch die Lehrer einfach weg.

»Entweder du lernst oder du hilfst deinem Bruder«, fuhr sie ihn an. Mirchi warf einen Blick auf Abduls Recyclinghaufen und klappte sein Mathebuch auf.

In letzter Zeit fand Mirchi schon den Anblick von Müll deprimierend, und Abdul hatte sich fest vorgenommen, ihm das nicht übelzunehmen. Er gab sich Mühe, auf dasselbe zu hoffen wie seine Eltern: Mit einem Realschulabschluss hätte sein ausgesprochen schlauer und charmanter Bruder einen dicken Trumpf gegen die Benachteiligung von Muslimen auf dem Arbeitsmarkt in der Hand. Es hieß zwar immer, Mumbai sei kosmopolitischer und meritokratischer als alle anderen Städte in Indien, aber Muslimen blieben viele gute Jobs trotzdem auch weiter versperrt, gerade in den Luxushotels, wo Mirchi so gern arbeiten wollte.

Eigentlich fand Abdul es ganz vernünftig, dass sich die Menschen in einer polyglotten Stadt auch so sortierten, wie er seinen Müll sortierte, Gleiches zu Gleichem. In Mumbai lebten einfach zu viele Leute, als dass es für jeden einen Job gab, warum sollten Hindus der Kunbi-Kaste aus Maharashtra die nicht lieber anderen Kunbis aus Maharashtra geben als einem Muslim mit Vorfahren im Müllgeschäft? Mirchi hielt dagegen, heutzutage würden sich alle Leute untereinander vermischen und die alten Vorurteile nicht mehr so gelten und Abdul das bloß nicht mitkriegen, er stecke ja bloß den ganzen Tag mit dem Kopf in Müllhaufen.

Abdul sortierte jetzt, so schnell er konnte, er wollte unbedingt vor der Dämmerung fertig sein, bevor die bärenstarken Hindu-Jungs zum Kricketspielen kamen und seine sortierten Stapel als Ziel nahmen, manchmal auch seinen Kopf. Diese Kricketjungen stellten Abduls Konfliktvermeidungsstrategien auf eine harte Probe. Bisher hatte er sich nur ein einziges Mal zu einer körperlichen Auseinandersetzung hinreißen lassen, als zwei Bengel einen von seinen kleinen Brüdern mit Rasenklumpen bombardiert hatten, aber die waren gerade mal zehn Jahre alt gewesen. Die Kricketspieler hier hatten gerade erst ein anderes Muslim-Kind krankenhausreif geprügelt, sie hatten ihm den Kopf mit ihren Schlägern zertrümmert.

Hoch oben über Abdul hangelte Rahul schon am nächsten Pappelfeigenast und versuchte, einen zweiten profitträchtigen Drachen freizuzerren. Die Blätter an diesem Baum waren grau wie so vieles in Annawadi, vom Sand und vom Schotterstaub, der aus einer nahen Betonfabrik herübergewirbelt wurde. Vom Luftholen stirbt man nicht, beruhigten die Alteingesessenen die besorgten Neuankömmlinge mit den roten Augen, die die Luft in Annawadi zum Schneiden fanden. Offenbar doch, denn andauernd starben Leute – an Asthma, an verklebten Lungen, an Tuberkulose, die alle nicht behandelt wurden. Abduls Vater, der sich in der Hütte durchs Leben hustete, hatte einen versöhnlicheren Spruch. Die Betonfabrik und die ganzen anderen Neubauten, sagte er, bringen mehr Arbeitsplätze in die Boomgegend rund um den Flughafen. Und kaputte Lungen seien nun mal der Tribut, den man für ein Leben nah am Fortschritt zu zollen habe.

Um sechs kam Abdul freudestrahlend aus der Hocke hoch. Er hatte vierzehn prallvolle Säcke Müll sortiert und die Kricketspieler geschlagen. Aus den Hotels stiegen Wölkchen hoch – das allabendliche Räucherritual gegen die Moskitos –, und Abdul und zwei kleine Brüder hievten die Säcke auf die Ladefläche einer limonengrünen dreirädrigen Klapperkiste. Das Vehikel war der kostbarste Besitz seiner Familie, mit ihm konnte Abdul seinen Müll selbst abliefern. Also dann, ab damit in die Recyclingfabriken, raus auf die Airport Road und rein in die hupendröhnende Großstadt-Oper.

Vierräder, Zweiräder, Busse, Roller, Tausende von Fußgängern: Abdul brauchte über eine Stunde für die knapp fünf Kilometer, an der Kreuzung bei den Gärten des Hotels Leela kam der Verkehr fast zum Erliegen, um die Ecke stauten sich europäische Limousinen für die Kundschaft eines Konzerns namens »Spa de Car«. Hier wurde gerade ein Abschnitt für Mumbais erste U-Bahn gebaut, als Ergänzung zur Hochschnellstraße, die nach und nach über die Airport Road wuchs. Abdul hatte Angst, dass ihm im Stau das Benzin ausging, aber sein Vehikel schaffte es in den letzten spinnenfeinen Lichtfäden vor der Dunkelheit gerade noch ächzend bis hinein nach Saki Naka.

Saki Naka war ein riesiger Slum, hektarweit Schuppen voller Maschinen zum Metallschmelzen und Plastikschreddern, deren Besitzer gestärkte Kurtas trugen – weiße Kurtas, zum Zeichen der Distanz zwischen ihnen und dem Dreck ihres Gewerbes. Manche ihrer Arbeiter dagegen hatten schwarze Gesichter vom Kohlenstaub und mit Sicherheit schwarze Lungen vom Einatmen von Eisenspänen. Vor ein paar Wochen hatte Abdul gesehen, wie sich ein Junge, als er Plastikteile in einen Schredder stopfen wollte, die ganze Hand sauber abgetrennt hatte. Dem Jungen waren die Tränen in die Augen geschossen, aber geweint hatte er nicht. Er hatte einfach nur dagestanden, und das Blut war ihm aus dem Stumpf geschossen. Es war das Ende seiner Chancen, den eigenen Lebensunterhalt zu verdienen, aber er fing sofort an, sich beim Fabrikbesitzer zu entschuldigen. »*Sa'ab*, es tut mir leid«, sagte er zu dem Mann in Weiß. »Ich mach Ihnen auch bestimmt keinen Ärger, ich melde das nicht. Wegen mir kriegen Sie keine Probleme.«

Mirchi konnte ja viel erzählen über Fortschritt, aber Indien machte noch immer jedem klar, wo er hingehörte, und für Abdul war es bloß kindischer Zeitvertreib, sich das anders zu wünschen, genauso gut hätte man versuchen können, seinen Namen bei der Hitze in Kulfi-Eis zu ritzen. Er hatte geschuftet, so hart er konnte, die Arbeit, in die er hineingeboren war, war zwar diskriminiert, aber mittlerweile kein brotloses Gewerbe mehr. Er hatte die Absicht, mit seinen beiden Händen und den Taschen voller Geld nach Hause zu kommen. Er hatte das Gewicht seiner Ware im Kopf überschlagen, und es hatte ungefähr gestimmt. Die recycelbaren Abfälle der Hochsaison und ein gleichzeitig boomender Weltmarkt hatten seiner Familie ein Einkommen beschert, das nur wenige Bewohner von Annawadi je gehabt hatten. Abdul hatte pro Tag fünfhundert Rupien, knapp acht Euro, eingenommen – das reichte als Starthilfe für den Plan, der das morgendliche Geschimpfe seiner Mutter befeuerte und den sogar die kleinen Husains für sich zu behalten wussten.

Mit dem Geld jetzt und den Ersparnissen aus dem Vorjahr konnten seine Eltern endlich die Anzahlung auf ein eigenes Stück Land leisten, tausend Quadratmeter in einer ruhigen Gegend in Vasai, gleich hinterm Stadtrand, wo Recyclingfirmen überwiegend in muslimischer Hand waren. Wenn es mit dem Leben und dem Weltmarkt so weiterging, waren sie bald nicht mehr Landbesetzer, sondern -besitzer, und zwar an einem Ort, wo ganz bestimmt niemand mehr Müll zu ihm, Abdul, sagen würde.

2. Asha

Rahuls Mutter Asha machte in diesem hoffnungsvollen Winter eine interessante Beobachtung: Robert Pires war durchgeknallt und fromm geworden! Der Slumlord von Annawadi schlug zwar weiter seine zweite Frau, aber immerhin ließ er sie am Leben. Er hängte einen Schrein für den Christengott an seine Hütte, dann noch einen für eine hinduistische Göttin. Vor beiden Altären faltete er jeden Samstag die fleischigen Pranken zum Gebet und tat, indem er Tee und Brot an hungrige Kinder austeilte, Buße für seine Missetaten in der Vergangenheit. Wochentags, wenn die Anziehungskräfte der Unterwelt schwanden, vertrödelte er Stunden in trauter Gemeinschaft mit den neun Pferden, die er im Slum hielt. Zweien hatte er Streifen aufgemalt, damit sie wie Zebras aussahen. Die Fake-Zebras vermietete er mitsamt Karren für Kindergeburtstage an Mittelschichtfamilien – diesen Schwenk hin zu ehrlicher Arbeit, fand er, müssten ihm die göttlichen Richter eigentlich gutschreiben.

Angesichts dieser Läuterung witterte die neununddreißigjährige Asha Waghekar ihre Chance. Robert hatte den Geschmack an der Macht just in dem Moment verloren, in dem sie selbst darauf gekommen war. Sollten doch andere Leute Ringelblumen flechten. Sollten andere Leute Müll sortieren. Sie wollte die Frau sein, um die man nicht herumkam, weder die Oberstädter, die Annawadi auszubeuten trachteten, noch die Unterstädter, die das überleben wollten.

Slumlord war kein offizielles Amt, aber die Bewohner wussten sehr wohl, wer es innehatte: – derjenige, den Lokalpolitiker und Polizisten erkoren hatten, die Siedlungen gemäß den Interessen derer zu verwalten, die das Sagen hatten. Aber so rasant sich Indien auch modernisierte, weibliche Slumlords waren noch immer eine ziemliche Rarität, und die wenigen Frauen, die es schafften, solche Machtpositionen zu besetzen, hatten in der Regel Landbesitz geerbt oder waren Strohfrauen mächtiger Ehemänner.

Asha verfügte über keinerlei Besitz. Ihr Mann war Alkoholiker und Wanderbauarbeiter, und das Einzige, was er mit Nachdruck betrieb, war Ehrgeizlosigkeit. Die gemeinsamen drei Kinder waren inzwischen im Teenageralter, Asha hatte sie allein großgezogen, und kaum einer der Nachbarn hatte sie jemals als Frau von irgendjemandem empfunden. Sie war einfach Asha, eine Frau, die auf eigenen Füßen stand. Unter anderen Umständen hätte sie ihren eigenen Kopf womöglich gar nicht entdeckt.

Roberts historischer Beitrag für Annawadi hatte hauptsächlich darin bestanden, Asha und andere in Maharashtra Gebürtige in den Slum zu holen, denn auf die Weise versuchte die Shiv-Sena-Partei, ihr Wählerpotenzial in der Flughafengegend zu vergrößern. Als Lockmittel wurde ein öffentlicher Wasseranschluss installiert, und 2002 hatten die aus Maharashtra den tamilischen Tagelöhnern, die den Boden überhaupt erst erschlossen hatten, die Macht abgenommen. Eine Mehrheit auch zu halten ist allerdings nicht ganz leicht in einem Slum, in dem fast niemand einen festen Arbeitsplatz hat. Hier herrschte ständiges Kommen und Gehen, die Leute verkauften oder vermieteten ihre Hütten auf dem blühenden Schwarzmarkt, und so waren Anfang 2008 wieder die nordindischen Migranten in der Mehrzahl, gegen die die Shiv Sena zu Felde zog. Was Asha klar erkannt hatte, war bald auch dem gewählten Vertreter des Wahlbezirks 76, in dem Annawadi lag, klar: Robert gehörte inzwischen ganz seinen Zebras. Er hatte kein Interesse mehr an der Partei und dem Slum.

Bezirksrat Subhash Sawant war ein Mann mit gipsartigem Make-up, gefärbten Haaren, Pilotensonnenbrille und Weitblick. Roberts Nachfolger auf dem Slumlord-Posten hätte eigentlich ein wortgewandter Shiv-Sena-Aktivist namens Avinash werden sollen, aber der hatte zu viele andere Dinge im Kopf, um für die Interessen des Bezirksrats von Nutzen zu sein. Avinash reparierte Tag und Nacht Hotelkläranlagen, um seinen Sohn auf eine Privatschule schicken zu können.

Asha dagegen hatte Zeit. Sie war Erzieherin für Vorschulkinder in einer großen städtischen Schule, mit Werkvertrag und bescheidener Bezahlung. Der Job war eine Sinecure, die ihr der Bezirksrat verschafft hatte, indem er großzügig darüber hinwegsah, dass sie selbst gerade einmal sieben Jahre zur Schule gegangen war. Im Gegenzug hing sie einen Großteil ihrer Arbeitszeit am Handy und wickelte Parteigeschäfte ab. Asha war imstande, ihre Slumnachbarn an die Wahlurne zu bringen. Sie war imstande, rasch hundert Frauen für einen spontanen Protestmarsch zu mobilisieren. Der Bezirksrat überlegte, ob sie eventuell auch zu mehr imstande war. Er gab ihr den Auftrag, ein kleines annawadisches Problem aus der Welt zu schaffen, dann noch eins, nicht mehr ganz so kleines, und ein drittes, ganz und gar nicht kleines. Danach schenkte er ihr einen Blumenstrauß, und seine fette Frau glotzte sie scheel an.

Asha nahm all das als Vorzeichen ihres unmittelbar bevorstehenden Triumphs. Nach acht Jahren in diesem Slum, die sie in der Hoffnung auf wirtschaftlichen Aufschwung in politische Arbeit investiert hatte, besaß sie endlich einen einflussreichen Gönner. Mit der Zeit, so malte sie sich aus, würden selbst die Männer in Annawadi anerkennen müssen, dass *sie* der mächtigste Mensch an diesem verstunkenen Ort war.

Viele Männer hatten sie nur ausgenutzt, von Anfang an. Mit Blick auf ihre großen Brüste und ihren mickrigen und ständig betrunkenen Mann hatten sie ihr gemeinsame Vergnügungen angetragen, durch die sich doch auch die Armut ihrer Kinder etwas mildern ließe. Der bedrohliche Robert persönlich hatte ihr eines Abends, als sie einen Eimer Wasser von der Pumpe holte, einen dreisten Antrag gemacht. Asha hatte den Eimer abgesetzt und kühl gekontert: »Was immer du willst. Sag's mir, du Mistkerl. Soll ich mich jetzt hier nackt ausziehen und für dich tanzen?« So hatte noch nie eine Frau mit einem Slumlord gesprochen, weder vorher noch nachher.

Asha hatte sich schon als Kind bei der Feldarbeit in einem verarmten Dorf im Nordosten von Maharashtra ein scharfes Mundwerk zugelegt. Deutliche Ansagen waren die wirksamste Verteidigung, wenn man mit lauter geilen Männern zusammen arbeitete. Verschwiegenheit und Scharfsinn, die Eigenschaften, mit denen man einen Slum wirksam kontrollieren konnte, hatte sie erst gelernt, nachdem sie in die Stadt gezogen war.

Inzwischen hatte sie einen Blick hinter die Kulissen geworfen und erkannt, dass Mumbai ein Ameisenhaufen voller Hoffnung und Ehrgeiz war – und daraus einträgliche Schlüsse gezogen. Mumbai war auch ein Ort des schwelenden Grolls und des allgegenwärtigen Neids. Gab es eigentlich in dieser Stadt, die immer reicher wurde und immer ungleichere Chancen bot, einen Menschen, der die eigene Unzufriedenheit nicht einem anderen Menschen in die Schuhe schob? Die wohlhabenden Bürger gaben den Slumbewohnern die Schuld daran, dass die Stadt dreckig und unbewohnbar war, dabei sicherte doch gerade das Überangebot an Humankapital die niedrigen Lohnkosten für ihre Hausmädchen und Fahrer. Die Slumbewohner schimpften über all die von den Reichen und Mächtigen errichteten Barrieren, die sie von der Teilhabe an neuen Verdienstmöglichkeiten aussperrten. Egal wo, jeder schimpfte auf seinen

Nächsten. Im einundzwanzigsten Jahrhundert trugen die Leute ihren Protest jedoch immer seltener gemeinsam auf die Straße. Je mehr das Gefühl der Gruppenzugehörigkeit durch die Kaste, die ethnische Herkunft und die Religion schwand, desto mehr wurden Zorn und Hoffnung ins Private verlagert, wie so vieles in Mumbai. Mit dieser Entwicklung wuchs aber gleichzeitig auch der Bedarf an geschickten Mediatoren – an menschlichen Stoßdämpfern für die vielen kollidierenden, kleinkarierten Interessen in einer der größten Städte der Welt.

Naturgemäß verschliss bei so manchem Stoßdämpfer mit der Zeit die Federung. Und wer wollte ernsthaft bestreiten, dass eine Frau, noch dazu ein relativer Neuling, sich da als langlebiger erweisen könnte? Asha hatte ein Händchen für die Lösung der Probleme ihrer Nachbarn. Sie könnte doch jetzt, wo der Bezirksrat auf sie hörte, noch viel mehr Probleme in seinem Auftrag lösen. Und wenn sie erst mal echte Kontrolle über den Slum hätte, könnte sie selbst Probleme schaffen, um sie dann zu lösen. Ein äußerst einträgliches Vorgehen, wie sie durch die Beobachtung des Bezirksrats gelernt hatte.

Schuldgefühle von der Art, die Robert überkommen hatten, waren ein Bremsklotz für effektives Arbeiten in den Geheimkanälen der Stadt und nach Ashas Ansicht der reine Luxus. »Korruption, hier ist alles Korruption«, erklärte sie ihren Kindern und flatterte dabei mit den Händen, als ob zwei Vögel zum Flug ansetzten.

Als Asha eines Nachmittags aus der Schule nach Hause kam, sah sie schon von weitem die Schlange der Bittsteller vor ihrer Hütte, ging aber keinen Schritt schneller. Sie hatte vom Bezirksrat gelernt, dass man psychologisch im Vorteil war, wenn man Leute warten und schmoren ließ. Sie nickte den Besuchern nur knapp zu, ging hinter einen Spitzenvorhang

auf der Rückseite ihrer Hütte und wickelte sich aus dem dunkelroten Sari, den sie bei der Arbeit getragen hatte.
Sie war jetzt in einem Alter, in dem ihre Augen mehr Aufmerksamkeit auf sich zogen als ihre Brüste. Sie konnte ihren Blick blitzschnell wie eine Waffe einsetzen. Jungen, die Asha dabei erwischte, dass sie Manju begafften, ihre prachtvolle neunzehnjährige Tochter, taumelten wie angeschossen rückwärts. Wenn sie an Geld dachte, rutschten ihre Pupillen enger zusammen. Und an Geld dachte Asha fast immer, weshalb die Annawadier sie hinter ihrem Rücken »Silberblick« nannten. Aber das eigentlich Besondere an ihren Augen war dieses Strahlen. Bei den meisten Leuten wurden die Augen mit dem Alter und den Enttäuschungen trübe. Ashas Augen leuchteten heute sogar heller als auf dem Jugendfoto, das sie noch besaß. Ein junges Bauernmädchen war darauf zu sehen, großgewachsen, gebückt, ausgemergelt, dunkelhäutig von der Sonne, das gerade eben in den Stand der Ehe getreten war, einer katastrophalen Ehe. Asha musste immer lachen, wenn sie das Foto ansah.
In einem formlosen Hauskleid trat sie wieder hinter dem Vorhang hervor, noch eine Taktik, die sie dem Bezirksrat abgeguckt hatte, der oft nur im Unterhemd in seinem Wohnzimmer mit den lavendelblauen Wänden und den lavendelblauen Möbeln Hof hielt, die Beine gerade so eben umhüllt vom Lungi, während die Bittsteller in ihren Polyesteranzügen matt vor sich hin schwitzten. Er hätte genauso gut laut verkünden können: *Eure Anliegen sind mir so egal, dafür ziehe ich mir nicht extra was an.*
Asha nahm auf dem Boden Platz, ließ sich von Manju eine Tasse Tee reichen und erteilte mit einem Nicken der ersten Bittstellerin das Wort. Es war eine alte Frau mit einem schönen, zerfurchten Gesicht und verfilzten silbernen Haarbüscheln, die aber nicht wegen eines Problems gekommen war. Sie weinte vor Dankbarkeit, weil ihr Asha auf den Tag genau

vor drei Jahren einen Zeitjob bei der Stadtverwaltung beschafft hatte, neunzig Rupien am Tag dafür, dass sie Unrat aus verstopften Abflussrohren zog. Bis sie es besser wusste, hatte Asha solche Nettigkeiten noch manchmal umsonst gewährt.

Die Frau hatte von ihrem Lohn einen billigen grünen Sari für sie gekauft. Asha war die Farbe egal. Aber es war gut, dass die anderen hörten, wie die alte Frau sie mit Segenssprüchen überhäufte, und sahen, wie sie ihr die Stirn auf die nackten Füße presste.

Auch die nächste, die reden durfte, weinte: eine übergewichtige Exotik-Tänzerin, die ihren Job in einer Bar verloren hatte und sich als Mätresse eines verheirateten Polizisten durchschlug. Sie musste dem Officer in der Hütte zu Diensten sein, die sie mit ihrer Mutter und den Kindern teilte, was regelmäßig hysterische Reaktionen seitens der Familie auslöste. »Er sagt, er will nicht mehr kommen, wegen dem Theater. Aber was sollen wir dann essen?«

Asha gluckste. Eine Moralkampagne hatte den größten Teil des Sexgewerbes aus der Flughafengegend vertrieben, den sogenannten »Unsoliden« von Annawadi blieben nur drei gleich ungute Orte, um ihre Freier zufriedenzustellen: in der Familienhütte, hinter der Schlange der über Nacht abgestellten LKWs außerhalb des Slums oder im Einzimmerpuff mit den Ziegen.

Asha riet der Frau barsch, ihrer Familie noch einmal genau die langfristigen Vorteile der Liaison zu erklären. »Im Augenblick zahlt der Polizist vielleicht nicht allzu viel, aber später repariert er dir vielleicht mal das Haus. Also sag deinen Leuten, sie sollen den Mund halten und Geduld haben.«

Beim Reden ließ Asha die Fingerspitzen über die neuen orangeroten Keramikfliesen gleiten. Vor acht Jahren, als Annawadi noch ein provisorisches Lager war, waren ihre drei Kinder immer wieder auf LKW-Anhänger geklettert und hatten Holz- und Blechabfälle geklaut, aus denen sich die Familie einen Verschlag zusammengezimmert hatte. Inzwischen war es eine Hütte mit Gipswänden, einem Ventilator an der Decke, einem hölzernen Schrein mit Elektrokerze und einem hochwertigen, aber leider nicht funktionierenden Kühlschrank. Nur eng und feucht war es immer noch, und zwar infolge einer Güterabwägung. Um die wohnliche Verschönerung zu finanzieren, die der Nachbarschaft ihre wachsende Macht demonstrieren sollte, vermietete Asha einen Teil ihres Wohnraums an Zuwanderer, die ständig neu nach Mumbai hereinströmten. Die Untermieter hausten in einem Nebenzimmer, einem Hinterzimmer und auf dem Dach.

Die Shiv-Sena-Partei war diesen Migranten feindlich gesinnt, aber Asha hatte derlei Dinge schon immer eher praktisch als ideologisch gesehen, und ihr war kein finanzieller Vorteil zu gering. »Was schert's euch, wenn andere Leute uns für Pfennigfuchser halten?«, fragte sie ihre Kinder. Viele Regentropfen machen einen Teich voll, sagte man in ihrem Dorf.

»Beeil dich, hier warten Leute«, sagte Asha jetzt ins Handy. Am anderen Ende war ihre jüngere Schwester, auf die sie eifersüchtig war. Deren Mann war Fahrer und arbeitete hart, und sie hatten eine Stereoanlage in ihrer Hütte in einem Nachbarslum und vier puschelige weiße Hunde, einfach so zum Spaß. Zu Ashas Trost hatte ihre Schwester eine einfältige und trödelige Tochter. Wie anders war dagegen ihre Manju, das einzige Mädchen in Annawadi, das aufs College ging. Im Augenblick knetete Manju Hefeteig fürs Abendessen und tat, als bekäme sie nichts mit von den Gesprächen ihrer Mutter.

Ashas Schwester wollte gern selbst ins Problemlösungsgeschäft und hielt es für einen guten Einstieg, dass in ihrem Slum gerade ein Hindu-Mädchen mit einem Muslim-Jungen durchgebrannt war. Asha ging mit dem Handy vor die Hütte und senkte die Stimme. »Die Hauptsache ist«, riet sie ihrer Schwester, »dass du der Familie des Mädchens Geld abnimmst, aber du darfst auf keinen Fall sagen, dass es für dich ist. Erzähl ihnen, die Polizei verlangt das. Ich muss Schluss machen.«

Als Asha wieder hereinkam, erstarrte Raja Kamble, ein alter Freund, denn jetzt war er an der Reihe. Asha und Mr. Kamble waren zur selben Zeit nach Annawadi gekommen, ihre Kinder waren zusammen aufgewachsen. Inzwischen sah Mr. Kamble erbarmungswürdig aus, er war nur noch Haut und Knochen und tiefe Augenhöhlen. Er hoffte, dass Asha ihm das Leben rettete.

Mr. Kamble kam aus noch elenderen Verhältnissen als Asha. Er war als Säugling ausgesetzt worden und hatte auf der Straße und von den erbärmlichsten Jobs gelebt, unter anderem hatte er Büros abgeklappert und Duftläppchen, die man in die Hörmuschel des Telefons stopfen konnte, zu verkaufen versucht, für eine verschwindend geringe Umsatzbeteiligung. »Ein wohlriechendes Telefontüchlein gefällig, *sa'ab?* Lässt Sie die stinkige heiße Jahreszeit vergessen!« Mit Mitte dreißig hatte ihn plötzlich ein Glücksstrahl getroffen. Damals arbeitete er in einem Imbissstand am Bahnhof, und ein Stammkunde, der für die Stadtverwaltung Sanitäranlagen wartete, fand ihn sympathisch und hatte Mitleid mit ihm. Der Mann bedachte ihn kurz nacheinander mit seinem eigenen Namen, einer Braut und dem heiligen Gral aller armen Leute von Mumbai: mit einer festen Stelle, so wie seine.

Mr. Kamble brauchte nur Klohäuschen zu putzen und die Dienstzeiten seines Wohltäters und anderer Mitarbeiter des städtischen Sanitärwesens zu frisieren, damit die ihre städtischen Gehälter einstreichen und währenddessen anderen Jobs nachgehen konnten. Er fühlte sich geehrt durch so viel Verantwortung. Er und seine Frau bekamen drei Kinder, ihre Hütte bekam Ziegelsteinmauern und einen Käfig für zwei Haustauben an einer Wand. (In den Jahren auf der Straße hatte Mr. Kamble eine tiefe Zuneigung zu Vögeln entwickelt.) Sein Leben war eine von Annawadis großen Erfolgsstorys. Ihm gebührten Anreden wie *ji* oder *mister* – bis zu dem Tag, an dem er beim Latrinenputzen zusammengeklappt war.

Er hatte ein kaputtes Herz. Die Stadtverwaltung entließ ihn mit den Worten, wenn er eine neue Herzklappe habe und ein Arzt die Unbedenklichkeit bescheinige, könne er wiederkommen. Herzklappen wurden in Mumbais städtischen Krankenhäusern praktisch kostenlos eingesetzt, nur erwarteten die Ärzte dort alle unter der Hand Geld. Sechzigtausend Rupien, über neunhundert Euro, wollte der Chirurg im Sion Hospital haben. Der im Cooper Hospital verlangte noch mehr.

Auf jeden zweiten Annawadier, der es auch nur einen Zentimeter nach oben schaffte, kam einer, den es in die Katastrophe riss. Aber noch hatte Mr. Kamble Hoffnung. In den letzten zwei Monaten hatte er seinen unzuverlässigen Körper durch die Gegend geschleppt und bei Politikern, Wohlfahrtsverbänden und Gemeindestellen um Spenden für seinen Herzklappenfonds gebeten. Der Bezirksrat hatte dreihundert Rupien gespendet. Der Manager einer Farbenfabrik sogar tausend. Aber trotz Hunderten von Leuten, die er angehauen hatte, fehlten Mr. Kamble noch vierzigtausend Rupien.

Jetzt rang er sich ein Lächeln ab und zeigte Asha zehn wohlgeformte gelbe Zähne, die in seinem verwüsteten Gesicht riesig wirkten. »Ich will kein Almosen«, sagte er. »Ich will mein Herz wieder heil gemacht kriegen und wieder arbeiten können, ich möchte doch noch erleben, wie meine Töchter heiraten. Kannst du mir nicht so ein staatliches Darlehen besorgen?«

Ihm war zu Ohren gekommen, dass Asha ihre zarten Finger

in den Schummeleien um eines der vielen Anti-Armut-Projekte hatte, die die Zentralregierung in Neu-Delhi auflegte, um mehr Landeskinder in ihre Wachstumsstatistik zu holen. Neu-Delhi vergab staatliche Darlehen zu subventionierten Niedrigzinsen an Leute, die damit Kleinunternehmen gründen, also neue Arbeitsplätze schaffen sollten. Solche Start-ups waren allerdings oft reine Fiktion. Da beantragte zum Beispiel ein Slumbewohner ein Darlehen für eine imaginäre Firma, ein Bezirksbeamter bestätigte, dass sie dem bedürftigen Bezirk soundso viele Arbeitsplätze einbringen würde, und ein Manager der staatlichen Dena-Bank bewilligte die Auszahlung. Einen Batzen der Gesamtsumme strichen der Beamte und der Bankmanager dann selbst ein. Asha hatte sich mit dem Bankmanager angefreundet und half ihm in Annawadi bei der Auswahl der solcherart für kreditwürdig Befundenen – gegen ein eigenes Stück vom Kuchen, wie sie hoffte.

Mr. Kamble hatte beschlossen, dass seine imaginäre Firma ein Imbissstand sein sollte, so einer wie der, in dem er zur Zeit der glücklichen Fügung gearbeitet hatte. Wenn er ein staatliches Darlehen von fünfzigtausend Rupien bekäme und Asha dem Bankmanager und dem Beamten jeweils fünftausend abgäbe, fehlten ihm zur Herzklappe nur noch fünftausend Rupien, und die könne er sich bei einem Kredithai besorgen.

»Du siehst, in welcher Lage ich bin, Asha«, sagte er. »Keine Arbeit, kein Einkommen, solange ich nicht operiert bin. Und wenn ich die OP nicht kriege – na, du weißt ja.«

Sie musterte ihn und ließ nur ein *Ch-Ch* hören, wie sie es oft tat, wenn sie nachdachte. »Ja, ich sehe, du steckst in einer üblen Lage«, sagte sie endlich nach einer Weile. »Und ich glaube, du solltest in den Tempel gehen. Oder nein, geh beten, zu meinem Guru Gajahnan Maharaj.«

Er sah sie verdutzt an. »Beten?«

»Ja. Du solltest täglich für das beten, was du dir wünschst. Das Darlehen, deine Gesundheit – bete darum zu diesem Guru. Gib die Hoffnung nicht auf, bitte ihn um Hilfe, und vielleicht wird sie dir gewährt.«

Ashas Tochter Manju holte tief Luft. Als sie kleiner war, hatte sie sich manchmal den sanften Mr. Kamble als Vater gewünscht. Und sie wusste ebenso gut wie Mr. Kamble, dass Asha, wenn sie ihn in den Tempel und zu der menschlichen Inkarnation ihres Gottes schickte, ihm eigentlich sagen wollte, er solle mit einem besseren finanziellen Angebot wiederkommen.

»Aber wir sind doch Freunde – du kennst mich doch, ich dachte …« Mr. Kamble klang, als habe er Sand verschluckt.

»Ein Darlehen zu besorgen ist nicht so einfach. Und ich möchte, eben weil wir Freunde sind, dass du dafür göttlichen Beistand bekommst. Damit du ein langes gutes Leben hast.«

Mr. Kamble humpelte davon, und Asha wusste, er würde garantiert schneller wieder bei ihr als in irgendeinem Tempel sein. Wer vom Tod gezeichnet war, musste doch wohl bereit sein, etwas springen zu lassen, um am Leben zu bleiben.

Asha selbst mied den Tempel seit einiger Zeit. Sie hielt sich zwar für eine gläubige Frau, aber sie hatte in den letzten Wochen festgestellt, dass sie auch ohne Beten oder Fasten von den Göttern bekam, was sie wollte. Eine Zeitlang hatte sie erwogen, den Ruin einer Nachbarin zu erbitten, denn die verbreitete ordinären Tratsch über den Charakter von Ashas Beziehung zum Bezirksrat, aber bevor sie dazu Gelegenheit hatte, war deren Mann krank geworden, der ältere Sohn von einem Auto angefahren worden und der jüngere vom Motorrad gefallen. Aus diesem und anderen Indizien schloss Asha, dass sie auf eine kosmische Glücksschiene geraten war. Womöglich auf genau die Schiene, aus der Mr. Kamble vor kurzem gesprungen war.

Ganz hinten im Raum bekam Manju einen Wutanfall – einen von der stillen Sorte, zu anderen war Manju ohnehin nicht fähig. Sie knallte die gehackten Zwiebeln mit solcher Wucht in die Pfanne, dass ein paar wieder raus und auf den Fußboden flogen. Asha zog eine Augenbraue hoch. Bestimmt traf sich Manju nachher wieder mit ihrer Freundin Meena an der öffentlichen Toilette, wo es einem von allein schon die Tränen in die Augen trieb, und heulte sich darüber aus, dass ihre Mutter einen sterbenskranken Nachbarn wegschickte. Asha durfte eigentlich gar nichts wissen von den Klatschrunden beim Klo, aber in Annawadi geschah kaum etwas, das nicht irgendwann bei ihr ankam.

Sehr zufrieden war Asha mit Manjus Gehorsam, ihrer allgemein gelobten Schönheit und ihrer Collegeausbildung, die den Haushalt um komische Namen wie »Titania« und »Desdemona« bereicherte. Die Gefühlsduselei ihrer Tochter dagegen war wohl das Ergebnis ihres eigenen elterlichen Versagens. Manju gab nachmittags stundenweise einigen der ärmsten Kinder von Annawadi Englischunterricht – der Job war Ashas Idee gewesen, er spülte dreihundert Rupien im Monat in die Haushaltskasse –, aber neuerdings erzählte Manju andauernd von irgendwelchen hungernden Kindern, die von ihrer Stiefmutter geschlagen wurden.

Asha war sich der Widersprüche ihres Lebens durchaus bewusst, zum Beispiel dass man einerseits stolz darauf sein konnte, seinen Kindern Not und Elend erspart zu haben, und andererseits neidisch auf sie sein konnte, weil sie ihnen erspart geblieben waren. In Ashas Kinderjahren hatten die Mädchen der Familie eben nichts zu essen gekriegt, wenn es nicht genug für alle gab. Die meisten Menschen beschrieben Hunger als einen Vorgang im Magen, Asha dagegen hatte einen Geschmack in Erinnerung – etwas Fauliges, das sich in der Zunge eingenistet hatte und manchmal plötzlich wieder

da war, beim Schlucken, Jahrzehnte später. Wenn Asha das zu beschreiben versuchte, sah Manju sie immer voller Mitgefühl an, ohne sie recht zu verstehen.
So routiniert Asha die Beschwerden ihrer Mitbürger auch nach jedem finanziellen Hebel durchsuchte, bisher waren die meisten einfach lästig – zum Beispiel die Zankereien zwischen diesem muslimischen Karnickel Zehrunisa Husain und Fatima Einbein darüber, wessen Blag wessen Blag gezwickt hatte. Asha hatte für beide Frauen nichts übrig. Fatima verprügelte ihre Kinder mit der Krücke. Und Zehrunisa trug die Nase für Ashas Geschmack unerträglich hoch. Noch vor drei Jahren hatten die Husains nach einem mörderischen Monsun kein Dach über dem Kopf gehabt, für Rahul die Gelegenheit, seine Parodie der heulenden Zehrunisa zur Perfektion zu bringen. Heutzutage wurde gemunkelt, sie und ihr mürrischer Sohn Abdul würden das Geld nur so scheffeln. »Dreckiges Muslim-Geld, *haram ka paisa*«, nannte Asha es. Sie konzentrierte ihre Ambitionen lieber auf Anti-Armut-Projekte als auf Müll.
Jetzt, wo sie wusste, wie der Laden lief, erschien ihr eine Frauenselbsthilfegruppe mit staatlicher Förderung recht vielversprechend. Das Projekt sollte eigentlich finanzschwache Frauen ermutigen, ihre Ersparnisse in einen gemeinsamen Topf zu werfen und sich in Notzeiten gegenseitig Kredite zu niedrigen Zinsen zu geben. Ashas Selbsthilfegruppe dagegen verlieh das Geld aus dem Topf lieber zu hohen Zinsen an noch ärmere Frauen, denen sie vorher den Zugang zum Kollektiv verweigert hatte – an die alte Frau zum Beispiel, die Abflussrohre von Unrat befreien durfte und die ihr den Sari gebracht hatte.
Trotzdem kamen manchmal Regierungsvertreter in Begleitung von ausländischen Journalistinnen, die sich in Mumbai mal umsehen wollten, ob Selbsthilfegruppen wirklich der Frauenförderung dienten. Asha oblag es dann, auf gut

Glück ein paar Nachbarinnen zusammenzutrommeln, die züchtig lächelten, während die Beamten schwadronierten, wie schön das Kollektiv sie aus der Armut befreit hatte. Danach wurde Manju herbeizitiert, und ihre Mutter sagte den Schlüsselsatz: »Und demnächst ist meine Tochter mit dem College fertig, von keinem Mann abhängig.« Wenn Asha das sagte, zerflossen die Ausländerinnen vor Rührung.

»Große Leute denken immer, wir hätten keine Ahnung, bloß weil wir arm sind«, erklärte sie ihren Kindern. Asha hatte eine Menge Ahnung. Sie war ein Rädchen in diesem nationalen Gaukelspiel, bei dem angeblich Indiens alte Probleme endlich offensiv angegangen wurden – die Armut, Krankheiten, der Analphabetismus, die Kinderarbeit. Andere alte Probleme – die Korruption und die Ausbeutung der Schwachen durch nicht ganz so Schwache – schwelten derweil nahezu unangetastet weiter.

Im Westen und bei manchen Angehörigen der indischen Elite war das Wort *Korruption* ausschließlich negativ besetzt, sie galt als Bremse für die globalen Ambitionen des modernen Indien. Aber für die Armen eines Landes, in dem Korruption Chancendiebstahl im großen Maßstab bedeutete, war Korruption eine der wenigen echten Chancen, die sie überhaupt hatten.

Als Manju mit Kochen fertig war, schaltete Asha den Fernseher an. Es war der erste in ganz Annawadi gewesen, aber irgendwann war mit den Farben etwas schiefgegangen. Ein puterroter Nachrichtensprecher verlas aktuelle Meldungen über Baby Lakshmi. Die Kleine war mit acht Gliedmaßen geboren und dementsprechend nach der vielgliedrigen Hindu-Göttin benannt worden. Vor ein paar Monaten hatte ihr ein Team von Spitzenchirurgen in Bangalore ein paar der Glieder entfernt. Die Reportage enthielt alle typischen Zutaten: Wunder vollbringende neue Medizintechnik, heldenhafte Chirurgen, ein Stück Heimvideo von der Kleinen, inzwischen zwei Jahre alt und angeblich glücklich und normal. Aber selbst bei schlechtester Bildqualität war nicht zu übersehen, dass es ihr nicht gutging. Asha war der Meinung, die Familie könnte finanziell viel besser dastehen, wenn sie Lakshmi nicht angerührt, sondern als Zirkusnummer vermarktet hätte. Andererseits war so ein Bericht über medizinische Wunder genau das Richtige, um Mr. Kamble Feuer unterm Hintern zu machen, er sah den marathisprachigen Sender nämlich auch.

Jeder in Annawadi wünschte sich eine dieser wundersamen Schicksalswenden, die im Neuen Indien angeblich geschahen. Jeder wollte gern aus der Gosse zu den Sternen, wie man so sagte, und zwar am liebsten sofort. Auch Asha glaubte an die Wunder des Neuen Indien, war aber überzeugt, dass sie nur schrittweise passierten, durch den allmählichen Ausbau der Zuwachsvorteile, die man selbst im Gegensatz zu seinen Nachbarn hatte.

Ihr Fernziel hieß nicht nur Slumlord, sondern Bezirksrätin für den Wahlbezirk 76 – ein Traum, der dank der neuen fortschrittlichen, international anerkannten Gesetzgebung immer realistischer wurde. Frauen sollten bei der Führung des Landes eine bedeutendere Rolle spielen, und um das durchzusetzen, waren alle Parteien gehalten, bei bestimmten Wahlen ausschließlich Kandidatinnen aufzustellen. Bei der letzten dieser Frauen-Wahlen im Bezirk 76 hatte Subhash Sawant sein Hausmädchen ins Rennen geschickt. Die Frau hatte die Wahl gewonnen und er den Bezirk weiter geführt. Asha fand, bei der nächsten reinen Frauen-Wahl sollte er lieber sie aufstellen, sein neues Hausmädchen war nämlich taubstumm – ideal für einen Geheimniskrämer wie ihn, aber nicht für einen Wahlkampf.

Der Wahlbezirk 76 umfasste auch etliche andere, größere Slums, und Asha hatte einen ersten Schritt unternommen, um sich außerhalb der Grenzen von Annawadi einen Namen zu machen: Sie hatte in ein riesiges Plastik-Transparent investiert, mit ihrem Namen, ihrem Porträt in Farbe und einer Liste ihrer Erfolge als Vertreterin des Shiv-Sena-Frauenflügels darauf. Das Transparent hing jetzt knapp einen Kilometer entfernt auf einem Markt. Leider hatte sie auch Fotos von drei weiteren Shiv-Sena-Frauen dazunehmen müssen. Der Bezirksrat hatte sie ein paarmal gewarnt, nicht alles an sich zu reißen.

»Aber bezahlen durfte ich den ganzen Mist allein«, beschwerte sie sich bei ihrem Mann, der zum Abendessen aufgetaucht war, erfreulicherweise einmal nicht rauflustig besoffen, sondern fröhlich besoffen. »Die andern Frauen da, die sind doch geistig immer noch vom Dorf«, erklärte sie ihm. »Die kapieren einfach nicht, dass es später mehr bringt, wenn man früh ein bisschen was springen lässt.«

Auch Rahul und Ganesh, der Jüngste, kamen herein. Asha stand lachend auf und zerrte Rahul die Cargojeans von den Hüften hoch. »Ich weiß, ist der *style,* dein *style, American style*«, sagte sie. »Kann ja alles sein, ist trotzdem albern.«

Zum Essen gab es Linsen, matschiges Gemüse und krokelige Rotis aus Weizenmehl, alles schmeckte wie absichtlich fade, vielleicht ein Ergebnis von Manjus stillem Zorn wegen Mr. Kamble.

Asha wusste, dass ihre Tochter sie verachtete, all ihre Machenschaften und Nebengeschäfte und all diese nächtlichen Treffen mit dem Bezirksrat, mit Polizisten und Stadtverwaltungsbürokraten, ohne die offensichtlich nichts ging. Aber ebendieses Politikgeschäft, das Manju nur verächtlich fand, hatte ihr zur Collegeausbildung verholfen und verhalf eines Tages vielleicht der ganzen Familie zum Aufstieg in die Mittelschicht.

»Muss ich dir eigentlich jedes Mal wieder beibringen, wie man richtig runde Rotis macht?«, stichelte Asha und hielt ein Roti hoch. »Also wirklich! Wer soll dich denn mal heiraten, wenn du so lächerliches Brot machst?«

Der Fladen baumelte zwischen Ashas Fingerspitzen und war so hoffnungslos missraten, dass sogar Manju lachen musste. Also, nahm Asha – irrigerweise – an, hatte ihre Tochter Mr. Kamble wohl doch vergessen.

3. Sunil

Abdul war immer ein unruhiger Typ gewesen, aber im Februar 2008 wirkte er auf die Müllsuchertruppe noch nervöser als sonst: Er klimperte mit den Münzen in der Tasche, schlackerte mit den Beinen, als ob er gleich losspringen wollte, und kaute auf einem Streichholz herum, während seine Zunge hinter den Zähnen irgendwie Amok lief. Seit kurzem schlugen überall in Mumbai lokale Jugendgangs Migranten aus nördlichen Bundesstaaten zusammen, mit dem Ziel, die sogenannten *bhaiyas* aus der Stadt zu vertreiben und auf diese Weise weniger um Jobs rangeln zu müssen.

Abdul war zwar in Mumbai geboren, aber sein Vater war ein Migrant aus dem Norden, und das machte seine Familie ziemlich konkret zur Zielscheibe. Auch in den Slums um den Flughafen gab es Krawalle, junge Männer schrien: »Macht die Bhaiyas platt!«, raubten die kleinen Läden von Nordindern aus, zündeten die Taxis von Nordindern an und klauten zugewanderten Straßentrödlern die Waren von den Decken auf dem Pflaster.

Solche Krawalle von Armen gegen Arme waren weder spontan noch gar Protest von unten gegen den Mangel an Arbeitsplätzen in der Stadt. Das waren Krawalle im heutigen Mumbai nur selten. Diese Kampagne gegen die Zuwanderer kam aus der Oberstadt und war inszeniert von einem ehrgeizigen Politiker – einem Neffen des Gründers der Shiv-Sena-Partei. Der aufstrebende Neffe hatte eine neue Partei gegründet und wollte den Wählern demonstrieren, dass man in seiner Partei Bhaiyas wie Abdul noch mehr hasste als in der Shiv Sena.

Abdul stellte die Arbeit ein und ging nicht mehr vor die Tür.

Er hielt sich lieber fern von der Gewalt, deren grausigen Folgen ihm die Müllsucher beschrieben. Gebrochene Rippen, eingetretene Schädel, zwei Männer angezündet – »Schluss jetzt«, brüllte Abdul eines Abends. »Hört jetzt bitte auf damit! Die ganze Randale ist doch Show, das sind bloß 'n paar bescheuerte Mistkerle, die machen Krawall, um die Leute einzuschüchtern.«

Er wiederholte nur, was er von seinem Vater Karam gehört hatte. Karam wollte mit solchen Beschwichtigungen verhindern, dass seine Kinder ihre Nase zu tief in die Dinge des indischen Lebens steckten, auf die sie ohnehin keinen Einfluss hatten. Untereinander tuschelten auch Karam und Zehrunisa manchmal über die Unruhen zwischen Hindus und Muslimen, die es schon 1992 und 1993 in Mumbai und 2002 im Nachbarbundesstaat Gujarat gegeben hatte, aber ihre Kinder setzten sie lieber auf eine Art patriotische Diät und sangen Loblieder auf Indien, wo tolerante Bürger aus tausend Ethnien, Glaubensrichtungen, Sprachen und Kasten prima miteinander auskamen.

Besser als die ganze Welt ist unser Hindustan,
Wir sind seine Nachtigallen,
Und es ist unser Heimatgarten.

So ging die Hymne des Hinduvolkes nach den Versen des großen Urdu-Dichters Iqbal, Karam hatte sie als Klingelton auf dem Handy. »Zuerst müssen die Kinder mal lernen, wie man an Brot und Reis kommt«, erklärte er seiner Frau. »Wenn sie älter sind, können sie sich immer noch den Kopf über andere Dinge zerbrechen.«

Sunil Sharma, ein zwölfjähriger Müllsucher mit einer guten Auffassungsgabe, wusste jedoch genau, was das hektische Streichholzkauen zu bedeuten hatte: Abdul, der Müllsortierer, war höchst beunruhigt.

Auch Sunil war ein Bhaiya, aber Hindu, und er wunderte sich über Abdul, der seiner Meinung nach härter schuftete als sonst jemand in Annawadi – »der steckt Tag und Nacht mit dem Kopf in der Arbeit«. Er hatte ihm einmal im grellen Sonnenlicht ins Gesicht geguckt und war furchtbar erschrocken. Bis auf die Kinderaugen, schwarz wie Schlüssellöcher, hatte Abdul ausgesehen wie ein gebrochener Greis.

Sunil war ein Knirps und noch zierlicher als Abdul, hielt sich aber für klüger und reifer als die anderen Müllsucher. Für sein Alter war er ungewöhnlich geschickt darin, Leuten auf die Schliche zu kommen. Die Technik hatte er sich während seiner Aufenthalte im Waisenhaus der Dienerinnen der Heiligen Dreifaltigkeit angeeignet.

Sunil war kein Waisenkind, und er hatte schnell rausgehabt, wie erfolgreich Schwester Paulette, die Leiterin des dreifaltigen Kinderheims, Ausländerinnen das Geld aus der Tasche zog, wenn sie das Wort »AIDS-Waisen« fallenließ oder die Bemerkung: »Ich war Mutter Teresas rechte Hand.« Er wusste genau, warum er und die anderen Kinder plötzlich, wenn Fotoreporter zu Besuch kamen, Eis und Kuchen essen durften und warum all die Nahrungs- und Kleiderspenden für die Waisen klammheimlich vor dem Eingang zum Heim verscherbelt wurden. Er reagierte nur selten mit Zorn, wenn er herausfand, welche heimlichen Motive hinter dem Verhalten von Menschen steckten. Er hielt seinen Riecher dafür, wie die Welt hinter ihrer Fassade funktionierte, eher für einen guten Schutzschild. Und als er auf die Straße gesetzt wurde, weil Schwester Paulette fand, Jungen über elf seien zu schwer zu bändigen, beschloss er, sich auf das zu konzentrieren, was er in ihrer Obhut dazugelernt hatte. Er konnte Marathi ebenso gut lesen wie seine Muttersprache Hindi und auf Englisch bis hundert zählen. Er wusste, wo Indien auf der Weltkarte liegt. Auch so ungefähr, wie Multiplizieren

geht. Und dass Nonnen bei weitem nicht so anders sind als normale Leute, wie allgemein behauptet.
Ohne ihn mochte seine kleine Schwester Sunita auch nicht im Waisenhaus bleiben, und so liefen sie zusammen zurück nach Annawadi. Dort war ihre Mutter vor langer Zeit an Tuberkulose gestorben, dort lebte ihr Vater noch immer in der stinkigsten Slumgasse, wo sich streunende Schweine den Wanst mit den vergammelten Essensresten aus den Hotels vollschlugen. Die Hütte war nur gemietet, drei mal zwei Meter groß und verdreckt, es gab kein Licht, aber Brennholzstapel zum Kochen. Sunil schämte sich für den Verschlag fast so sehr wie für seinen Vater.
Der Mann stank wie ein Spirituskocher, wenn er besoffen war. Wenn er das mal nicht war, schuftete er so lange beim Straßenbau, bis er wieder stinken konnte wie ein Spirituskocher, Geld für Essen legte er kaum je beiseite. Sunil war der Einzige, der auf Sunita aufpasste. Einmal, mit fünf oder sechs, hatte er sie eine ganze Woche lang aus den Augen verloren. Seitdem achtete er immer genau darauf, wo sie war.
Dass Sunita einmal verschwunden war, gehörte zu Sunils wenigen lebhaften Kindheitserinnerungen – und wie fassungslos Rahuls Mutter Asha reagiert hatte. Sie hatte sich sofort mit ihm verbündet und den ganzen Mumbaier Süden nach Sunita abgesucht, dann war sie in die Hütte des Vaters gestürmt und hatte ihm erklärt, wenn er so weitersaufe, seien seine Kinder auch bald tot. Kurz darauf waren Sunil und Sunita an Ashas Händen wie eine richtige Familie die Airport Road entlanggelaufen. Vor dem schwarzen Eingang zum Waisenhaus hatte Asha die beiden dann aber losgelassen und war zurückgegangen.
In den Jahren danach war Sunil öfter nach Annawadi zurückgekommen – weil er Windpocken oder Gelbsucht hatte oder ihm sonst eine Göttin in den Leib gefahren war und

womöglich die Gesundheit von Schwester Paulettes anderen Pfleglingen gefährdete. Insofern hatte er Übung im Umschalten: Er gewöhnte sich schnell wieder an die Jagd nach Müll, an die Ratten, die nachts, wenn er schlief, aus dem Brennholz kamen und ihn zerbissen, und an den Zustand, praktisch ständig Hunger zu haben.

In den Kindertagen hatten sich Sunil und Sunita zur Abendbrotzeit immer still vor die Nachbarhütten gestellt. Früher oder später würde schon irgendeine mitfühlende Frau mit einem Teller Essen herauskommen. Bei Sunita klappte das ja vielleicht immer noch, aber Sunil war inzwischen jenseits der Altersgrenze, unterhalb derer man sich auf Barmherzigkeit verlassen konnte. Er sah zwar eher wie fast neun aus als wie fast zwölf, was seine Mannesehre schmerzlich traf, doch andererseits vielleicht ganz praktisch war. Aber Sunil tat niemandem mehr leid.

Kein Mitleid mehr zu erregen störte ihn nur zu Essenszeiten. Er hatte schon im Waisenhaus abgelehnt, die reichen weißen Besucherinnen um Rupien anzubetteln. Er hegte lieber die Vorstellung, genau damit würde er einer dieser Frauen auffallen, und die würde ihn dann für seine vornehme Zurückhaltung belohnen. Er hatte jahrelang darauf gewartet, dass diese eine besondere Frau ihm in die Augen sehen würde, dann würde er sagen, er sei »Sunny«, der Name müsste Ausländern gefallen. Irgendwann hatte er einsehen müssen, dass seine Hoffnung unrealistisch war und er in der Masse der Bedürftigen gar nicht weiter auffiel. Doch die Angewohnheit, nie jemanden um etwas zu bitten, war ihm da schon in Fleisch und Blut übergegangen.

In den ersten Wochen nach der Rückkehr waren seine Fertigkeiten als Müllsucher noch etwas eingerostet, also hatte er seinem Vater im Schlaf die Sandalen ausgezogen und sie an Abdul verkauft, für Essen. Bis sein Vater aufwachen und ihn verdreschen konnte, hatte er fünf Vada Pavs verschlungen.

Ein paar Tage später hatte er den väterlichen Kochtopf versetzt. Als er auch die eigenen Sandalen für Reis eingetauscht hatte, war praktisch nichts Verkäufliches mehr da. Die Hungerkrämpfe ließen sich ja noch mit ein paar Zügen aus weggeworfenen Zigarettenkippen dämpfen. Auch Hinlegen half. Aber die Furcht, dass Hunger eine Wachstumsbremse sein könnte, war durch nichts zu vertreiben.

Sunil hatte die vollen Lippen, die weit auseinanderstehenden Augen und den hochgetürmten Haarwust von seinem Vater geerbt. (Zu dessen hervorstechenden Merkmalen gehörte außerdem, dass er selbst mit dem Kopf im Matsch noch gut frisiert aussah.) Aber Sunil fürchtete, auch die kümmerliche Statur von seinem Vater geerbt zu haben.

Vor einem Jahr im Waisenhaus hatte er einfach aufgehört zu wachsen. Anfangs hatte er sich noch eingeredet, sein Körper mache einfach mal Pause, Kräfte sammeln für den nächsten, bestimmt heftigen Wachstumsschub. Aber inzwischen war selbst Sunita größer als er.

Sunil sah ein, dass er als Müllsucher viel besser werden musste, wollte er seinen Motor wieder in Gang bringen. Aber das hieß auch, sich nicht länger mit einer allzu offensichtlichen Tatsache aufzuhalten: Dieser Beruf konnte einen Körper in kürzester Zeit zum Wrack machen. Aus Schürfwunden, die man sich beim Tauchen im Müll zuzog, wurden Pockenblasen, und die entzündeten sich. In aufgerissener Haut setzten sich Maden fest. In Haaren gründeten Läuse Kolonien, Gangräne fraßen sich zentimeterweise die Finger hoch, Waden schwollen zu Baumstämmen an, und Abdul und seine kleinen Brüder hatten Wetten laufen, wer aus der Truppe der Müllsucher als Nächster sterben würde.

Sunil selbst tippte auf den Gestörten, der immer mit den Hotels redete und überzeugt war, dass das Hyatt ihn umbringen wollte. »Ich glaub, bei dem ist die Garantie abgelaufen«, sagte er zu Abdul. Abdul tippte eher auf einen jungen Tamilen, der nicht mehr nur gelbe, sondern orangerote Augen hatte, und er sollte recht behalten.

Wie die meisten Müllsucher wusste Sunil genau, was die Leute auf dem Flughafen in ihm sahen: einen armseligen, schmuddeligen Jungen ohne Schuhe. Bis zum Winterende hatte er sich einen Schutz gegen die mutmaßliche Verachtung zugelegt, einen Gang mit schlenkernden Gliedmaßen und locker aus der Hüfte, den er aber nur auf der Sahar Airport Road praktizierte. Ein Junge auf dem Weg in die Schule würde so gehen: bloß kein Stress, Kopf in den Wolken. Jetzt, während des ersten Abschnitts der Tagestour, war sein Lumpensack noch leer, er konnte ihn unter den Arm klemmen oder wie ein Superhelden-Cape locker über die Schulter werfen. Oder rasch über den Kopf ziehen, falls Schwester Paulette in ihrem weißen Van mit Fahrer vorbeikam. Schwester Toilette, so nannte er sie inzwischen bei sich. Er stellte sich vor, wie sie sich auf der Airport Road herumkutschieren ließ und nach Kindern Ausschau hielt, die nach mehr Profit rochen als er.

Frühmorgens hetzten junge Frauen von der Bushaltestelle auf der Airport Road zur Arbeit in den Hotels, mit Handtaschen wie Hausaltäre. Sunil hasste es, auf dem Bürgersteig mit den Riesendingern zu kollidieren. Einmal drosch es ein Kind dabei glatt bis auf die Fahrbahn. Aber jetzt bei Tagesanbruch war die Stadt noch groß genug für alle. Er wurde nicht mit irgendeinem Fußgängerstrom vorwärtsgeschubst, er konnte in Ruhe durch die Gärten stromern, die die neuen privaten Flughafenbetreiber zur Straße hin angelegt hatten. Sunil war ein geübter Kletterer, wenn die Nüsse reif waren, könnte er sich gut an den Kokospalmen bedienen. Er passte auf, dass er nicht auf einen der hinter den Lilien dösenden ausgemergelten Junkies trat.

Er stellte erstaunt fest, dass man inzwischen von der Airport

Road aus gar nichts mehr von Annawadi sah, nur noch die Rauchschwaden vom Kochen. Die neuen Flughafenbetreiber hatten auf der Seite zum Slum hin glänzende Aluminiumzäune hochgezogen, die meisten Autofahrer fuhren daran entlang, bevor sie zum internationalen Teil abbogen. Wer aus der anderen Richtung zum Flughafen wollte, fuhr an einer Betonwand mit sonnengelben Reklameplakaten vorbei. Werbung für Bodenfliesen im Toskana-Stil, der Slogan zog sich über die ganze Breite:

UNVERWÜSTLICH SCHÖN UNVERWÜSTLICH SCHÖN
UNVERWÜSTLICH SCHÖN UNVERWÜSTLICH SCHÖN

Sunil schlenderte wie üblich oben auf der schön unverwüstlich schönen Mauer entlang, um Ausschau nach Müll zu halten, aber die Airport Road hier war gemein sauber.
Der einträglichste und deshalb umkämpfteste Flughafenbereich war die Straße, an der die Luftfracht ein- und ausgeladen wurde. Hier auf der Cargo Road gab es jede Menge LKWs, Laderampen, überquellende Müllcontainer und kleine Imbissstände, hier tummelten sich aber auch jede Woche neue Müllsucher. Manchmal ließen erwachsene Männer ihre Messer aufblitzen, um Sunil von den verheißungsvollen Containern fernzuhalten, meistens warteten sie einfach ab, bis er genug eingesammelt hatte, gaben ihm einen Arschtritt und klauten ihm den vollen Sack. Die Matang-Frauen warfen mit Steinen nach ihm. Müllsammeln war in der Matang-Kaste Tradition, die Frauen trugen auch bei der Arbeit ihre roten und grünen Saris und ihren Mitgiftschmuck in der Nase und waren immer nett zu ihm, wenn alle gemeinsam mit ihren Säcken vor einer der Waagen in Annawadi Schlange standen. Aber neuerdings vergriffen sich auch Angehörige anderer Kasten an den angestammten Erwerbsquellen der Matangs, denn feste Arbeit war kaum zu kriegen, Müll

dagegen gab es immer. Und so war einer wie Sunil, der aus einer Zimmermannskaste in Uttar Pradesh stammte, für die Matangs auf ihrer Cargo Road schlicht ein Eindringling.
Noch schlimmer für beide, die Matangs und Sunil, war die zunehmende Konkurrenz durch Profis. Inzwischen hielt eine ganze Armee uniformierter Müllwerker das Gelände um das internationale Terminal herum sauber. Große Recycling-Konzerne holten die Abfälle aus den Luxushotels zumeist direkt ab – »ein Vermögen, so weit kann man gar nicht rechnen«, befand Abdul im Flüsterton. Nagelneue städtische Müllwagen rollten durch die Straßen, weil eine Bürgerinitiative mit Bollywood-Heldinnen als Galionsfiguren gegen Mumbais Ruf als Drecknest mobil gemacht hatte. Und über Müllbehältern prangten schicke orangerote Schilder mit der Aufforderung: MACH SAUBER! Mancher freischaffende Müllsucher befürchtete, bald überhaupt keine Arbeit mehr zu finden.
Am Ende solcher Tage voller Gewalt verkaufte Sunil alles, was ihm nicht geklaut worden war, an Abdul. Auf mehr als fünfzehn Rupien pro Tag, einen Viertel-Euro, kam er selten, während die Matangs im Durchschnitt vierzig Rupien verdienten. Er ahnte, wenn er nicht bald lohnende Ecken fand, auf die noch niemand gekommen war, würde er nie mehr wachsen. Daher fing er an, weniger auf die anderen Müllsucher zu achten und mehr auf Leute, die etwas wegwarfen. Nach dem Prinzip der Krähen von Annawadi: kreisen, ausspähen und dann zuschlagen.
Reiche Fluggäste warfen garantiert sagenhafte Sachen weg, aber am internationalen Terminal verscheuchte das Sicherheitspersonal jeden Müllsucher, der auch nur in die Nähe kam, sogar die jüngsten, die nur mal hören wollten, ob die Tafel mit den Landungen wirklich *tschkk-e-tschkk-e-rrrrr* machte, wie die Alteingesessenen immer behaupteten. Auch die Bauarbeiter am neuen Terminal hinterließen bestimmt

irgendwelchen Krempel, aber die Baustelle war mit einem blau-weißen Aluminiumzaun umstellt, und der bot keinen Halt zum Klettern. Sogar die Beamten der Polizeiwache von Sahar, die auf dem Flughafengelände lag, mussten doch eine Art *trash flow* produzieren, aber vor der Polizei hatten die meisten Annawadier Angst, auch Sunil. Also nahm er die schwarz-gelben Taxis an einem Halteplatz neben der Wache ins Visier.

Es gab da einen Imbissstand für Fahrer, die auf die frisch gelandeten Passagiere warteten. Die meisten schlürften hastig ihre Plastikbecher Tee leer, aßen ihre Samosas und ließen ihren Dreck fallen, wo sie gerade standen. Ein erstklassiges Terrain und längst Hoheitsgebiet anderer Müllsucher, aber Sunil hatte beobachtet, dass manche Taxifahrer mit ihren Abfällen anders verfuhren.

Sie warfen ihre leeren Becher und Flaschen hinter dem Imbissstand über eine flache Steinmauer. Und hinter der lag in gut zwanzig Metern Tiefe das Flussbett des Mithi – beziehungsweise eines betonierten Stichkanals, in den der Mithi umgeleitet worden war, als der Flughafen erweitert wurde. Wahrscheinlich dachten die Taxifahrer, dass ihr Müll ins Wasser fiel und einfach abtrieb, aber Sunil war auf die Mauer geklettert und hatte anderthalb Meter tiefer auf der Rückseite einen schmalen Vorsprung entdeckt, eine Art Betonsims. Irgendeine eigenwillige Luftströmung im Siel wirbelte die über die Mauer fliegenden Abfälle auf diesen Sims, und dort blieben sie liegen. Ein machbarer Balanceakt für einen zierlichen Jungen.

Klar, wenn er beim Springen stolperte, landete er im Mithi. Er konnte durchaus schwimmen, das hatte er in Naupada gelernt, einem Slum neben dem Intercontinental Hotel, der bei jedem Monsun unter Wasser stand. Und soweit er wusste, war in Naupada noch nie jemand ertrunken. Aber Naupada war in der ganzen Gegend ein anderer Name für

Vergnügen, während der Mithi mit seinen unnatürlichen Strömungen eher ein Synonym für die Todesfallstatistik war. Aber nach ein paar Sprüngen traute Sunil seinen Füßen.

Der Betonsims zog sich über einen Kilometer die Mauer entlang, vom Taxistand bis zu einer Auffahrtrampe, und manchmal gingen die Leute, die dort hinauffuhren, vom Gas und zeigten auf den Jungen, der hoch über dem Wasser herumkrabbelte. Sunil gefiel die Vorstellung, dass sein Treiben auf dem schmalen Sims aus der Entfernung hochdramatisch aussah. In Wahrheit war Müllsuchen hier längst nicht so gefährlich wie auf der Cargo Road oder während der Krawalle, wenn die Schreihälse mit ihrem »Macht die Bhaiyas platt!« durch die Gegend rannten. Und er war bereit, Risiken einzugehen, um ja kein mickriger Zwerg zu bleiben. Mit jedem Meter, den er auf dem Sims balancierte, wurde sein Sack praller und sperriger, und Sunil wusste, er durfte sich nur auf Abfälle direkt vor seiner Nase konzentrieren und weder nach unten noch nach vorn gucken.

Im März hörten die Krawalle auf und hinterließen ihre schlimmsten Spuren in Slums wie Annawadi. Viele Inder aus dem Norden hatten vor lauter Angst zwei Wochen lang nicht gearbeitet. Manche Migranten konnten sich von dem Lohnverlust nicht mehr erholen und erfüllten im Nachhinein den Wunsch der neuen Partei, die sich Maharashtra Navnirman Sena nannte und sie einfach alle weghaben wollte aus Mumbai.

Abduls Eltern vermieteten vier Quadratmeter hinten in der Hütte an die Familie eines Hindus aus dem nordindischen Bihar, der sein Geld mit einer Autorikscha verdiente. Mitte März kam seine verzweifelte Frau eines Nachmittags zu Abduls Mutter. Zehrunisa legte sich den zweijährigen Lallu an die Brust und hörte ihrer Untermieterin zu.

Ihr Mann und sein Bruder mussten pro Tag zweihundert

Rupien Miete für das dreirädrige Taxi bezahlen, auch während der Krawalle, obwohl sie da nicht arbeiten konnten. Jetzt hatten sie kein Geld mehr, weder für Benzin noch für die Miete, die sie den Husains noch schuldeten. Die Frau aus Bihar bat Zehrunisa um Nachsicht. »Was soll ich denn machen? Bitte schmeiß uns nicht raus!«

»Na, aber die Krawalle haben uns doch allen weh getan«, sagte Zehrunisa. »Auch Abdul hat seinen Laden dichtmachen müssen. Hab ich Geheimnisse vor dir? Du weißt doch, wie's um die Gesundheit des Vaters meiner Kinder steht. Wir sind selbst kurz davor, in der Gosse zu landen.« Zehrunisa hatte die Angewohnheit, mit ihrer Armut zu übertreiben, gegenüber Nachbarn und Müllsammlern ebenso wie gegenüber Polizisten, die Schmiergeld kassieren kamen.

»Aber ihr habt ein Geschäft, damit kommt ihr doch durch«, sagte die Frau aus Bihar und nestelte an dem dünnen grünen Paluv, den sie sich über den Kopf gelegt hatte. »Ihr könnt euer Zuhause behalten. Aber wie wir leben, weißt du ja – von der Hand in den Mund. Und du weißt auch, dass mein Mann hart arbeitet, dass meine Kinder gut sind.« Ihr mittlerer Sohn war der beste Schüler der kleinen Schule von Ashas Tochter Manju. Er kannte für jeden Buchstaben des Alphabets ein englisches Wort.

Zehrunisa versuchte, das Gespräch auf Politik zu lenken. »Allah, diese Arschlöcher von der Shiv Sena, oder wie diese neue Partei immer heißt. Die versuchen seit Jahren, uns zu verscheuchen. Wir arbeiten hart. Wer will schon auf deren Wohltätigkeit angewiesen sein? Kommen die vielleicht und packen uns was zu essen auf den Teller? Alles, was die auf die Beine stellen, ist dieser *tamasha*-Folklorefirlefanz –«

Die Frau aus Bihar ballte die Fäuste um die grünen Sarizipfel. Sie wollte nicht über Politik reden, schon gar nicht mit Zehrunisa, mit der ging es dann leicht durch wie ein Zug ohne Bremsen. Sie musterte eine Eidechse, die auf der Wand gerade den Kehlsack blähte. Schließlich unterbrach sie ihre Vermieterin. »Was sagt denn dein Herz? Ich würd ja mit den Kindern ins Dorf zurückgehen, ich würd mich auch nicht beschweren, dass ich bei meinen Leuten dasteh wie ein Idiot. Aber mein Mann und sein Bruder – wo soll'n die bleiben? Etwa auf der Straße?« Sie sah Zehrunisa eindringlich ins Gesicht, bis die Muslima sich abwandte.

Es war genau so, wie die Müllsucher immer sagten: Keine zehn Pferde zogen Abduls Mutter den Geldbeutel aus der Tasche. Als der Bihari-Frau die Tränen in die Augen stiegen, wiegte Zehrunisa den kleinen Lallu und sang ihm etwas vor. Die Müllsucher sagten auch: Die trägt das verwöhnte Riesenbaby wie einen Schild vor sich her. Und so landeten die beiden Bihari-Männer auf der Straße, und die Frau und die Kinder saßen drei Tage lang im Zug zurück nach Hause.

»Sie hat doch selbst gesagt, ich soll auf mein Herz hören, und das hab ich gemacht«, erklärte Zehrunisa ein paar Tage später Abdul. »Mein Herz hat gesagt, wenn wir das Geld von denen sausenlassen, wovon bezahlen wir dann die nächste Rate für das Grundstück in Vasai? Und was ist, wenn dein Vater wieder ins Krankenhaus muss? Wir verdienen endlich mal ein bisschen Geld, aber wenn wir uns in Sicherheit wiegen, werden wir bis in alle Ewigkeit in Annawadi festhängen und Fliegen totschlagen.«

»Nach dem Monsun kommen neue Leute«, erklärte Abdul Sunil und den anderen Müllsuchern, das hatte ihm auch sein Vater gesagt. »Wo sollen die denn sonst hin?« Mumbai war roh zu Zuwanderern, manchmal grausam, aber eben auch besser als irgendein anderer Ort.

Jahrzehntelang war der Flughafen, von dem das Überleben in Annawadi abhing, ein Konglomerat aus Klebeband, ekligen Aborten und Desorganisation gewesen. Jetzt hatte ihn die Regierung im Namen des globalen Wettbewerbs privatisiert. Das neue Betreiberkonsortium unter der Führung des imagebewussten Konzerns GVK hatte den Auftrag, ein schönes, hypereffizientes neues Terminal zu bauen – ein architektonisches Glanzstück, damit die Fluggäste gleich richtig beeindruckt waren von Mumbais steigendem Weltstadtniveau. Das neue Management hatte auch die Erlaubnis erhalten, Annawadi und dreißig weitere aus dem bisher ungenutzten Flughafenboden geschossene Slumsiedlungen zu schleifen. Die Beseitigung der Slums in der Flughafengegend war seit Jahrzehnten geplant, aber immer wieder aufgeschoben worden, jetzt schienen der GVK und die Regierung wild entschlossen, die Sache endlich durchzuziehen.

Ein Motiv dafür, den rund neunzigtausend illegalen Siedlern dort den Boden unter den Füßen wegzuziehen, war die Sicherheit der Flughafenanlagen. Ein weiteres war der Wert des Bodens, denn die Hütten wucherten Flächen zu, die bei vertikaler Bebauung immense Profite abwerfen würden. Das dritte Motiv hieß Nationalstolz, und sein Symbol war ein Flughafen mit dem Markennamen »Indiens neues Tor zur Welt« und dem Pfauenfeder-Logo. Denn zu den Dingen, die sich mit der halsbrecherischen Globalisierung geändert hatten, gehörte auch Indiens Toleranz gegenüber Slums.

Nach den Pleiten US-amerikanischer und britischer Großbanken hatte das rastlose Kapital den Blick gen Osten gewandt. Singapur und Shanghai boomten inzwischen, Mumbai dagegen hatte noch nicht richtig absahnen können. Es gab zwar auch hier junge, billige, schnell anzulernende Arbeitskräfte im Überfluss, aber der Umstand, dass Indiens Finanzmetropole auch als »Slumbai« verrufen war, verursachte Ausfallkosten. Trotz des enormen Wirtschaftswachstums lebte noch immer mehr als die Hälfte der Bürger von Groß-Mumbai in provisorischen Behausungen. Und so beäugten die ausländischen Geschäftsleute beim Landeanflug das Panorama der Slums direkt am Flughafen mal mit Ekel, mal mit Mitleid, aber kaum jemand erkannte in dem, was er da sah, einen Beweis für eine hochfunktionale, gut verwaltete Stadt.

Die Annawadier wussten sehr gut, dass ihre Siedlung allgemein als Schandfleck galt und dass ihr Zuhause genauso provisorisch war wie ihre Arbeit. Trotzdem hingen sie an dem Viertelhektar Land, für sie bestand er aus drei sehr unterschiedlichen Orten. Abdul und Rahul lebten in Tamil Sai Nagar, Annawadis ältestem und gesündestem, an der öffentlichen Toilette verankertem Teil. Sunils Gegend, ein ärmerer und rauherer schmaler Streifen, war von Dalits aus dem ländlichen Maharashtra besiedelt. (Im indischen Kastensystem, dem ausgeklügeltsten System zur Unterdrückung durch Arbeitsteilung, das je ersonnen wurde, standen die einst als Unberührbare bezeichneten Dalits ganz unten.) Die Dalits von Annawadi hatten ihre paar Slumreihen Gautam Nagar getauft, nach einem achtjährigen Jungen, der während einer der periodischen Zerstörungsaktionen der Flughafenbehörde an Lungenentzündung gestorben war.

Der dritte Ortsteil war eigentlich nur eine Straße voller Schlaglöcher gleich am Eingang nach Annawadi, an der viele Müllsucher lebten. Hier gab es nicht mal Hütten. Müllsucher schliefen auf ihren Säcken, damit andere Müllsucher sie nicht beklauen konnten.

Auf der buckeligen Straße schliefen auch Kleindiebe. Ihr Haupteinsatzgebiet waren die Baustellen rund um den Flughafen, Bauarbeiter achteten nicht immer so genau auf Schrauben, Rohre und Nägel. Vor der Privatisierung hatten viele der Diebe auf dem Flughafen gearbeitet und zum Beispiel Touristen für ein Trinkgeld das Gepäck zum Auto getragen. Aber im Zuge der Sanierung, dank der es um das internationale Terminal herum jetzt fast so glamourös zuging wie bei den Luxushotels, waren auch die zerlumpten Gepäckjungen verbannt worden, genauso wie die Mütter,

die mit ihrem Baby auf dem Arm um Geld für Milch bettelten, und die Kinder, die kleine Taschengötter verscherbelten.
Mit Diebstählen verdienten die vormaligen Gepäckträger etwas mehr Geld als die Müllsammler, und sie investierten es zum größten Teil in Reis mit Chilihuhn vom Imbiss einer Chinesin auf der Airport Road. Zum Nachtisch gab es üblicherweise eine Portion Erase-X, die indische Version von Tipp Ex. Die Leute in den Bürohäusern warfen oft die nicht ganz leeren Fläschchen aus dem Fenster. Und annawadische Straßenjungen wussten den Bodensatz zu schätzen. Mit Spucke verdünnen, auf einen Lappen schütten, inhalieren: eine Dosis Mumm für die Arbeit nach Mitternacht.
Auf die Dauer war Erase-X allerdings ein Problem. Abdul erklärte Sunil, Dauersniffer würden entweder dünn wie Streichhölzer oder bekämen beängstigende dicke Klumpen im Bauch.
Abdul verspürte leise Beschützerinstinkte gegenüber diesem zu klein geratenen Müllsucher. Der Junge konnte sich für seltsame Dinge begeistern, einen Stadtplan zum Beispiel, den er vor kurzem an einer Kantine der Flughafenarbeiter hängen sehen hatte. Er erzählte später in Annawadi davon, als hätte er einen Goldbarren im Gully gefunden, und schien ganz verblüfft, dass die anderen Müllsucher völlig desinteressiert reagierten. Abdul kannte den Hang, sich für Entdeckungen ins Zeug zu legen, die anderen Leuten gleichgültig waren, aus eigener Erfahrung. Er versuchte schon lange nicht mehr zu erklären, warum er sich für bestimmte Dinge begeisterte, und er war sicher, auch Sunil würde beizeiten Erfahrungen mit der eigenen Einsamkeit machen.
Sunil seinerseits war nicht entgangen, dass zugedröhnte Diebe mehr Spaß hatten als der nüchterne, dauerschuftende Abdul. Sobald der Frühling kam, hingen die nämlich alle krakeelend im ersten Vergnügungscenter von Annawadi

herum, einem Schuppen, in dem zwei Trumme von Videospielekonsolen standen.
Die Spielhalle hatte ein alter Tamile als Köder ausgelegt. Er konkurrierte seit einiger Zeit mit Abdul um die Ausbeute der Müllsucher und ging dabei fast so clever vor wie Asha. Er lieh den Jungen die eine Rupie, mit der man Bomberman oder Metal Slug 3 spielen konnte. Und er lieh ihnen Seife oder Geld für Essen. Den Dieben lieh er Werkzeug zum Zerschneiden von Stacheldraht oder Lockern von Radkappen. Mit den Schulden im Nacken mussten Müllsucher wie Diebe ihre Beute an ihn verkaufen.
Die Husains betrachteten das als unlauteren Wettbewerb, und zur Strafe brach Mirchi eines Nachts in den Videoschuppen ein und räumte die Münzbehälter in den Konsolen aus. Der Tamile hatte nur gelacht, als er den Übeltäter entdeckte. Verglichen mit dem, was die Diebesbeute abwarf, war die Ausbeute aus dem Videoschuppen Peanuts.
Einer der Straßenjungen, fiel Sunil auf, war anders als die anderen: Kalu, ein schräger Vogel von fünfzehn Jahren und fast so etwas wie ein Freund von Abdul. Kalu riss Witze über den Spielhallenmann und dessen zu kurze Lungis, und er stritt sich mit ihm herum, weil er behauptete, Muslime wie Abdul seien alle Gauner und hätten heimlich Magnetgewichte unter den Waagschalen. Auch Kalu klaute, seine Spezialität waren die Recyclingtonnen auf dem Flughafen, in denen oft Aluminiumteile steckten. Die Tonnen standen zwar in Zonen, die mit Stacheldraht gesichert waren, aber Kalus Schmerztoleranz war geradezu legendär. Er brachte es in einer Nacht auf drei Kletterrunden über die Zäune, dank Erase-X, dem ortsüblichen Balsam auch für NATO-Drahtwunden. Und manchmal, wenn er Abdul seine Metallbeute verkauft hatte, steckte er Sunil ein paar Rupien für Essen zu. Kalu hatte wie Sunil früh seine Mutter verloren und jobbte seit seinem zehnten Lebensjahr. Einmal hatte er Diamanten

polieren müssen, in einer schwer bewachten Fabrik in der Nachbarschaft, allein die Vorstellung fanden die anderen Jungen total bekloppt.

»Und da hast du dir keinen ins Ohr geschoben?«

»Oder zehn in 'n Arsch?«

Sie konnten sich das einfach nicht vorstellen, auch nicht, als Kalu schilderte, wie er jeden Abend durch einen Diamantendetektor hatte gehen müssen.

Sunil mochte an Kalu besonders, dass er jeden Film, den er sah, genial nachspielen konnte, zur Freude der Jungen, die noch nie im Kino gewesen waren. Er imitierte piepsiges Bengali und war plötzlich die Besessene in dem Bollywood-Thriller *Bhool Bhulaiya*. Er imitierte gutturales Chinesisch und war Bruce Lee in *Der Mann mit der Todeskralle*. King Kong dagegen spielte er, trotz vielfacher Nachfrage, nicht mehr. Er war lieber Deepika in *Om Shanti Om*. Dabei tönte er: *»Arre kya item hai!«*, und stolzierte herum. »Nur sie kriegt diese altmodischen Outfits hin!«

Kalu sah eigentlich nach nichts aus, wenn man jeden Teil seines Gesichts für sich nahm: kleine Augen, eine flache Nase, ein spitzes Kinn, ein dunkler Teint. Der Spitzname, den die anderen Straßenjungen ihm verpasst hatten, war auch nicht als Kompliment gemeint – *kalu* heißt »schwarzer Junge«. Aber Kalu stellte etwas dar, nicht nur wegen seiner Schmerztoleranz, auch wegen seines Talents als Spaßproduzent. Wenn er keine Lust mehr hatte, Filmstars zu imitieren, parodierte er sämtliche Spitzen-Freaks von Annawadi inklusive Einbein mit ihren Lippenstiftlippen, die beim Gehen immer den Hintern rausstreckte und neuerdings mit einem heroinsüchtigen Straßenjungen fickte, wenn ihr Mann auf der Arbeit war. Dass ein Straßenjunge an Sex kam, wenn auch mit einer behinderten Frau wie Einbein, war an sich schon phänomenal.

Sunil hörte oft heimlich zu, worüber sich Kalu nach Einbruch der Dunkelheit so unterhielt, und erfuhr dabei, dass die Straßenjungen manchmal von Polizisten Tipps bekamen, in welchen Lagerhallen und Baustellen es was zu klauen gab. Natürlich für einen Anteil vom Erlös. Einmal um Mitternacht hörte er mit, wie Kalu Abdul, ausnahmsweise ernst, von einem Diebeszug beim Flughafen erzählte, der in die Hose gegangen war.

Ein Polizist hatte ihn zu einer Fabrik geschickt – Kalu sagte »die Werkstätten« –, da liege Metall rum und da sei kein Stacheldrahtzaun drum. Um elf Uhr war er hingegangen und hatte auch ein paar Eisenteile gefunden, aber dann war ein Wachmann angerannt gekommen. Kalu hatte alles in ein hohes Unkrautgestrüpp fallen lassen und war nach Hause gelaufen.

»Wenn ich das Zeug nicht bis morgen früh abgeholt hab, findet's irgend 'n anderer Junge«, erklärte er Abdul. »Aber ich bin so müde, ich kann da nicht gleich noch mal hin.«

»Dann sag doch einem von den andern, er soll dich in ein paar Stunden wecken«, schlug Abdul vor.

Aber die anderen waren inzwischen high und hatten überhaupt einen vagen Zeitsinn.

»Ich kann dich wecken«, bot Sunil an. Bei den ganzen Ratten in seiner Hütte konnte er sowieso nicht schlafen.

»Gut«, sagte Kalu. »Komm um drei, wenn du nicht kommst, bin ich erledigt.«

Kalu sagte das Wort *erledigt* so locker wie das meiste, was er sagte, aber Sunil nahm es todernst. Er legte sich auf den Maidan, einen Meter von Abdul entfernt, und las die Zeit an der Bewegung des Mondes ab. Als es seiner Schätzung nach drei sein musste, ging er zu Kalu, der zusammengerollt auf dem Rücksitz einer Autorikscha schlief. Kalu richtete sich auf, wischte sich den Mund ab und sagte: »Der Junge, der mitkommen sollte, ist zu bedröhnt. Willst du mit?«

Sunil war verdattert, aber dann fühlte er sich geehrt.

»Bist du wasserscheu?«, fragte Kalu.
»Ich kann schwimmen. Ich geh immer in Naupada schwimmen.«
»Hast du 'n Bettlaken?«
Sunil hatte tatsächlich eins. Er holte es im Laufschritt, dann ging er hinter Kalu her zur Airport Road. Als sie die Straße überquerten, wickelte er sich das Laken um. Er bibberte, obwohl die Nacht nicht kalt war. Kalu drehte sich um und lachte. »Du erschreckst ja die Leute! Die glauben doch, du bist 'n wandelndes Gespenst!« Widerstrebend klemmte Sunil sich das Laken unter den Arm, als sie auf der Straße zum internationalen Terminal ankamen.
Noch immer fuhren Autos vom Flughafen weg. »Nachtflüge aus Europa und Amerika«, erklärte Kalu. In seiner Gepäckträgerzeit hatte er sich Flugpläne und Namen von allen möglichen Weltstädten eingeprägt. Das dickste Trinkgeld, sagte er, gaben Saudis, Amerikaner und Deutsche, in der Reihenfolge.
Hinter der blinkenden Tafel für die Abflüge und einer Sicherheitsschranke mit der Aufschrift »Glückliche Reise« sprinteten die beiden Jungen eine halb gepflasterte Durchfahrt für Baufahrzeuge hinunter und bogen auf einen noch schmaleren stockfinsteren Weg. Auf dem konnte Sunil sich blind bewegen. Es gab ein paar hohe Zäune, hinter denen Catering-Menüs produziert wurden, und danach kam eine Stelle, die als Klo im Freien genutzt wurde und wo er oft leere Wasserflaschen gefunden hatte. Diese Brache ließen die Jungen im Sprint hinter sich. Jetzt standen sie am Rand eines breiten Abwassergrabens, der vom Mithi gespeist wurde. Sunil kam hier manchmal her, um ein paar Magurfische zu angeln, die er im Slum verkaufen konnte. Als er kleiner war, war das Wasser noch blau gewesen – »wie in Swimmingpools«, sagte er. Inzwischen war es schwarz und schmutzig, aber die Fische schmeckten noch immer süß.

Rechts hinter dem Graben ragten Sicherheitszäune hoch, zum Schutz der flutlichtbestrahlten Hangars. Jets rollten für die Nacht hinein. Ganz weit links hinter dem Graben, wo sie nach Kalus Plan hin mussten, war alles dämmerig und ruhig. Sunil konnte einen dürren Ashokabaum erkennen und dahinter, verschwommen, etliche schuppenartige große Gebäude. Kalu sprang in das brackige Wasser und kraulte darauf zu. Auch Sunil schwamm los und watete weiter, sobald er sah, dass Kalu auch watete. Das Wasser im Graben hatte nur eine sanfte Strömung, der Monsun lag neun Monate zurück. Trotzdem hatte Sunil Schiss, als er das andere Ufer hochkletterte.

Was Kalu als »Werkstätten« bezeichnet hatte, war eine riesige neue Fabrikanlage. Schmelzwerk. Weichmacher. Schmiermittel. Die Firma hieß Gold-I-Am Schmuck GmbH. Bläuliche Lampen vor manchen der Lagerhallen warfen ihr Licht auf die Umrisse uniformierter Wachmänner, und die warfen ihrerseits zehn Meter lange Schatten.

Sunil wollte am liebsten sofort zurück ins Wasser. Aber Kalu hatte eine komplizierte Route zu der Stelle mit dem Unkraut ausgetüftelt, wo er seine Eisenteile versteckt hatte. »Da können die Wachleute nicht hingucken«, sagte er. »Geht ganz leicht.« Und so war es. Für Sunil sahen die Eisenteile aus wie Hanteln, und wenn man sie aus dem Gestrüpp hochzog, waren sie auch schwer wie Hanteln. Und das erwies sich als das große Problem dieser Nacht: Wie viel Gewicht konnten sie schwimmend bewältigen? Die beiden Jungen rollten ihre Laken zu Schlingen und probierten es mit drei Teilen pro Kopf.

Schwankend machten sie sich mit ihrer Bürde auf den Weg und kamen eine Viertelstunde später klitschnass in Annawadi an. Als Abdul im Morgengrauen aufwachte, hatten sie ihm Eisen angeschleppt, für das er 380 Rupien zahlte, und Sunil bekam ein Drittel davon. Wie hoch der Anteil der Poli-

zisten war, erfuhr er nicht. Kalu jedenfalls wirkte still vergnügt über seinen Gewinn. Und Sunil hatte zum ersten Mal im Leben Geld zur freien Verfügung.
Also auf ins Kino. Kalu kannte den Weg zum Pinky Talkie Town, wo Sunil allein von dem Teppich und der Sauberkeit wie hypnotisiert war. Der Mittagsfilm war irgendwas Amerikanisches, der Hauptdarsteller hieß Will Smith und war offenbar der einzige Mensch auf der Leinwand, der eine Seuche in New York überlebt hatte. Auch eine Hündin hatte überlebt und sich mit dem Helden angefreundet. Die Hündin war gelb und hatte einen großen schwarzen Fleck auf dem Rücken, der sah aus wie ein Sattel, und der Mann redete mit ihr, als ob sie alles verstehen könnte. Dann, kurz vor dem Ende, erwürgte er sie.
Sunil überlegte, dass der Held bestimmt ein Motiv für den Mord an seinem einzigen Freund hatte. Neben dieser Seuche hatte es auch noch einen Geist und eine Explosion gegeben, und beide hatten zweifellos irgendwie mit der Entscheidung des Helden zu tun, aber Sunil kam partout nicht dahinter. Als er aus dem dunklen Kino auf die Straße und in die gleißende Sonne stolperte, war ihm übel wegen dem Verrat an der Hündin. Es ging ihm erst besser, als er sich den Bauch mit Essen vollgeschlagen hatte.
Ein paar Wochen später bat ihn Kalu wieder um Hilfe. Sunil dachte an all die Diebe, die sich mit Chilihuhn-Reis vollstopften, und verglich eine eventuelle Karriere als Dieb mit der Müllsammelei, die einem vor allem Maden, Beulen und orangerote Augen einbrachte. Aber vorerst, beschloss er, wollte er lieber bei seinen Mülltonnen und seinem Betonsims über dem Mithi bleiben.
Abdul schien erleichtert über seine Entscheidung, allerdings war Sunil nie sicher, ob er diesem greisenhaften Jungen wirklich alle Gedanken vom Gesicht ablesen konnte. Aber Kalu drängelte nicht weiter, und das war gut, denn Sunil

war auch nicht sicher, ob jemand anders mit den Gründen für seine Entscheidung etwas hätte anfangen können. Irgendwie hatten sie damit zu tun, dass er es nicht mal am profitabelsten Tag seines Lebens geschafft hatte, in diese Hochstimmung zu kommen, die die anderen Jungen »die volle Lust« nannten – was nur teilweise an der erwürgten Hündin gelegen hatte. Aber Sunil hatte sein Müllsucherdasein manchmal so auf den Punkt gebracht: »Ich mag mich selbst nicht bei der Arbeit. Das fühlt sich an, als ob ich eine Beleidigung bin.« Und als Dieb, überlegte er jetzt, würde er sich vielleicht noch weniger mögen. Außerdem war ihm nicht wohl bei dem Gedanken an Kalus Deals mit der Polizei von Sahar.

Sunil sollte später noch genauer erfahren, wie viel Macht Mumbaier Polizisten über Straßenjungen aus Annawadi hatten. Im Augenblick konnte er bei allem Geschick, hinter heimliche Motive zu kommen, nur den einen Schluss ziehen: Die Mechanismen hinter Kalus nächtlichen Jobs überstiegen das Fassungsvermögen eines Zwölfjährigen bei weitem.

4. Manju

Die ganze Handlung von diesem Roman *Mrs. Dalloway* leuchtete ihr überhaupt nicht ein. Manju fühlte sich so schlapp bei der College-Lektüre, dass sie fürchtete, sich schon wieder Dengue-Fieber oder Malaria eingefangen zu haben – wäre ja auch kein Wunder bei ihrem Leben zehn Meter neben einem sirrenden Klärteich. Nein, beschloss sie. Es lag einfach am Wetter: Es war zwar erst Frühling, aber die Sonne glühte schon sengend heiß, eine messerscharfe weiße Kraft, von der einem die Augen brannten und die Wasserbüffel von Annawadi vorzeitig brünstig wurden. Auch ihre Mutter sah fahl aus, fand Manju, aber das lag vielleicht daran, dass Bezirksrat Subhash Sawant – der Mann, von dem Asha zum Slumboss gekürt zu werden hoffte – ein Verfahren wegen Wahlbetrugs am Hals hatte.

Als Manju wissen wollte, ob da was dran war, hatte Asha zuerst abgewunken. Ihr Boss hatte früher auch schon zwei Mordanzeigen aus der Welt geschafft. »Mit Mumbaier Gerichten lässt sich alles regeln«, wie der Bezirksrat zu sagen pflegte. Und warum sackte ihm dann offensichtlich die ganze Körpermasse vom Brustkorb in den Bauch? Auch der ewig klebrige Kragen schien nicht allein mit dem Klima zu erklären.

Parallel zur Verfügung der indischen Zentralregierung, dass bei bestimmten Wahlen nur Frauen kandidieren durften, waren bei anderen Wahlen ausschließlich Kandidaten aus den niederen Kasten zugelassen. Damit sollte den traditionell von der politischen Führung des Landes ausgeschlossenen Bevölkerungsgruppen mehr Teilhabe ermöglicht werden. Im vergangenen Jahr hatten im Bezirk 76 nur Leute aus den niederen Kasten antreten dürfen, und Subhash Sawant hatte sämtliche Wahlen locker gewonnen. Nicht dass er aus einer niederen Kaste stammte – er hatte sich nur kurzerhand einen neuen Nachweis der Kastenzugehörigkeit gebastelt, samt einem neuen Geburtsort und einem Satz neuer Vorfahren, um dem Wahlrecht zu genügen. So hatten es auch mindestens zehn weitere Leute in anderen Wahlbezirken gemacht, zumeist Kandidaten für die Shiv Sena.

Jetzt hatte sich allerdings der auf dem zweiten Platz gelandete Kandidat der Kongresspartei von Wahlbezirk 76 an das Mumbaier Kammergericht gewandt, er hatte Belege über Subhash Sawants Fälschungen eingereicht und die Richter aufgefordert, die Wahl für ungültig zu erklären. Und plötzlich verspürte der Bezirksrat einen Drang nach Bürgernähe. Seit mehr als zehn Jahren war er jetzt Boss dieses Wahlbezirks, an die Zeit davor mit der Autorikschafahrerei und den kleinkriminellen Lumpereien konnte er sich kaum noch erinnern. Und so machte er sich jetzt auf den Weg in alle Slums seines Bezirks, um persönlich die Huldigungen seines Wahlvolks entgegenzunehmen, in der Hoffnung, damit gewisse Diskrepanzen in den Akten vergessen zu machen.

Nächste Station Annawadi. Für den hohen Besuch sollten Asha und Manju die Slumbewohner in einem pinkrosa Tempel beim Klärteich zusammentrommeln, wo sie alle gemeinsam mit dem Bezirksrat für seinen Sieg vor Gericht beten würden.

Asha zuckte zusammen, als sie den Auftrag bekam. Es war die Zeit der Klassenarbeiten, da kamen Eltern nur ungern aus ihren Hütten, denn die Gefahr bestand, dass ihre Kinder die Schulbücher zuklappten. Asha musste ihre ganze Überzeugungskraft aufbieten, um eine ansehnliche Menge zusammenzubringen.

Am vorgesehenen Tag hielt Subhash Sawant bei Sonnenuntergang Einzug in Annawadi: in einem makellosen weißen Safarianzug sowie in Begleitung seiner Entourage. Sunil und die anderen Müllsucher sahen von weitem zu. Der Bezirksrat schritt in diesem Polizistengang daher – breitbeinig, als wären seine Schenkel für normale Schritte zu muskulös. Und seine Haare waren so ölig, dass man darin Knoblauch hätte schmoren können.

Der Bezirksrat lobte das Poori Bhaji, das Manju und ihre Mutter für die Zeremonie zubereitet hatten. Auch wie sie den kleinen, nur mit einem alten Stahlschultisch möblierten Tempel geschmückt hatten, fand sein Gefallen. Die tamilischen Bauarbeiter, die Annawadi besiedelt hatten und zu denen auch Ashas Eltern gehörten, hatten das Tempelchen einst gebaut und Mariamma geweiht, der Schutzgöttin gegen Seuchen. Mit Subhash Sawants Zustimmung hatte Asha ihren Teil dazu beigetragen, dass sich die gebürtigen Maharashtrianer den pinkrosa Tempel unter den Nagel reißen konnten, seitdem blieb er die meisten Tage verschlossen. Heute Nachmittag hatten Meena und Manju ihn gründlich geputzt. Die toten Fliegen und Rattenkötel waren verschwunden, die neuen Götterbilder glänzten wieder.

»Ruf die Leute zusammen, nach dem Essen komme ich wieder und halte eine Rede«, sagte der Bezirksrat zu Asha, bevor er samt seiner Entourage in mehreren SUVs entschwand.

Um acht läutete sie die Tempelglocke, und kurz danach war der Raum rappelvoll. Ein Tablaspieler trommelte leise vor sich hin, Asha suchte sich einen Platz am Schultisch, die goldene Bordüre an ihrem besten Sari reflektierte die Flämmchen von Dutzenden Votivkerzen.

Fast alle im Tempel, auch Asha, stammten wirklich aus einer niederen Kaste. Und die meisten waren genau die Zuwanderer, die die Shiv Sena aus Mumbai vertreiben wollte. Trotzdem waren sie gekommen, nicht nur aus Furcht, Asha zu erzürnen, sondern weil sie an ihren Bezirksrat glaubten.

Die Annawadier wussten durchaus, wie korrupt Subhash Sawant war. Sie waren auch sicher, dass er den Kastennachweis gefälscht hatte. »Aber er ist der Einzige«, fanden sie, »der überhaupt mal kommt und sich hier blicken lässt.«

Vor jeder Wahl hatte er Geld von der Stadt lockergemacht oder die freigiebige World Vision angezapft, eine berühmte christlich-amerikanische Hilfsorganisation, und davon den Annawadiern ein bisschen Komfort spendiert: das öffentliche Klo, den Fahnenmast, Rinnsteine, den Betonsockel am Klärteich, auf dem er bei seinen Besuchen zu stehen pflegte. Und bei jedem Besuch erzählte er den Menschen im Slum, wie hartnäckig er dafür kämpfte, die Bulldozer fernzuhalten, die 2001 und 2004 im Namen der Flughafenbetreiber schon etliche Hütten abgerissen hatten. Auf der großen Bühne des Flughafenmodernisierungs- und Stadtverwaltungstheaters spielte der Bezirksrat bloß eine Nebenrolle, war nur ein Lückenbüßer. Aber im politischen Weltbild der Annawadier überragte er selbst den indischen Premierminister bei weitem. Er brauchte ihre Stimmen, und sie brauchten den Glauben an seine Macht als ihr Beschützer.

»Wann kommt er denn?«, fragten die Leute.

»Bald«, versprach Asha.

Im rappelvollen Tempel roch es allmählich streng nach Schweiß. In Slums sogen alle Gebäude, auch Tempel, die Hitze der Stadt in sich auf und hielten sie fest. In der ersten Stunde wurde die Qual noch stumm ertragen. In der nächsten lud sich der Tempel langsam mit Seufzern auf.

Zeit war kostbar für Annawadier, auch für die, die keinen Extradruck durch Kinder und deren Schulprüfungen hatten. Sie hatten seit dem Morgengrauen gearbeitet, hatten noch Hütten zu putzen, Kinder zu baden und vor allem Wasser aus den tröpfelnden Pumpen des Slums zu holen, bevor die völlig versiegten, und das hieß stundenlang Schlange stehen. Die Stadtverwaltung lieferte Wasser an sechs Zapfstellen, anderthalb Stunden morgens und anderthalb Stunden abends. Ein paar Männer aus der Shiv Sena hatten sich die Pumpen unter den Nagel gerissen und kassierten Zapfgebühren von ihren eigenen Nachbarn. Die Wasser-Wucherer waren äußerst unbeliebt, wenn auch nicht ganz so wie dieser World-Vision-Derserteur, ein Sozialarbeiter, der bei den Annawadiern für eine neue Pumpe gesammelt hatte und mit dem Geld abgehauen war.

Um zehn waren die Nacken- und Achselpartien von Ashas Sari-Bluse klatschnass, aber sie hatte endlich Subhash Sawants Fahrer ans Telefon gekriegt. »Er ist auf dem Weg«, erklärte sie, dann stimmte sie mit allen Wartenden ein Gebet an, so konnte der Bezirksrat gleich bei der Ankunft seine Annawadier in tiefer Andacht vorfinden.

Um elf war er immer noch nicht da. Asha winkte ihrer Tochter. »Bring das Essen.« Eigentlich hatten die Sachen, die Manju zubereitet hatte, nach der Zeremonie verzehrt werden sollen, aber inzwischen verließen die Ersten den Tempel, und weder der Bezirksrat noch sein Fahrer gingen ans Telefon.

Wer wegen einer Zeremonie gekommen war, aß und ging nach Hause, im Tempel blieb nur ein Dutzend Leute, zumeist hackevolle Trottel. Asha entglitten die Gesichtszüge.

Die anderen, die gegangen waren, hatten ihr vorgeworfen, sie habe ihr Wort gebrochen, den Bezirksrat zu holen. Noch schlimmer war, dass Subhash Sawant ein Nachtmensch war und, wenn er endlich käme, einen leeren Tempel vorfinden würde. Das Ganze war eine Katastrophe, und die würde allein ihr angelastet werden. Bestimmt kam dann wieder dieses Lächeln von ihm, hinter dem sich kaum erkennbar eine Beleidigung verbarg. Bestimmt erklärte er ihr, sie werde von den Bewohnern nicht respektiert, Annawadi sei noch nicht reif für einen weiblichen Slumlord. Und garantiert erwähnte er, wie viele Leute in wie vielen anderen

Slums sich zu einem ach so erfolgreichen Abend eingefunden hatten.

Während Asha ihrer Tochter die bitteren wahrscheinlichen Folgen ausmalte, schlenderte ein bildschöner junger Eunuch durch Annawadi. In einem lichterglitzernden leeren Tempel entdeckte er einen Trommler, der untätig dasaß, ging hinein und fing an zu tanzen.

Der Eunuch hatte dicke lange Locken, lange Wimpern bis an die Augenbrauen, Blechreifen an den Handgelenken und schwang die Hüften zuerst noch sanft. Er streckte die Arme aus, der Körper blieb reglos wie eine Statue, nur die Beine wurden immer glibberiger. Der Trommler erwachte wieder zum Leben. Manju fiel die Kinnlade herunter. Es sah aus, als ob der Ober- und der Unterkörper des Eunuchen verschiedenen Betriebssystemen gehorchten. Er hielt kurz inne und nahm eine Votivkerze zwischen die Zähne, dann ließ er sich in eine Drehung fallen, bei der die Flamme verlosch.

Die *hijras* von Mumbai waren so gefürchtet wie fetischisiert. Eunuchen mit ihrer sexuellen Zweideutigkeit erlebten so viel Unheil, dass sie als ansteckende Unheilbringer galten. Wenn *hijras* vor der Tür standen, musste man ihnen Geld geben, damit sie wieder gingen. Und wenn man wollte, dass sie einem Widersacher eine Kokosnuss vor die Füße schmissen, gab man ihnen etwas mehr. Sobald die Kokosnuss gelandet war, klebte der böse Blick an diesem Mann, auch wenn der einen *baba* kommen und drei Weihrauchstäbchen abbrennen ließ, in einem Glas voll Reis mit einem Hauch Zinnoberpulver obendrauf.

Sechs *hijras* lebten in Annawadi, und das harte Leben stand ihnen ins schminkeverschmierte Gesicht geschrieben. Ein paar von ihnen kamen jetzt auch in den Tempel. Der junge Eunuch war kein Einheimischer, er war makellos und seine Weiblichkeit kein Ergebnis von Kleidung und Lippenstift, sondern von irgendetwas Unbeschreiblichem in seinem Gesicht. Er wollte auch kein Geld, um wieder zu gehen. Inzwischen wirbelte er so schnell herum, dass seine Locken wie Perpendikel hin und her schwangen und seine Schweißtropfen den Slumbewohnern, die wie verzaubert in den Tempel zurückgekommen waren, ins Gesicht spritzten.

Er ging in den Vierfüßerstand, machte abwechselnd einen Buckel und reckte den Hintern hoch, dann sang er einen klaren hohen Ton und ließ ihn in seinen ruckartigen Bewegungen nachklingen. Er hieß Suraj und war achtzehn. Ashas Sohn Rahul hatte als Einziger sofort den Verdacht: In der engen Jeans steckte ein intakter Mann. Suraj hatte einfach nur, seit er sich erinnern konnte, das Gefühl, zu drei Vierteln ein Mädchen und zu einem Viertel ein Junge zu sein, was seiner Mutter und seinen Schwestern das Herz gebrochen hatte. Jetzt tingelte er für ein bisschen Trinkgeld durch die Slums und tanzte so wild, dass er Darmprobleme bekam. Und er versuchte, genau wie Asha, sich im Wahlbezirk 76 einen Namen zu machen.

Zwei Frauen drängelten sich bis zu ihm vor, wirbelten mit ihm herum und waren bald nur noch verschwommene rote und grüne Kurven. Plötzlich brach der Eunuch auf dem Boden zusammen. Die Zuschauer hielten den Atem an, befürchteten einen Anfall, aber gleich darauf verkündete er, eine Göttin sei mit einer Botschaft in ihn gefahren. »Yellama sagt, bringt ihr ein Blatt vom Niembaum, und sie beantwortet eure Fragen nach der Zukunft!«

Asha runzelte die Stirn. Wenn jetzt Subhash Sawant käme und den Auftritt hier sähe! Andererseits, beschloss sie, besser das als ein leerer Tempel. Immer mehr Leute strömten herbei und hüpften hoch, um über die Köpfe der anderen hinweg einen Blick auf den *hijra* zu erhaschen. Jetzt kamen auch die Straßenjungen dazu und sogar der Puffbesitzer mitsamt Freiern. Die Söhne von Robert, dem Zebrakümmerer, setzten auf dem Maidan zwei Autoreifen in Brand, was die ganze Aufregung noch anheizte, und drinnen im Tempel wurde die Göttin, die dem Eunuchen in die Seele gefahren war, mit Fragen bestürmt.

»Soll ich ein Darlehen aufnehmen, um mein Haus zu reparieren?« – »Soll ich dem Mann, der mir angeblich einen Job beschaffen kann, Geld geben?« – »Wovon soll ich die Hochzeit meiner Tochter bezahlen?« – »Was wird mein Sohn mal werden?« Es gab ein paar Fragen zu Kindern und ihren Prüfungschancen, eine zu einer Herzklappe und viele zur Flughafenbehörde. »Wann werden diese Flughafenleute unsere Häuser niederreißen?« Vielleicht wusste diese Göttin ja mehr als Bezirksrat Subhash Sawant.

Dass aus dem Mund des Eunuchen nur Kauderwelsch kam oder die Göttin in Zungen redete, die niemand verstand, fiel nicht weiter auf. Allein diese Stimme, ob sie nun der Göttin oder dem Eunuchen gehörte, war hypnotisierend und fühlte sich an wie der Segen selbst.

Inzwischen schrien die Leute ihre Fragen. Und das Geschrei drang auch bis in die Hütte der Husains auf der anderen Seite des Maidans.

»Was ist das denn! Können die nicht endlich die Klappe halten?«, stöhnte Mirchi laut auf und ließ die Stirn aufs Mathebuch sinken. Wie sollte er so für die Prüfung lernen? Sein Vater lief ständig auf und ab und verfluchte den Bezirksrat und sämtliche Hindus von Annawadi. »Diese arbeitsscheuen Götzendiener, die hauen uns schon an hundert Feiertagen im Jahr ihren Krach um die Ohren, dabei ist heute nicht mal ein Feiertag, aber die haben völlig den Verstand verloren, bloß wegen so 'nem tanzenden – Freak.«

Nur vier Türen vom Tempel entfernt lebte Prakash. Er war einundzwanzig und von allen Schülern am weitesten vorangekommen, jetzt saß er zu Hause mit einem Lehrbuch für Betriebswirtschaft auf dem Schoß und schlug die Hände vors Gesicht. Zwei Tränen rollten durch die Finger. Die alles entscheidende letzte Prüfung vor dem Collegezeugnis – sabotiert von einem herumwirbelnden Eunuchen. Bei der erstbesten Gelegenheit würde er nach Bangalore flüchten, dort hatte man bestimmt mehr Achtung vor Akademikern.

Um ein Uhr nachts ging der Bezirksrat endlich ans Telefon. Er schaffe es nicht mehr, er sitze noch bei wichtigeren Leuten fest. Aber er war sehr zufrieden mit Asha, denn er vermutete, der grandiose Radau, den er durchs Telefon mitbekam, komme daher, dass ganz Annawadi ihm zu Ehren auf den Beinen war.

Ashas Glückssträhne hielt also an. »Komm jetzt nach Hause«, sagte sie zu Manju.

»Komme«, antwortete Manju zerstreut und stierte weiter auf den schweißnassen Eunuchen. »Aber weißt du, Mutter? So was habe ich im ganzen Leben noch nicht gesehen.«

Die Annawadier waren sich einig, dass Manju für ihr Aussehen, die politischen Beziehungen ihrer Mutter und ihren eigenen strapaziösen Stundenplan ausgesprochen nett war. Morgens ging sie aufs College. Nachmittags gab sie Unterricht in der einzigen Schule des Slums, in der Familienhütte. Den Rest des Tages kümmerte sie sich um Essen, Putzen, Wasserholen und Wäschewaschen für den Fünf-Personen-Haushalt. Mit nur vier Stunden Schlaf pro Nacht schaffte sie das ganze Pensum, meistens ohne dass es ihr aufs Gemüt schlug. In diesem Frühjahr allerdings stellten Infektionen und Fieberschübe ihre Fassung gleich serienweise auf die Probe.

Asha war besorgt, dass ihre Tochter langsam heißlief und die Gefahr, dass sie ihre Tugend verlor, langsam akut wurde. Aber die Gefahr bestand bei Manju eher nicht. Sie hatte sich während ihrer Teenagerzeit zu einem Muster an Anstand und Sanftmut entwickelt – zwei Eigenschaften, die ihrer Mutter abgingen, wie Manju fand.

Eines Nachmittags stand Rahul vor einem kleinen an die Wand genagelten Spiegel. Er klopfte sich Manjus Fair & Lovely-Hautaufheller-Lotion ins Gesicht, behielt seine Schwester aber durch das braun gescheckte Glas im Blick. Manju kniete auf dem Boden, ihr schimmernder Zopf fiel ihr über die Schulter, und murmelte immer verzweifelter englische Wörter.

»Was ziehst du denn für 'n Gesicht?«, fragte Rahul.

Manju sah hoch. »Nicht so viel Creme, Rahul!«

Die Fair & Lovely-Lotion war fundamental für die Bewahrung ihrer hellen Haut und damit ihres Wertes auf dem Heiratsmarkt, aber auch Rahul und der kleinere Bruder Ganesh benutzten sie, und zwar verschwenderischer als Manju.

Rahul schaltete den Fernseher an. Tom & Jerry. Jerry hatte sich mit Schuhcreme getarnt und redete Tom gerade ein, er habe genug Sprengstoff geschluckt, um eine ganze Stadt in die Luft zu jagen. Manju sah eine Minute zu, dann seufzte sie wieder. »Ich weiß nicht, was ich machen soll«, sagte sie. »In einer Stunde kommen meine Schüler, und ich hab meine eigenen Schularbeiten noch nicht fertig. Mein Computerlehrer hat gesagt: ›Frag mal deine Mutter, was du lieber machen sollst – deine Photoshop-Aufgaben oder euren Haushalt?‹ Der lässt mich glatt durchfallen. Hab ich dir schon erzählt, was gestern im Psychologiekurs los war? Ich war auf dem Klo und hatte mein Portemonnaie unterm Tisch gelassen, da klaut mir doch irgendwer mein Geld. Was sind denn das für Leute! Dabei haben die anderen Mädchen alle mehr Geld als ich. Aber wieso erzähl ich dir das überhaupt? Du hast nur Augen für den Fernseher – du hörst ja doch nicht zu.«

»Ich höre wohl zu«, protestierte Rahul. »Bloß, du hast von so vielen Seiten Druck, ich weiß überhaupt nicht, wo ich anfangen soll.«

Rahul stand selbst unter Druck, er musste die Prüfungen der

neunten Klasse und seinen Job spätabends im Hotel unter einen Hut bringen. Inzwischen konnte er perfekt nachahmen, wie die Mienen der Kellner im Intercontinental einrasteten, sobald ein Gast sich näherte. Dazu musste der Kopf einen Tick aufwärtsgereckt werden, das signalisierte: *Ich bin hellwach und folgsam,* und gleichzeitig das Kinn servil abwärtsgehen: *Ich bin ganz unsichtbar, Sir, wenn Ihnen das lieber ist.* Rahul hatte ein offenes Gesicht und Augen, die vor Lust auf Spaß förmlich sprühten. Bei den Mädchen von Annawadi zeigte ein Blick von ihm schnell Wirkung. Aber vielleicht, überlegte er, hätte ihm eine bessere Beherrschung seiner Mimik die Demütigung erspart, die er neulich bei einer Hotelparty hatte einstecken müssen.

Der Ärger war losgegangen, als der DJ nach Mitternacht anscheinend auf telepathischem Weg Rahuls Musikwünsche herausfand. Erst kam ein Kracher von Christina Aguilera – *»I am beautiful, no matter what they say«* – und gleich danach *»Rise Up«,* ein Danceclub-Hit von Yves Larock, Rahuls aktueller Lieblingssong.

Rise up! Don't be falling down again
Rise up! Long time I broke the chains.

Der englische Text sagte ihm nichts, aber die Basslinie war unwiderstehlich. Wenn er die nur hörte, vibrierte er sofort innerlich. Womöglich hatte er, als die ersten Akkorde durch den Hotellautsprecher echoten, gelächelt oder mit einem Fuß mitgetappt. Jedenfalls hatten ihn plötzlich zwei junge Gäste am Arm gezupft und gesagt, er solle doch mal ein paar »Mumbai moves« zeigen.

Besoffene Weiße waren bekannt für großzügige Trinkgelder. Also fing er an, ein paar Schritte vorzuführen – ohne Schulter- und Armbewegungen, nur mit Kopf und Füßen, ganz dezent, wie er dachte.

»Bist du verrückt geworden, du Arschloch?«
Ein Hoteloberer packte ihn. Andere Manager stürmten quer durch den Saal auf ihn zu. Gerade so, als wäre er mit einer Gabel auf einen Bollywood-Star losgegangen. Die festangestellten Kellner feixten, als er auf den Absätzen in den Müllraum geschleift wurde. Erst später zu Hause, als er wieder zu sich kam, fiel ihm das Argument ein, mit dem er sich gut hätte wehren können. Das erste Gebot der Hotelarbeit hieß doch, die Gäste nicht anzuglotzen, und hieß das zweite nicht, zu tun, was immer sie verlangten?
Als Trickfilm-Tom ein Haus in Scherben legte, ging Rahul wieder zum Spiegel, und Manju machte sich an die Lektüre für ihr Hauptfach, englische Literatur. Heute war das Drama der englischen Restaurationsepoche im 17. Jahrhundert dran, William Congreves *Der Lauf der Welt.*
Manju hatte die Komödie nicht gelesen, und das erwartete auch kein Lehrer von ihr. Liberaler Literaturunterricht hieß überall in Indien schlicht Einpauken, außer in den feinsten Colleges, in denen die meisten Schüler aus den wohlhabenden höchsten Kasten kamen. In Manjus Durchschnittscollege für Mädchen, gegründet vom Lion's Club, wurde nur verlangt, eine Zusammenfassung auswendig zu lernen, die der Lehrer von jedem Werk des Lehrplans angefertigt hatte, und sie fehlerfrei wiederzugeben, zuerst in der Klassenarbeit und später bei der Examensprüfung. Manju hatte ein gutes Gedächtnis. Aber diese Figuren in *Der Lauf der Welt* waren wirklich schwer auseinanderzuhalten.
»Millamant, Mirabell, Petulant – hast du so Namen schon mal gehört? Von der Sorte gibt's noch einige«, erzählte sie Rahul nach einer Weile. »Die lügen und betrügen alle, um an Geld zu kommen, aber ich versteh die Stelle nicht, wo mein Lehrer schreibt, was die ganze Geschichte bedeuten soll.«
»Liebe ist zweitrangig«, stand da. *Love is subordinated.* Sie hat-

te zwar noch nie mit einem Jungen in ihrem Alter Händchen gehalten, aber *love* war ein englisches Wort, bei dem sie sich sicher war. *Subordinated* dagegen würde bei ihrer Mutter bloß eine gereizte Reaktion auslösen, weil sie Manju schon lange ein Wörterbuch Englisch-Marathi versprochen, aber noch immer nicht gekauft hatte. Mutter und Bruder konnten beide kein Englisch und hielten es auch beide für eine Zumutung, dass die Sprache der ehemaligen Kolonialherren selbst im unabhängigen Indien noch Voraussetzung für anständige Jobs in Büros und Hotels sein sollte, schließlich war Marathi eine genauso altehrwürdige Sprache.
Manju dagegen hielt die neue Bedeutung von Englischkenntnissen für einen Nebeneffekt von etwas, das sie generell begrüßte: ein weltoffeneres und meritokratisches Indien. Und wie man die Sprache lernte, war eigentlich ziemlich egal, ob anhand von Congreve-Lektüre oder indem man im Personaliteez-Inc-Kurs für gesprochenes Englisch vorgefertigte Dialoge einübte oder irgendein Job-Training für ein international operierendes Call-Center absolvierte. Englische Sprachkompetenz war ein Nachweis für Weltläufigkeit und eine hervorragende Ausbildung, also ein potenzielles Sprungbrett raus aus dem Slum. Noch klang Manjus Englisch stockend und hölzern, aber immerhin sprach sie das zweitbeste Englisch von Annawadi.
Das beste Englisch sprach Prakash, der Betriebswirtschaft lernte und nicht weit vom Tempel lebte. In der komplizierten sozialen Hierarchie der Jugend von Annawadi – die weniger auf der Kastenzugehörigkeit als auf wirtschaftlichen Zukunftsperspektiven beruhte – stand Prakash an der Spitze. Er kam ursprünglich aus der Mittelschicht und hatte eine gute Privatschule besucht, aber dann war sein Vater von einem Zug überfahren worden. In seiner Freizeit verkaufte Prakash für eine mickrige Provision Investmentaktien, als Telefondrücker der ICICI Bank.

Manju war überzeugt, dass Prakash wusste, was *subordinated* genau hieß, aber sie hatte noch nie mit ihm gesprochen. Im Slum mussten junge Frauen immer überlegen, ob der Wert einer eventuellen Interaktion mit einem Mann die Gerüchte aufwog, die sie garantiert auslöste. Es gab jetzt schon Getuschel, weil ein Kricketspieler sich ein Foto von Manju verschafft und in Herzform laminiert hatte. Deshalb würdigte sie, als sie zum Wäscheschrubben nach draußen ging, den einzigen anderen Annawadier, der auch aufs College ging und in nur ein paar Metern Entfernung lesend vor seiner Hütte saß, keines Blickes.

»Mirabell – Beau. Millamant – galant. Mr. Fainall – Hahnrei.« Sie murmelte Bruchstückchen aus der Kurzfassung vor sich hin, während sie mit dem Stein auf den großen Schlüpfern ihrer Mutter, dem kleinen Hemd ihres Vaters herumrieb.

»Nein, Mirabell ist ja der galante.« Sie nahm die ausgewrungenen Sachen mit nach drinnen und hängte sie auf eine Leine. Ein Teil der Wand dahinter endete einen halben Meter unter dem Dach, ihr Vater hatte schon vor ewigen Zeiten versprochen, die Lücke zu schließen, aber das war genauso wahrscheinlich wie die Vorstellung, dass ihre Mutter mit einem Englisch-Marathi-Wörterbuch nach Hause kam.

Während sie die zwei Herdflammen putzte, sagte sie immer wieder vor sich hin: »Die Themen sind Liebesaffären, die gesellschaftliche Stellung und Geld.« Hunderte von Kakerlaken stoben auseinander. Manju stieg über den auf dem Fußboden eingeschlafenen Rahul, brachte Essensreste nach draußen und warf sie in den Klärteich, den die heiße Jahreszeit zu einer dicken Matte aus Wasserhyazinthengestrüpp verzaubert hatte.

»Mirabell will gesellschaftlich aufsteigen durch die Heirat mit der schönen Millamant.«

Beim Auswendiglernen versetzte Manju sich oft in die Heldin hinein, aber diese Millamant ließ sie völlig kalt – was die immer zu jammern hatte, die war doch reich und unabhängig genug, die konnte doch ihre Hochzeit selbst aushandeln. Manju wollte nach dem College Lehrerin werden und hatte eine Riesenangst, dass ihre Mutter sie aus einer plötzlichen miesen Laune heraus mit irgendeinem Dorfjüngling verheiratete, nach dessen Ansicht eine Frau nicht arbeiten gehen sollte. Dass sie den Rest ihres Lebens mit dem verbringen würde, was sie gerade tat: den Dreck, der von draußen reingeweht war, rausfegen, aufwischen und wieder rausfegen, was neu reinwehte, während sie wischte.

»In Congreves Theaterstück ist Geld wichtiger als Liebe.«

So sah das ganz klar auch ihre Mutter. Manjus kleiner Bruder Ganesh war vor der Hütte mit einem kleinen Lebensmittelhandel zugange, Ashas jüngstem Geschäftsmodell, das nicht funktionierte. Asha hatte sich eins der staatlichen Darlehen, mit denen Mr. Kamble so gern seine Herzklappe finanziert hätte, als Startbeihilfe verschafft. Und eigentlich hatte sie ihren Mann als Ladenbetreiber vorgesehen, aber der hatte die Finanzspritze dazu benutzt, sich zu betrinken. Momentan lag er bewusstlos zwischen Ganeshs Füßen.

Manju fand Geld nicht besonders interessant. Sie gierte nach Tugend, eine Begierde, die zur Hälfte aus Angst bestand. Manchmal, beim Lernen, betastete sie die Narbe im Nacken, von dem Abend vor Jahren, als sie ihrer Mutter Geld für Schokolade gestohlen hatte. Asha hatte zur Axt gegriffen. Aber Manjus Begierde, ein guter Mensch zu sein, war auch eine Form von Rebellion, eine Art Züchtigung dieser Mutter, die angeblich nur durch unanständiges Benehmen an den Fernseher und andere Annehmlichkeiten gekommen war.

Manjus Methode, ihre eigene Anständigkeit zu demonstrieren, war der Unterricht, den sie jeden Nachmittag in ihrer Hütte gab. Die Schule wurde, auf dem Umweg über einen katholischen Wohltätigkeitsverein, staatlich gefördert, und offiziell war Asha die Lehrerin. Aber weil sie so mit der Shiv Sena beschäftigt war, unterrichtete Manju, seit der siebten Klasse, und legte dabei ein Engagement an den Tag, das ihrer Mutter gar nicht gefiel. Was Asha gefiel, war der kleine Zuschuss zur Haushaltskasse, aber ihrer Meinung nach hätte es völlig gereicht, wenn Manju an den paar Tagen Unterricht gab, an denen die Schulaufsicht nach dem Rechten sehen kam, so machten das schließlich andere Hüttenlehrer auch.

Die indische Regierung bezeichnete solche Schulen als »Brückenschulen«. Sie sollten Kinderarbeitern oder Mädchen, die wegen Haushaltspflichten nicht weit weg durften, mit zwei Stunden Unterricht täglich versorgen, damit sie sich überhaupt an formale Bildung gewöhnten und lernten, sich dafür zu begeistern. Die Begeisterung der Kinder war leicht zu wecken. Jeder Slumbewohner kannte die drei Hauptauswege aus der Armut: eine Geschäftsnische, wie die Husains sie mit ihrem Müll gefunden hatten, Politik und Korruption, auf die Asha ihre Hoffnungen setzte, und eben Bildung. In Annawadi lebten ein paar Dutzend Familien nur von Roti und Salz, um die Privatschulgebühren für ihre Kinder aufbringen zu können.

In den letzten fünf Jahren hatten um den Flughafen herum mehr als hundert Schulen aufgemacht – manche waren ausgezeichnet und teuer, manche reiner Betrug, manche wurden von unausgebildeten Teenagern wie Manju geleitet. Aber alle hatten einen besseren Ruf als kostenlose Gemeindeschulen wie die von Marol, in der Asha jobbte. Fast sechzig Prozent der Lehrer an solchen öffentlichen Schulen hatten keinen Collegeabschluss, und viele hatten unter der Hand den Mitarbeitern des Schulamts große Summen gezahlt, um an eine Festanstellung zu kommen. Und der Herr Bezirksrat gehörte zu den Lokalpolitikern, die grottenschlechte Schulen lieber zu Geld machten, als sie zu refor-

mieren. Er hatte über einen Strohmann seine eigene Privatschule gegründet.
»Also, erst spielen wir, dann haben wir eine Freistunde, dann spielen wir wieder, dann gibt's Mittagessen«, so beschrieb der junge Nepali Adarsh den Lehrplan der Marol-Gemeindeschule. Das kostenlose Mittagessen war der große Magnet. Adarsh ging nach seinem normalen Schultag noch in Manjus Nachmittagsunterricht, sie brachte einem jedenfalls immer etwas bei, und wenn es Literatur in Kurzfassung war, die sie gerade fürs College auswendig lernte. Manjus Schüler verstanden zwar ebenso wenig, worum es in *Mrs. Dalloway* ging, aber dass Othello wegen seiner dunklen Haut beargwöhnt wurde, das bekamen sie mit.
Eins der Schulkinder stürmte plötzlich so wild in die Hütte, dass das Plakat des alten Shiv-Sena-Gründers Bal Thackeray vom Haken an der Wand flatterte. »Devo! Du kommst viel zu früh!«, schimpfte Manju. »Und die Schuhe hast du auch nicht ausgezogen!«
Dann wanderte ihr Blick von den Schlammpfützen am Boden hoch zu seinem Gesicht, das heftig blutete.
»Ach so, ja«, sagte der Junge und fasste sich an den Kopf, »ein Taxi ...«
Die Kinder von Annawadi wurden ständig angefahren – meistens auf dem Weg in die Marol-Gemeindeschule, wenn sie an einer der tückischen Kreuzungen durch den chaotischen Verkehr mussten. Ein neuer Führerscheinbesitzer, der beim Fahren in sein neues Handy quasselte, das ergab oft eine tödliche Kombination. Manju sprang auf, schnappte das Kurkumapulver neben dem Herd und kippte es auf Devos Wunde. Kurkuma, für Verletzungen so gut wie für Bräute vor der Hochzeit. Sie tupfte das Gelbwurzpulver in die Wunde, bis es sich mit dem Blut zu einer hellorangefarbenen Paste vermischt hatte, und drückte den Finger dann fest drauf. Sie wollte gerade nachsehen, ob sie das Blut wirklich gestillt

hatte, als Devos einäugige verwitwete Mutter in der Tür stand und mit einem dreißig Zentimeter langen Stück Metall herumfuchtelte.

»Dich bringt kein Auto um! Und dich rettet auch kein Gott! Du bist bloß wieder auf der Straße rumgetrödelt, und dafür bring ich dich jetzt eigenhändig um!«

Devo flitzte unter den Holzschrank, in dem Manjus Familie ihre Habseligkeiten aufbewahrte, und gab schon mal prophylaktisch einen qualvollen Heulton von sich. Die Mutter zerrte ihn hervor und fing an, mit dem Metallstück auf ihn einzudreschen.

»Nicht!«, rief Manju. »Nicht auf den Kopf! Nicht auf die Wunde!«

»Ich schlag dir die Zähne raus! Ich hau dir dein Fleisch in rote Klumpen«, brüllte die Witwe. Verletzungen und Krankheiten waren der schnellste Weg zum finanziellen Ruin in Annawadi, und die Frau stand schon bei dem Kredithai in der Kreide, um den Krankenhausaufenthalt ihres verstorbenen Ehemannes bezahlen zu können. »Wenn der Fahrer dich nun wirklich schlimm erwischt hätte, wovon hätte ich wohl den Arzt bezahlt? Sag mir das, Devo. Hab ich eine Rupie übrig, um dein Leben zu retten?«

»Halt!«, schrie Manju und versuchte vergebens, die Hand der Frau zu packen. Inzwischen war Rahul aufgewacht und rollte die Augen, seiner Meinung nach war die ganze Hüttenschule sowieso bloß ein Magnet für familiäre Melodramen. In ruhigeren Momenten fiel Manju dann immer ein, dass Eltern in einer Stadt, in der immer mehr Gefahren lauern, nun mal entsetzliche Angst haben, die Kontrolle über ihre Kinder zu verlieren. Erst recht in einer Stadt, die sie selbst nicht wirklich verstehen. Und sosehr sie jede Art von Gewalt hasste – gelegentliche Dresche, auch ein gelegentlicher Axthieb, konnte ein Kind wirksam in der näheren Umgebung halten.

Devos Mutter war allerdings mit konstruktiver Pädagogik nicht mehr beizukommen. Manju warf sich zwischen Mutter und Sohn und schaffte es irgendwie, die Mutter zu umklammern.

»Versprich mir«, sagte sie keuchend zu Devo, »dass du nie wieder auf die Straße läufst.«

»Nie wieder«, brachte Devo unter heftigem Schluchzen hervor. »Ich mach nie wieder so 'n Fehler.«

Bevor die Mutter ging, fixierte sie Manju mit ihrem einen Auge und sagte: »Wenn der hier morgen nicht bei dir sitzt und lernt, brech ich ihm die Beine und kipp ihm Petroleum ins Gesicht.«

Manju versorgte Devos Wunde zum zweiten Mal, als ein kleines Mädchen vorwurfsvoll sagte: »Du, Frau Lehrerin, du kommst zu spät zum Unterricht.«

Manju nahm ihre blut- und kurkumaverschmierte Dupatta ab. »Komm, wir gehen zusammen, die anderen abholen.« Ohne Aufsicht in der Hütte schlugen ihre Schüler womöglich genauso über die Stränge wie ihre Brüder mit der Fair & Lovely-Lotion.

Manju kam grundsätzlich mit einem wütend verkniffenen Gesicht aus der Hütte. Aber jeder, der aus dieser Tür trat, kniff die Lippen zusammen, niemand hatte Lust auf einen Mund voll Fliegen, die einzigen Kreaturen im Slum, die von den angegammelten Waren in Ashas neuem Gemüsehandel richtig begeistert waren.

»Alle herkommen, Schule!«, rief Manju, während sie quer über den Maidan ging und die Müllstapel umkurvte, die Abdul gerade sortierte. Sie kannte Abdul, Rahul hing oft mit dessen Bruder Mirchi rum, aber natürlich sprach sie nicht mit ihm. Und der Junge mit dem Müll sprach, soweit sie wusste, sowieso mit niemandem.

»Kinder, jetzt aber schnell«, rief sie noch einmal, klatschte in die Hände und bog in eine der Slumgassen. »Husch-husch!

Wird Zeit!« Offiziell hielt sie es für eine lästige Pflicht, ihre Schüler zusammenzutrommeln. Müssten die nicht freiwillig kommen?

Aber insgeheim tat sie es gern, so konnte sie ein paar Minuten lang – und als Lehrerin gegen Gerüchte gefeit – draußen sein, in Türen spähen und Klatschfetzen von Nachbarn aufschnappen. Heute tobte der Streit unter anderem um Klemmbretter mit Honda-Motorrad-Reklame. Sie waren eine Spende von einem Händlernetz aus Siloam Springs in Arkansas, Amerika, und sollten drei Dutzend von World Vision unterstützten Kindern in Annawadi geschenkt werden, aber die Sozialarbeiter horteten sie bei sich. Manju war immer erleichtert, wenn sie von einem lokalen Skandal erfuhr, bei dem ihre Mutter mal keine tragende Rolle spielte.

Nach und nach kamen immer mehr Schüler aus den Hütten, die meisten kleine Mädchen unter zwölf. Viele trugen von der Sonne ausgeblichene Kleidchen mit kaputten Reißverschlüssen, die den Blick auf ihre knochigen Rücken freigaben. Um Sharda machte sich Manju keine Sorgen. Die Kleine war von Geburt an so spindeldürr wie ihre Mutter, die so lange auf der Straße Steinbrocken zerschlagen hatte, bis ihr die Lungen versagten. Lakshmi dagegen war ein Fall, der ihr weh tat. Ihre Stiefmutter fütterte mit dem Essen, das es im Haus gab, nur die eigenen Kinder. Zubbu, die elfjährige Tochter des Puffbesitzers war ausstaffiert mit hautengen Fahrradshorts und baumelnden Ohrringen und hatte ihren Bruder im Schlepptau. Die Geschwister waren lieber nicht zu Hause, wenn Besucher kamen und Sex wollten, vor allem, wenn es um Sex mit ihrer Mutter ging. Für viele dieser Kinder war Manjus Schule keine Brücke irgendwohin, sondern die einzige Bildung, die sie überhaupt bekamen.

Das Trüppchen stapfte gemeinsam zur Hütte von Manjus Geheimschülerin Meena. Meenas Eltern waren, was Mädchen und Lernen betraf, aus altem Holz: Zu viel Bildung machte Mädchen weniger gefügig. Manju hatte Meena hinter dem Rücken der Eltern Englisch beigebracht.

Meena war fünfzehn, das erste in Annawadi zur Welt gekommene Mädchen, ihre Eltern hatten vor ihrer Geburt zwei Jahre lang mitgeholfen, aus Sumpfland einen Slum zu machen. Sie entstammte der untersten Kaste der Dalits, während Manju zu den Kunbis gehörte, einer rückständigen, aber höheren Bauernkaste. Für die beiden Mädchen, überhaupt für die meisten jungen Annawadier, war die ganze Kasten-Fixiertheit der Erwachsenen irgendwie künstlich und ohne Bedeutung. Manju und Meena waren Freundinnen geworden, weil sie beide gern tanzten, und sie waren Freundinnen geblieben, weil jede die Geheimnisse der anderen für sich behielt.

Meena lächelte kurz, als sie Manju vor der Tür stehen sah, aber es war nicht ihr breites, verführerisches Filmstarlächeln, das kein anderes Mädchen so gut hinkriegte. Heute lächelte Meena in der Version »geh wieder«, und das besagte, dass sie Hausarrest hatte und nur nach draußen durfte, um Wasser zu holen oder aufs Klo zu gehen. Die Strafe für ihr notorisches Verbrechen: Sie konnte ihren Eltern und den Brüdern gegenüber den Mund nicht halten. Aber warum durfte sie denn nicht zuhören, wenn die Jungen auf dem Maidan über die Hotels redeten? Warum durfte sie nicht zur Schule gehen? Tagsüber war sie mit ihren Haushaltspflichten beschäftigt, aber abends packte sie manchmal ein Zorn, den ihre Mutter und ihre Brüder aus ihr herausprügeln zu müssen glaubten. So ein Benehmen konnte doch die ganze arrangierte Heirat im heimatlichen Tamil Nadu zum Platzen bringen.

Manju riet Meena immer wieder, ihren Unmut für sich zu behalten, so wie sie. Aber die Aufsässigkeit der jungen Tamilin brachte auch in ihr eine Saite zum Klingen. Als sich Manju an diesem Morgen fürs College fertig gemacht hatte, war der kleine silberne Bindi nicht auf der Stirn kleben geblieben, sondern abgerutscht und war auf dem Hals liegen geblieben. Er funkelte so hübsch. Asha war schon weg zur Arbeit. Manju ließ ihn, wo er war. Ein tugendhaftes Mädchen durfte ruhig unvollkommen sein.

Endlich waren alle Schüler in ihrer Hütte und suchten sich einen Platz auf dem blutbefleckten Fußboden.

»Guten Tag, Schüler«, sagte Manju auf Englisch.

»Guten Tag, Frau Lehrerin«, riefen die Schüler ohrenbetäubend laut zurück.

Manju hielt inne, unsicher, was sie als Nächstes machen sollte. Sie hatte *Der Lauf der Welt* selbst noch nicht gut genug verstanden, um die Handlung mit ihnen durchzunehmen. Die würde sie sich nachher beim Essenkochen noch einhämmern müssen, bevor ihre Mutter wieder mit ihrem Vater über sein Gesaufe stritt. Der offizielle Brückenschulstoff des Tages waren die englischen Begriffe für Obst – Äpfel, Bananen, Mangos, Papayas. Sie beschloss, sich allmählich dahin vorzuarbeiten und zunächst die vorige Lektion über Autos, Züge und Flugzeuge noch einmal abzufragen. Aber zuallererst, denn die Kinder balgten sich noch, gab es zehn Minuten Dampfablassen mit dem Lied *Head and shoulders, knees and toes.*

Der Gesang der kleinen Schüler hallte über den ganzen Maidan, wie immer um diese Uhrzeit. Sunil, der junge Müllsucher, hörte gern zu, wenn er seine Ausbeute an Abdul verkaufte. Im Februar hatte er selbst ein paar Tage in Manjus Schule gesessen und ein ganzes englisches Kinderlied gelernt, *Twinkle, twinkle, little star.* Aber dann hatte er es sinnvoller gefunden, Geld fürs Essen zu verdienen. Inzwischen war er der Meinung, Manjus Schule sei reine Zeitverschwendung mit albernen Spielchen in einer Hütte.

Für Abdul war Manju das bestbegabte Mädchen von Annawadi, und er fand es erstaunlich, dass ein kleiner Junge sich ihr so überlegen fühlen konnte. Nicht, dass er nicht auch arrogant war. In den Wochen, bevor Einbein verbrannte und alles sich änderte, hielt er sich zum Beispiel für jemanden, der anderer Leute Schicksal vorhersagen konnte, insbesondere das von Müllsuchern. Bei Sunil war das allerdings schwer. Verachtung war zwar mächtig und konnte einen Menschen verändern, aber wenn Sunil noch immer fand, »A wie Apfel« auswendig zu lernen könne seinem Leben eine andere Wendung geben, dann hatte ihm das Müllsucherdasein das Hirn wohl noch nicht komplett verätzt.

TEIL ZWEI

Feurige Geschäfte

Die Reichen kloppen sich doch um die dämlichsten Sachen. Wieso dürfen das nicht auch die Armen?

Rambha Jha,
eine Mutter in Annawadi

5. Das Geisterhaus

Anfangs hatte Einbein ihren armen, viel älteren Mann nach Brüderchen-und-Schwesterchen-Art geliebt. Nach der Hochzeit hatte sie andere Spielarten von Liebe kennengelernt. Der neue Geschmack, den Zuneigung haben konnte, war eine zu bedeutende Offenbarung, um im Verborgenen zu blühen. Mit etwa Mitte dreißig hatte Einbein in Annawadi den Ruf weg, dass ihr Bedarf an Sex ebenso aufdringlich war wie ihr Lippenstift. Wäre sie einfach irgendeine Frau gewesen, ihre Affären hätten einen Skandal hervorgerufen, doch da sie eine behinderte Frau war, lösten sie nur Gelächter aus. So wie ihre spektakulären Wutausbrüche, die manchen Abend in Annawadi belebten.

Ihr verbales Arsenal hatte Fatima schon früh ausgebaut, eine Folge all der Kränkungen wegen des Beins, mit dem sie geboren worden war und das unterm Knie in eine Flosse überging. Mit dreißig konnte sie selbst Zehrunisa niederkeifen. Als sie dann ein Paar staatlich geförderte Metallkrücken bekam, war sie doppelt bewaffnet. Dank ihrer starken Schultern drosch sie mit voller Wucht auf Nachbarn ein, die sie für respektlos hielt. Sie warf die Krücken auch verblüffend zielsicher durch die Gegend. Kommt vom Desi-Fusel, munkelten manche Leute, um solche Anfälle zu erklären, aber es gab in ganz Annawadi nicht genug Fusel, um Fatimas Zorn so dauerhaft zu munitionieren.

Fatima war versehrt und leugnete es auch gar nicht. Sie war Analphabetin – was sie ebenso wenig leugnete. Wenn aber jemand ihre Wutattacken als dumm und animalisch deklarierte, dann war das *bukwaas,* totaler Blödsinn. Ein Großteil

ihrer Gewalttätigkeit kam ja gerade aus der verspäteten Erkenntnis, dass sie ein Mensch war wie alle anderen.
Manche ihrer Nachmittagsmänner ließen ihr Geld da, die meisten waren zu arm dafür. Aber selbst die Allerärmsten hatten etwas zu bieten: Ihretwegen konnte Fatima begreifen, was ihre Eltern ihr genommen hatten – diese schamhaft-schamlosen Eltern, die ihre nicht ganz vollkommene Tochter in der Hütte versteckt hatten.
Es war jeden Tag eine Strafe gewesen, mit ansehen zu müssen, wie ihre Geschwister zur Schule laufen durften und, wenn sie zurückkamen, die ganze Zuneigung ihrer Eltern auf sich zogen. »Ich hatte so einen Selbsthass damals«, erzählte sie einmal Zehrunisa, der sie abwechselnd vertraute und grollte. »Ich hab immer bloß zu hören gekriegt, ich bin verkehrt geboren.« Auch heute noch konnte sich ihre Mutter, wenn sie durch die halbe Stadt zu Besuch anreiste, nicht verkneifen, ein Hochglanzfoto von Fatimas jüngerer Schwester herumzuzeigen – einem Wunderwesen mit zwei Beinen und einem glitzernden Edelstein in der Nase. »*Das* ist ein gutes Mädchen«, sagte sie dann gern, »siehst du, wie hübsch sie ist, und die helle Haut?«
»Einbein könnte noch viel böser sein und schlimmer pöbeln, so wie die aufgewachsen ist«, sagte Zehrunisa zu Abdul, obwohl sie persönlich es für bloßes Selbstmitleid hielt, wenn erwachsene Frauen auf ihre Kindheit schimpften. Sie selbst war kaum imstande, über ihre frühen Jahre zu reden, in Pakistan bei wässriger Weizenspelzensuppe, bis sie mit Hilfe einer arrangierten Heirat endlich über die Grenze durfte. Eine honigsüße Jugend hatte in Annawadi ohnehin kaum eine Frau hinter sich. Fatima allerdings war der Meinung, elende Jugendjahre gehörten ausgebügelt durch ein paar gute spätere, und die hatte sie noch vor sich.
Sie hatte nicht die Absicht, die Rolle der kratzfüßig dankbaren Behinderten zu spielen, wie die Wohltätigkeitsfritzen

es erwarteten. In einem Slum, wo selbst die widerstandsfähigsten Frauen sich mit Hausarbeit aufrieben, war es ohnehin schwer genug, den eigenen Stolz zu bewahren. Während des Monsuns fing Fatimas Tag oft so an: auf einem Bein und zwei Krücken fünf Liter Wasser im Kessel von der Pumpe holen, der Matschboden glitschig, platsch. Dazu junge Töchter, hinter denen sie nicht herrennen konnte – ungestüme Geschöpfe, die ständig was brauchten und ihr mit ihrer wilden Art bewiesen, wie unzulänglich sie war. Nur in den Stunden, wenn die Männer kamen – und ihr eigener bei der Arbeit und die Töchter in der Schule waren –, fühlte sich das an ihrem Körper, was sie zu bieten hatte, bedeutender an als das, was fehlte.

Im Juni, wenn die viermonatige Monsunzeit begann, kamen alle sensiblen Annawadier ins Grübeln. Der Slum, von hohen Mauern und Wällen aus illegal entsorgtem Bauschutt umrahmt, war eine einzige Dreckwasserschüssel. Als 2005 die ganze Stadt überschwemmt und lahmgelegt worden war, hatte Fatimas Familie fast all ihr Hab und Gut verloren, so wie die Husains und viele andere Einwohner. Zwei Menschen waren ertrunken, und es wären noch mehr geworden, wenn nicht ein Bautrupp, der gerade das Hotel Intercontinental erweiterte, die Slumbewohner mit Seilen aus den Wasserfluten gezogen und gerettet hätte.
Dies Jahr kamen die Wolkenbrüche sehr früh, eine Woche lang prasselte der Regen nieder wie Nägel. Rund um Annawadi wurden alle Bauarbeiten eingestellt, und die Tagelöhner machten sich auf Hunger gefasst. Hüttenwände wurden grün und schwarz vom Schimmel, die öffentliche Kloake ergoss sich über den Maidan, Fußpilz wuchs sich zu winzigen Skulpturen aus – für traditionell Zehenringe tragende Annawadier eine besondere Qual.
»Meine Füße bringen mich um«, sagte eine Frau mit einem

Pilz, der wie Schmetterlingsflügel flatterte, während sie im Regen in der Schlange vor den Wasserpumpen wartete. »Bei dem, was meine Kinder essen, reicht mein Reisvorrat keine zwei Wochen«, sagte die Frau hinter ihr. Die saisontypischen Klagen nahmen Fahrt auf. »Ich hab keine Lust, monatelang mit meinem Mann im Haus zu hocken.« – »Sei doch froh, wenigstens ist es nicht Mr. Kamble – Tag und Nacht die Herzklappenleier.« Die Frauen gewöhnten sich gerade an den Rhythmus der Monsunklagegesänge, da hörte der Regen auf, und statt seiner kam eine sirupgelbe Sonne zum Vorschein. Jetzt wünschten sie sich den Regen zurück, das war doch irgendwie unnatürlich, dass der tagelang ausblieb.

Die Kinder sahen die Regenpause anders. Bald fing die Schule wieder an, und so ein klarer Himmel machte eine letzte Ferienspielorgie möglich. Mirchi eröffnete eine Partie Riesenringewerfen auf dem Maidan, mit geplatzten Fahrradreifen und einem Fahnenmast aus Abduls Depot.

»Reiner Zufall«, sagte er, als Rahuls Schlauch den Mast hinunterschuckelte.

»Von wegen Zufall«, konterte Rahul, während ein paar andere Jungen Beifall klatschten und ihm auf den Rücken klopften. »Hier, guck hier – ich kann das noch mal!«

Zehrunisa kam aus der Hütte, sah zu und wischte sich Tränen aus den Augen, als sie ihren Sohn so ausgelassen sah. Mirchi schien den Schatten vergessen zu haben, der über der Familie lag, weil er die neunte Klasse nicht geschafft hatte. Für sie war er das aufgeweckteste ihrer Kinder, sie hatte ihn sogar schon Doktor werden sehen. Dass er überraschend durchgerasselt war, verlängerte die Liste der familiären Krisen auf drei. Ihr Mann Karam lag im Krankenhaus und rang um Atem, und ihre älteste Tochter Kehkashan war ihrem Mann nach einem Jahr Ehe davongelaufen.

Dass Mirchi so fröhlich war, hatte viel mit der Rückkehr seiner Schwester zu tun. Alle Husain-Kinder hatten sich gefreut, dass sie wieder da war. Nicht nur weil sie kochte und sauber machte, jetzt, wo Zehrunisa die meiste Zeit im Krankenhaus verbrachte. Kehkashan war immer schon wie eine zweite Mutter für sie gewesen – eine besser organisierte und weniger erschöpfte Ausgabe des Originals. Sie war allerdings auch mit einem gebrochenen Herzen im Blick wieder nach Hause gekommen.

Ihr Mann war ein Cousin von ihr, Zehrunisa und eine ihrer Schwestern hatten die Heirat schon arrangiert, als die beiden zwei Jahre alt gewesen waren. Aber Kehkashan spürte genau, dass in den intimen Fotos im Handy ihres Mannes – und die Frau war keineswegs schöner als sie – irgendwie die Antwort auf eine Frage lag, die sie seit der Hochzeit gequält hatte. Warum wollte ihr frischgebackener Ehemann nie mit ihr schlafen? »Einmal hat er gesagt, ›weil du immer so früh zu Bett gehst‹, also bin ich extra lange aufgeblieben«, erzählte sie ihrer Mutter. »Dann ist er abends gar nicht mehr nach Hause gekommen. Er sagte: ›Du hast mich nicht zu kritisieren, ich stehe nicht unter deinem Recht.‹ Was ist denn das für ein Leben?« Die Frauen in der Familie ihres Mannes lebten streng in Purdah – sie wohnten getrennt von den Männern und verließen das Haus nie unverschleiert und ohne männliche Begleitung. »Da hocke ich die ganze Zeit zu Hause und bin total abhängig von diesem Mann«, sagte Kehkashan, »und dann kommt raus, dass er nie mit dem Herzen bei mir war.«

Zehrunisa hoffte, dass ihre Schwester den Ehemann wieder auf Kurs bringen könnte. Aber auf Kehkashans dringliche Frage – »Wie kann man denn jemanden zwingen, einen zu lieben?« – wusste sie auch keine Antwort, denn über mangelnde Liebeslust konnte sie bei ihrem Mann nicht klagen.

Die Hindu-Kricketjungen registrierten Kehkashans Rückkehr und fanden, diese junge Muslima sah so toll aus, da spielte es keine so große Rolle mehr, dass sie Ziegenfleisch aß und im Müll wohnte, zumal sie ja jetzt vermutlich keine Jungfrau mehr war. Sie glotzten ihr sogar in die Hütte hinterher. Kehkashan wich den Blicken aus. Manchmal wünschte sie sich, reizloser zu sein, einfach um in Ruhe gelassen zu werden.

Zehrunisa beschuldigte Fatima, lauter deckwütige Rüden an die Schwelle der Familienhütte zu locken. Einen von Fatimas Liebhabern hatte sie schon mit Prügeln verscheucht, er war andauernd herüberscharwenzelt gekommen und hatte ihrer Tochter anzügliche Blicke zugeworfen, aber das war ein gebrechlicher Heroin-Junkie gewesen. Andere Männer schlugen womöglich zurück. Und dann hätte sie auch noch Fatima am Hals. Kehkashan am Boden zerstört, Mirchi ein Versager, Kleinkinder, denen man ständig hinterher sein musste, ein Ehemann im Krankenhaus und ein Fieber, das partout nicht wegging, angesichts all dessen hatte Zehrunisa nicht auch noch die Kraft für einen Kampf mit Einbein.

Zehrunisa gab sich Mühe, Fatima und ihre selbstgebastelte Privatmoral nicht zu verurteilen, sie wusste, die Frau verzehrte sich nach Zuneigung und Respekt. Aber sobald sie an Fatimas Kinder dachte, schmolz ihr Respekt zusammen. Vor kurzem war Fatima mit ihren Krücken so massiv auf die achtjährige Noori losgegangen, dass Zehrunisa und noch eine Frau dazwischengehen mussten. Und dann war da noch die Sache mit Medina, der zweijährigen Tochter von Fatima. Als die Kleine Tuberkulose bekommen hatte, war Fatima besessen von der Idee, sie könne sich anstecken. Und dann war Medina in einem Eimer ertrunken.

»Ich war weg, zur Toilette, als das passiert ist«, hatte Fatima im Gespräch mit Zehrunisa behauptet. Aber wenn man Wand an Wand wohnte, blieb kaum etwas ein Geheimnis, zum Beispiel dass sowohl Fatima als auch ihre Mutter da waren, als Medina ertrank, und die Hütte war winzig. Auch Fatimas sechsjährige Tochter Heena war dabei, sie erzählte

später: »Medina war eine ganz liebe Schwester, bis zu dem Tag.«
Zehrunisa hatte das Leichenhemd und die Grabparzelle für Medina bezahlt und seither versucht, sich einzureden, dass ihr Tod wirklich ein Unfall gewesen war. Sie musste an ihre eigenen Kinder denken, sie wusste ja selbst nie genau, was die den lieben langen Tag so trieben.
Die Polizei kam auch mal und hörte sich in Annawadi wegen Medinas Tod um, aber die Ermittlungen wurden schnell eingestellt. In Slums starben andauernd Mädchen unter dubiosen Umständen, die meisten Familien hier hatten kein Geld für Ultraschalluntersuchungen, mit deren Hilfe reichere Familien ihre weiblichen Passivposten schon vor der Geburt entsorgen konnten. Und wenn Kinder, egal welchen Geschlechts, kränkelten, wurden sie eben manchmal einfach abgeschafft, sie zu pflegen hätte ruinöse Kosten verursacht.
Der einjährige Danush, der zwei Gassen von den Husains entfernt lebte, hatte sich in dem verdreckten Krankenhaus, in dem er zur Welt gekommen war, eine Infektion zugezogen. Seine Haut löste sich ab, er schrie, wenn er nur mit dem Laken in Berührung kam. Seine Familie nahm zu Wucherzinsen Kredit um Kredit auf, die Versuche, ihn gesund zu machen, verschlangen fünfzehntausend Rupien. Eines Abends im März hatte sein Vater die Mutter weggeprügelt und dem Baby in seiner Sari-Wiege einen Topf kochende Linsen übergekippt. Ashas Sohn Rahul war mitten in die Horrorszene hineingeplatzt – und sofort losgerannt, die Polizei holen. Zu Zehrunisas maßloser Bewunderung. Der kleine Danush war rechtzeitig in ein Krankenhaus gekommen und hatte überlebt. Zehrunisa tat es jedes Mal weh, wenn sie ihn sah: ein einziges tiefernstes Auge, das nicht zwinkern konnte, in einem Gesicht, das aussah wie eine verkohlte Landkarte.
Nach Medinas Tod wirkte Fatima seltsam befreit. Dass die

Frauen über sie herzogen, schien ihr ziemlich egal zu sein. Sie malte sich dramatische Augenbrauen, überzog ihre Wangen mit einer Puderglasur – »die hat fünfzig Rupien springen lassen, um 'ne weiße Lady aus sich zu machen«, tuschelten die Husain-Jungen – und legte sich einen Satz neue Liebhaber zu. »Hast du gesehen, wie die mich angucken, der Typ und sein Freund?«, fragte sie Zehrunisa. »Bist du neidisch? Dich guckt keiner an.« Die Männer, die sie sich in die Hütte holte, erklärte sie weiter, fanden sie schön. Und dass es so eine Frau wie sie in ganz Indien nicht gebe. Und dass sie ein schöneres Leben verdiene als das hier.

Die Husains hatten Mitleid mit Fatimas Mann, er sortierte Müll in einem anderen Slum und verdiente hundert Rupien, einen Euro fünfzig, bei einem Vierzehnstundentag. Mirchi erklärte unverblümt: »Die behandelt den Alten wie 'n Schuh.« Der Schuh kam öfter zu ihnen herüber und beschwerte sich über seine flatterhafte Frau, und eines Abends hatte Zehrunisa ihn aufgezogen. »Du Trottel, hätt'st du vorher mal mich gefragt. Ich hätt' dir 'ne nette Muslima mit allen beiden Beinen besorgen können, die deine Kinder großzieht und deinen Haushalt führt, so wie sich das gehört.«

Ein Fehler. Dünne Wände. Schon stand Fatima da, die Krücken schwenkend. »Wie kommst du dazu, mich eine schlechte Ehefrau zu nennen!«

Wenn Fatima sich mit ihrem Mann in den Haaren lag, rief sie trotzdem immer nach Zehrunisa. Und Zehrunisa ging seufzend nach nebenan und trennte das Unglückspaar, so pünktlich wie sie jedes Mal seufzte, wenn Eid und andere muslimische Feste ins Haus standen und sie Einbein doch etwas von ihrem Lamm-Korma brachte. Die Familie der Kindermisshandlerin Fatima, die Familie der Puffbesitzerschlampe: Das war nun mal die einzige muslimische Nachbarschaft, die sie in Annawadi hatte.

»Ein einzelnes Bambusrohr ist leicht zu brechen, ein festes Bündel lässt sich nicht mal biegen«, erklärte sie ihren Kindern. »Und genauso ist das mit der Familie und mit unseren Glaubensgenossen. Trotz aller kleinen Differenzen, Muslime müssen zusammenhalten, im schweren Leid genau wie beim Eid.«

Schwarze Wolken hingen über den Hügeln im Westen der Stadt, aber sie platzten nicht auf. In Annawadi zielten die Kinder weiter mit Fahrradschläuchen auf Fahnenmasten, und eines Julimorgens sah Karam Husain wieder von der Türschwelle aus zu und strahlte. Das Hemd schlackerte ihm noch immer um die Schultern, aber sein Gesicht brachte Fatima und die anderen Nachbarn ins Staunen. Die Einnahmen aus dem Müllgeschäft hatten für zwei Wochen in einer kleinen Privatklinik gereicht, in der Karam statt fauliger Slumluft Sauerstoff zum Atmen gehabt hatte. Er strahlte wie neu. Er sah *naya tak-a-tak* aus, taufrisch.

»Das glaub ich ja nicht«, sagte die Tamilin vom Schnapsladen zu Zehrunisa. »Fehlen glatt zehn Jahre in seinem Gesicht, jetzt. Sieht aus wie der eine Bollywood-Held – Salman Kahn.«

»Das kann man ja wohl erwarten«, sagte Zehrunisa. »Die Klinik da hat zwanzigtausend Rupien gekostet. Aber stimmt schon, richtig jung ist er geworden – fast ein Junge! Ich seh ihn im Augenwinkel und denke, ach du Scheiße, ich hab ja noch 'n Kind, hatt' ich ganz vergessen. Ich muss ja noch 'ne Heirat arrangieren! Und Allah weiß, ich hab auch so schon genug zu tun mit Hochzeiten.«

Abduls Hochzeit sollte die nächste sein. Die Finanzierung war zwar noch nicht geregelt, aber Zehrunisa und Karam hatten ein passendes Mädchen gefunden, die sechzehnjährige Tochter eines Schrotthändlers in Saki Naka, dem Industrieslum, wo Abdul sein Zeug verkaufte. Das Mädchen war hübsch und ohne erkennbaren Makel. Und, das war die Hauptsache, sie war an dreckige Männer gewöhnt. Dreimal hatte sie die Husains schon besucht, züchtig in einer Burka, ihre jüngere Schwester im Schlepptau. Soweit Mirchi erkennen konnte, war die Jüngere ausgesprochen scharf, er malte ihr zu Ehren ein rotes Riesenherz vorn auf die Familienhütte.

Mirchi wollte unbedingt bald heiraten. Jedenfalls erklärte er seiner Mutter eines Tages, als der Vater außer Hörweite war: »Mutter, ich will genau so 'ne Frau wie dich – die macht die ganze Arbeit, und ich mach nichts.«

Abdul dagegen ging ans Heiraten mit derselben Vorsicht heran wie an alles andere. »Ich hab schon so viel über diese Liebe gehört, ich glaub, ich weiß genau, was das ist, aber fühlen tu ich's nicht, und ich weiß selber nicht, warum«, murrte er. »Alle Welt kann lieben, aber dann läuft denen die Freundin weg, und die schneiden sich mit 'ner Klinge die Arme auf, die drücken sich 'ne Zigarette in der Hand aus, die schlafen nicht mehr, die essen nicht mehr, aber die singen rum – die müssen ein anderes Herz haben als ich.«

Seinen Eltern erklärte er: »Man fasst ja auch kein heißes Bügeleisen an, oder? Man wartet, bis es kalt genug ist. Man muss das alles langsam angehen.«

»Nein, ich finde, wir sollten ihn schnell verheiraten«, sagte Zehrunisa zu ihrem Mann ein paar Tage nach seiner Rückkehr aus dem Krankenhaus. Er hatte sich zu Mittag Fleisch gewünscht, um wieder zu Kräften zu kommen, und sie kauerte mit Lallu an der Brust auf dem Boden und rührte nebenbei in einem Topf, in dem knorpelige Stücke schmorten. »Ich glaub, eine Ehe würde ihn glücklich machen. Er hat so viel Aufruhr in sich – ich glaub nicht, dass er bis jetzt auch nur einen Tag glücklich war in Annawadi.«

»Ist überhaupt jemand glücklich hier?«, gab ihr Mann zurück und angelte in Folie eingeschweißte Prednisolon-Tabletten aus einer Plastiktüte an der Wand. Er hatte all seine Medikamente an einen Haken gehängt. »Bin ich vielleicht glücklich? Lauter drittklassige Leute um uns rum, kein Mensch, mit dem ich was anfangen kann. Hat hier irgendwer auch nur eine Ahnung von dem Krieg der Amerikaner im Irak? Das Einzige, wovon die hier Ahnung haben, ist, was die andern so treiben. Aber ich jammere dir nichts vor. Also, was hat Abdul rumzujammern?«

»Kennst du eigentlich deinen eigenen Sohn? Der jammert doch gar nicht – der macht bloß seine Arbeit und tut, was wir ihm sagen. Aber wieso merkt eigentlich nur seine Mutter, dass er traurig ist?«

»Der wird schon glücklicher, wenn wir erst mal in Vasai wohnen«, erwiderte Karam.

»Glücklicher, in Vasai«, wiederholte Zehrunisa leise. Karam überhörte bewusst den sarkastischen Unterton.

Die kleine Parzelle, die sie im Januar angezahlt hatten, lag anderthalb Stunden von Mumbai entfernt, in einer Gegend mit lauter Firmen für Baubedarf und Recyclingfabriken für Industrieabfälle. In Vasai lebten viele Muslime aus Uttar Pradesh, dem Bundesstaat an der Grenze zu Nepal, in dem auch Karam aufgewachsen war. Ein muslimischer Bauunternehmer hatte ihm davon erzählt, aber der hielt sich so streng an religiöse Traktate, dass Mirchi und Abdul ihn augenrollend den »Imam« nannten.

Bei seinem ersten Besuch in Vasai hatte Karam völlig verblüfft eine Gruppe Männer mit Zeitungen in der Hand in einer Teestube sitzen und lebhaft debattieren gesehen. Er stellte sich vor, dass die gerade über diesen Schwarzen in den USA redeten, der Präsident werden wollte. Karam hatte gehört, dass dieser Obama klammheimlich auch Muslim sei, und drückte ihm die Daumen.

Auf den verdreckten Straßen, die sich von der Teestube aufwärtsschlängelten, hatten Hühner durcheinandergegackert, und ihm war sein Heimatdorf eingefallen. Er hatte keine sentimentale Beziehung zu diesem Dorf, diesem ganzen Distrikt, in dem es außer auf den Zuckerrohrfeldern keine Arbeit gab und mehr Kinder starben als irgendwo sonst in Indien. Aber er hatte den Eindruck, dass Slums in unmittelbarer Nähe zur Überflussgesellschaft den Kindern nur Verachtung für ihre Eltern einimpften – »weil wir ihnen die ganzen Markenklamotten nicht bieten können, oder ein Auto«. Er hielt es für ein Glück, dass Mirchi bloß faul war, jedenfalls kein widerspenstiger Erase-X-Schnüffler, aber nach Mirchi waren noch sechs Kinder gekommen. Vasai dagegen kam Karam vor wie der ideale Zwitter aus Dorf und Großstadt: ein Ort, an dem sich Aufstiegschancen und Achtung vor den Eltern nicht ausschlossen.

»Und zumindest würde sie da kein Mensch wegen ihrer Religion beleidigen«, sagte er zu seiner Frau.

Zehrunisa fand es leichtsinnig, ihre Träume für die Zukunft ihrer Kinder an ein Stück Land zu hängen, das sie erst teilweise besaßen und wo es noch nicht mal vier Bambuspfähle und eine Plane gab, unter der man schlafen konnte. »Unser Geisterhaus«, pflegte sie das Grundstück zu nennen. Schließlich hatte sie Karam doch erlaubt, Geld dafür anzuzahlen. Er konsultierte sie bei allen finanziellen Entscheidungen, nachdem es zweimal böse geendet hatte, als er ihren Rat ausgeschlagen hatte. Aber es ärgerte sie, dass er ihr das Grundstück noch immer nicht gezeigt hatte.

»Ich kann dich doch nicht mitnehmen, bei den ganzen Kindern, um die du dich kümmern musst!«, schmetterte er sie jetzt seit einem Jahr ab. Aber inzwischen konnte Kehkashan einspringen, und trotzdem hatte Zehrunisa das Grundstück noch immer nicht zu sehen bekommen. Sie überlegte, ob Vasai seinem Heimatdorf womöglich so ähnlich war, dass er inzwischen schon genauso dachte wie die konservativen Muslime da.

Bevor ihr Mann ins Krankenhaus gekommen war, hatte der Bauunternehmer sie besucht, um die weitere Finanzierung zu besprechen. Zehrunisa hatte ihre Burka übergezogen, Tee serviert und sich dann in eine Ecke gekauert, wie ihre Mutter früher in Pakistan. Verhüllt und unsichtbar für Männer außerhalb der Familie, das war die Art von Leben als erwachsene Frau, mit der sie damals gerechnet hatte. Aber kaum war sie dank der Heirat in Uttar Pradesh gelandet, hatte sie auf den Zuckerrohrfeldern arbeiten müssen – abends, mit lauter Männern. Sie hatte ständig gebetet, dass die Tuberkulose ihres Mannes nachlassen möge, damit sie wieder in Purdah leben konnte. »Ich hab damals nicht mal den Mund aufgekriegt«, erzählte sie ihren Kindern. »Ich hatte schiere Angst vor der ganzen Welt.« Einen Mann zu haben, der in ihrem Namen mit der Welt verhandelte, das hatte sie wunderbar gefunden.

Nach Kehkashans Geburt hatte sie nicht mehr dafür gebetet, wieder in Purdah leben zu dürfen. Sie hielt es für besser, ihre Bitten an Allah zu konzentrieren und Ihn immer nur mit jeweils einem Anliegen zu behelligen. Also betete sie zuerst für Kehkashans Gesundheit, dann, nachdem Abdul in einem Dreckhaufen beim Hotel Intercontinental auf die Welt gekommen war, für die Gesundheit ihres Sohns. Ihr Mann war mit der Familie nach Mumbai gezogen, in der Hoffnung, hier Arbeit zu finden, die nicht so strapaziös war wie Landarbeit. Gefunden hatte er einen Job, der daraus bestand, mit einem gemieteten Handwagen Müll zu Recyclingfirmen zu karren. Abdul war ein kleiner Trotzkopf – er verweigerte sogar die Mutterbrust, jedes Mal. Trotzdem hatte er überlebt, im Gegensatz zum nächsten Sohn. Dann war Mirchi gekommen, dick und hübsch, und nach ihm noch sechs Kinder, alle gesund. Nichts im Leben hatte Zehrunisa größere Befriedigung verschafft als die Tatsache, dass die Kinder in Sachen Robustheit alle nach ihr kamen und nicht nach ihrem Mann. Und nach Abdul war vom ganzen Rudel keins mehr zu mickrig geraten.

Nicht mehr lange, und einer der jüngeren Söhne würde clever genug sein, ihre Rolle in Abduls Geschäft zu übernehmen – das Verhandeln mit Müllsuchern, Dieben und Polizisten. Dann würde sie mit Freuden im Haus bleiben. Aber auch wieder in Purdah leben? In letzter Zeit war ihr der Gedanke gekommen, dass das in Vasai womöglich von ihr erwartet wurde. Das würde die herablassende Haltung ihres Mannes verschärfen, die war jetzt schon so aufreizend, dass sie ihn immer mal wieder zusammenstauchen musste.

»Bloß weil ich nicht lesen kann, spielst du dich bei allen Leuten auf, als wärst du der Held der Familie und ich ein Nichts«, hatte sie neulich geschimpft. »Als ob ich im Mutterleib steckengeblieben wär, wenn du mich nicht rausgeholt hätt'st! Aber spiel du ruhig weiter den Ayatollah, ich bin diejenige, die den ganzen Laden hier schmeißt!«

Es gab in Annawadi keine auf Sittenstrenge pochenden, konservativen Muslime, deshalb konnte sie, wenn nötig, ihren Ehemann ebenso ungestört zurechtweisen, wie sie arbeiten durfte, um ihre Kinder zu ernähren. Es tat ziemlich weh, solche Freiheiten wieder aufzugeben.

»Du bist doch im Geist längst nach Vasai gezogen«, sagte sie, füllte das geschmorte Fleisch auf einen Teller und reichte es ihm, alles mit den sparsamen Bewegungen, die einem in engen, übervölkerten Hütten in Fleisch und Blut übergehen. »Warum packst du nicht deine Sachen und ziehst hin. Oder gleich zu den Saudis – ha, da kannst du's dir gutgehen lassen. Aber hier in diesem Haus leben deine Frau und deine Kinder. Und guck dir das mal an. Du hast dich auch geschämt, als dieser Imam hier war.«

Die Wände hatten Schwamm und Wasserflecken von der letzten Monsunflut. Die Böden waren uneben, recycelbare Sachen in jeder Ecke, auch unter dem eisernen Bettgestell, das hatten sie erst vor kurzem angeschafft, weil Karam besser Luft bekam, wenn er einen halben Meter über dem ganzen Müll schlief. Selbst wenn er sich beim Schlafen wie eine Fledermaus unter die Decke gehängt hätte: Es gab kein Entkommen vor dem Gestank des Abfalls, den abgestandenen Kochdünsten und den olfaktorischen Spuren von elf Menschen, die nicht mal genug Wasser zum Waschen hatten.

»Ich würde hier auch gern wegziehen«, sagte Zehrunisa. »Aber wo sollen deine Kinder aufwachsen? Im Geisterhaus?«

Er sah sie verwirrt an. Gestern Nacht und heute Morgen war sie doch die ganze Zeit die Anschmiegsamkeit in Person gewesen.

Zehrunisa hatte schon länger einen Plan, und als ihr Mann aus dem Krankenhaus kam, witterte sie einen günstigen Augenblick dafür. Er hatte nichts damit zu tun, wie Mond und Sterne gerade standen. Er hatte zu tun mit der Kürze des Lebens und der Regenpause.

»Weißt du noch, im Krankenhaus, was du für 'ne Angst hattest?«, fragte sie. »Wie du gegrübelt hast, was wohl wird, wenn du diese Familie verlassen musst?« Er hatte damals gesagt: »Ich fürchte, Gott ruft mich zu sich.«

Karam nickte und runzelte die Stirn. »Ja, und?«

»Er hat dich noch mal verschont.« Sie unterbrach sich. »Leg ich mich krumm für diese Familie? Verlang ich irgendwelchen Schmuck von dir?«

»Nein«, gab er zu, »das tust du nicht.«

Sie war immer weniger überzeugt, dass sie nach Vasai ziehen wollte, und immer weniger überzeugt, dass ihr Mann den Umzug noch erleben würde. Sie wollte lieber ein hygienischeres Zuhause hier, im Namen der Lebensfreude ihrer Kinder. Sie wollte eine Arbeitsplatte, auf der sie ohne Ratteninvasionen Essen zubereiten konnte – und zwar eine aus Stein, nicht bloß ein irgendwo ausrangiertes Sperrholzbrett.

Sie wollte ein kleines Fenster, damit die Kochdünste abziehen konnten, deretwegen die Kleinen schon husteten wie ihr Vater. Sie wollte Keramikfliesen auf dem Boden, solche wie auf der Reklamewand mit den unverwüstlich-schön-unverwüstlichen Fliesen, eben solche, die man richtig schrubben konnte, nicht bloß so Betonbruch, bei dem sich der Dreck in den Ritzen festsetzte. Lauter kleine Verbesserungen, dank denen ihre Kinder gesund bleiben könnten, so gesund, wie Kinder in Annawadi eben sein konnten.
Sie war noch gar nicht am Ende ihrer Wunschliste, da hatte ihr Mann schon zugestimmt – und eine Verkettung von unglücklichen Zufällen in Gang gesetzt, die zwei Familien für immer beschädigen sollte. Ja, etwas von den Ersparnissen der Husains sollte in ein anständiges Zuhause investiert werden. Schon am nächsten Tag benahm sich Karam, als wäre die ganze Renovierung seine Idee gewesen. Das war typisch. Aber in solchen Momenten ließ eine glückliche Frau ihrem Mann derlei Unfug gern durchgehen.

6. Das Loch, das sie Fenster nannte

Die Husainkinder begriffen, dass ihre Eltern das mit der Renovierung ernst meinten, denn sie durften zu Hause bleiben, obwohl die Schule wieder angefangen hatte. Die nächsten drei Tage gab es auch für sechsjährige Hände genug zu tun, zum Beispiel die Hütte leer räumen und alles auf den Maidan tragen. Als Erstes musste das verrostete Bettgestell nach draußen, und Karam und Zehrunisa übernahmen persönlich den Schutz ihrer Habseligkeiten vor allen, die vorbeikamen, und sahen zu, wie Abdul die geschwisterliche Arbeitsbrigade dirigierte.

»Meine Küche, endlich!« Zehrunisa schmiegte sich an ihren Mann. Das Kopftuch rutschte ihr auf die Schultern.

»Jetzt guck dir bloß mal Atahar an«, sagte Karam eine Weile später. Der dritte Sohn rührte wild im Zement herum, der bei der drückenden Hitze tagsüber viel zu schnell erstarrte. »Es ist zum Verzweifeln, er hat einfach kein Hirn – geht in die achte Klasse und kann immer noch keine Acht schreiben. Aber schuften kann er. Wie Abdul, scheut keine Arbeit.«

»Ja, der kommt schon klar«, pflichtete Zehrunisa ihm bei. Ihr Sorgenkind war Safdar, der fünfte Sohn. Der war genauso verträumt und unpraktisch wie ihr Mann. Liebte Frösche und schwamm manchmal im Klärteich herum, um sie zu fangen. Danach mochte immer keiner neben ihm schlafen.

Plötzlich stand Mahadeo vor dem Bettgestell. Ashas Mann war schmächtig und verwittert und einsilbig, wenn er nüchtern war, und das war er, seit Asha ein raffinierteres Versteck für ihr Portemonnaie gefunden hatte. In der Hoffnung auf Erlösung aus der qualvollen Nüchternheit bot er den Husains seine handwerklichen Fähigkeiten an, für hundert Rupien.

Abdul, der nicht recht wusste, wie er es anfangen sollte, war dankbar für die Hilfe. In Mahadeos Familie war Asha die Einzige, die ihm auf die Nerven ging. »Ich glaub, die hat 'n Knall mit ihrem Ehrgeiz«, hatte Karam ein paar Abende zuvor zu seinem Sohn gesagt. »Die will im öffentlichen Glanz leben, so als große Politikerin, aber das Privatleben von der ist 'ne wahre Schande. Glaubt die vielleicht, andere Leute kriegen nicht mit, wie die sich abends mit ihrem Mann streitet?« Die Streitereien waren tatsächlich genauso laut wie die von Fatima Einbein und ihrem Mann. Gerüchten zufolge behielt Asha jedes Mal die Oberhand.

Während Mahadeos und Husains Kinder vor sich hin arbeiteten, kamen ein paar von Manjus Schülern neugierig herübergeschlendert. Bestimmt rief Manju sie gleich zum Unterricht, aber bis dahin wollten sie die Husainschen Habseligkeiten mal unter die Lupe nehmen. Auch Erwachsene kamen zum Maidan. Kaum einer hatte die Hütte der Husains je von innen gesehen, aber den Stapeln nach zu urteilen waren diese muslimischen Müllmenschen längst nicht so arm wie angenommen.

In Annawadi wussten viele noch, was die Husains beim Hochwasser von 2005 eingebüßt hatten. Die jüngste Tochter wäre fast ertrunken, Kleider, Reisvorräte und die fünftausend gesparten Rupien waren davongeschwommen. Aber jetzt besaßen sie einen eilig zusammengezimmerten Holzschrank für die Kleider – doppelt so groß wie der von Asha. Einen kleinen Fernseher auf Ratenzahlung. Zwei dicke Baumwollquilts, einer blau-weiß kariert, der andere schokoladenbraun. Elf Edelstahl-Teller, fünf Kochtöpfe. Kardamom und Zimt, und zwar frisch und edler als das, womit die meisten Annawadier würzten. Einen geborstenen Spiegel, eine Tube Pomade, eine große Plastiktüte voller Medikamente. Das verrostete Bettgestell. Die meisten Leute im Slum, sogar Asha, schliefen auf dem Boden.

»Die sind alle neidisch, weil wir unser Haus renovieren«, erklärte Kehkashan einem älteren Cousin, der gerade vom Land angekommen war.

»Sollen sie doch«, rief Zehrunisa, »wir dürfen ja wohl besser wohnen, wo's uns endlich 'n bisschen besser geht, oder?« Den Fernseher gab sie trotzdem lieber dem Puffbesitzer in Verwahrung, bis die Reparaturarbeiten erledigt waren.

Niemand von den Zuschauern stellte die Frage, *wozu soll man ein Haus reparieren, wenn's die Flughafenbehörde vielleicht bald abreißt?* Fast alle hier verschönerten ihre Hütten, wenn irgend möglich, nicht nur um es hygienischer zu haben oder besser gegen den Monsun gewappnet zu sein, sondern auch zum Schutz vor der Flughafenbehörde. Denn falls die Bulldozer wirklich kamen, um den Slum plattzumachen, galt eine anständige Hütte als eine Art Versicherung. Die Regierung des Bundesstaates Maharashtra hatte zugesagt, alle Familien, die seit 2000 illegal am Flughafen wohnten, in winzige Hochhauswohnungen umzusiedeln. Und die Annawadier rechneten sich aus, dass eine Hütte, die nicht ganz so leicht niederzuwalzen war, die Chancen vergrößerte, dass die Familie von der Umsiedlungsbehörde als rechtmäßiger Eigner von Flughafenboden anerkannt wurde. Und so steckten sie weiter Geld in etwas, das irgendwann zerstört werden würde.

Abdul dagegen hielt die ganze Renoviererei für unklug, aber aus Gründen, die nichts mit der Flughafenbehörde zu tun hatten. Er fand, genauso gut könnten die Husains gleich vom Hüttendach herunterposaunen: Hier lebt eine muslimische Familie, und die hat mehr Geld als die Hindus. Musste man unbedingt noch Öl ins Feuer gießen? Der neue

Fliesenboden seiner Mutter verschwand doch sowieso bald wieder unter Müll.

Wenn er über das Familienvermögen verfügen dürfte, er würde einen iPod kaufen. Von den Dingern hatte ihm Mirchi erzählt. Abdul hatte zwar kaum Ahnung von Musik, aber die Idee hinter so einem iPod war faszinierend. Mit so einer kleinen Maschine brauchte man nur zu hören, was man wollte. Die blendete sämtliche Nachbarn einfach aus.

Das Fenster für den Dunstabzug war in einem Tag fertig. Am zweiten Tag machten die Kinder sich an den Fußboden, hackten die kaputten Steine weg und klopften den Sandboden glatt für die Fliesen. »*Keramik*fliesen«, schärfte Zehrunisa ihrem Mann ein. Karam fühlte sich gesund genug, sie persönlich kaufen zu gehen. Der zweijährige Lallu war traurig, dass er nicht mithacken und -klopfen durfte, und wienerte dem Vater die Schuhe für die bedeutende Expedition. Kurz nach Mittag steckte Karam zweitausend Rupien ein und machte sich auf den Weg zu einem kleinen Fliesenladen in Saki Naka. Abdul war froh, dass er weg war. Karam war Spezialist für Verspätungen, und so konnte er, Abdul, die Arbeit hoffentlich vor Einbruch der Dunkelheit schaffen.

»Ihr hämmert da viel zu laut rum! Ich hör mein Radio nicht mehr!«, kreischte Fatima kurz darauf von der anderen Seite der Wand. Die kleineren Husain-Söhne grinsten sich an. Dreimal hatte es schon kleine Reparaturen in der Hütte gegeben, und jedes Mal hatte Fatima einen ihrer berühmten Anfälle gekriegt.

»Wir müssen den Boden rausreißen, wir bauen eine Küche ein«, brüllte Zehrunisa zurück. »Ich fänd's ja auch toll, wenn Fliesen und Arbeitsplatte von Zauberhand verlegt würden, aber so ist das nun mal nicht, also gibt's eben heute 'n bisschen Krach.«

Abdul kümmerte sich nicht um den Schlagabtausch, er hatte andere Probleme. Diese Arbeitsplatte für seine Mutter war zum Verrücktwerden. Das graue Ding war fast anderthalb Meter breit und genauso uneben wie der Boden, und es schwankte bedrohlich auf den beiden Stützen, die er extra konstruiert hatte. In diesem bescheuerten Haus war aber auch gar nichts gerade. Es gab nur eine Möglichkeit, die Platte waagerecht und stabil zu halten: Man musste ein Stück aus der genauso unebenen Ziegelwand herausbrechen und die Platte da einzementieren.

Ashas Mann war heute zu verkatert. Ein anderer Nachbar bot seine Hilfe an, gegen Bezahlung im Voraus. Auch der Mann wirkte nicht sehr sicher auf den Beinen, aber Abdul ignorierte es. Gemeinsam machten sie sich daran, Ziegel aus der Wand zu schlagen. »Na, jetzt kriegen wir gleich richtig was zu hören von Einbein«, sagte Zehrunisa.

Dreißig Sekunden später fing Fatima an zu keifen. »Was macht ihr da mit meiner Wand?«

»Reg dich nicht auf, Fatima«, rief Zehrunisa zurück. »Wir bauen grad die Arbeitsplatte ein. Lass uns den Tag heute – wir wollen selbst fertig werden, bevor der Regen wieder losgeht.«

Abdul arbeitete still weiter. Für ihn ließen sich Menschen genauso in unterschiedliche Kategorien einteilen wie Müll. Fatima sah zwar irgendwie besonders aus, aber für ihn war sie ein Durchschnittsmensch. Tief im Innern ihres schlechten Charakters steckte vermutlich Neid, wie bei vielen schlechten Charakteren. Und tief im Innern des Neids steckte vielleicht eine Hoffnung – dass der Erfolg anderer Leute eines Tages auch ihr beschieden sein könnte. Seine Mutter behauptete zwar immer, früher, als in Annawadi noch alle mehr oder weniger im selben Elend gelebt hatten, seien die Ressentiments unter Nachbarn längst nicht so hochgekocht, aber Zehrunisa hatte bekanntermaßen eine sentimentale Beziehung zur Geschichte.

»Ihr Dreckschweine! Ihr reißt mir meine ganze Wand ein!«

Fortsetzung Fatima.
»*Deine* Wand?«, entgegnete Zehrunisa gereizt. »Diese Wand haben *wir* hochgezogen, und wir haben dir dafür keinen Paisa abgenommen. Da dürfen wir ja wohl ab und zu mal einen Nagel einschlagen, oder? Hab Geduld. Und falls irgendwas bei dir kaputtgeht, reparieren wir's, sowie meine Arbeitsplatte fertig ist.«
Fatima gab Ruhe, bis auf ihrer Seite Ziegelbrocken aus der Wand rieselten. »Ich hab hier lauter Schutt im Reis!«, schrie sie. »Mein ganzes Abendessen ist hin! Hier ist alles voll Sand!«
Abdul war entsetzt. Sein Verdacht, dass diese Ziegel womöglich sofort zerbröselten, hatte sich bestätigt. Sie waren zu sandhaltig, und der Mörtel dazwischen hielt auch nicht mehr. Scheißziegel, die nicht mal richtig aneinanderklebten – das Ganze war mehr ein schwankender Turmbau als eine Wand. Während er noch grübelte, wie er hier je eine steinerne Platte anbringen sollte, ohne dass das ganze Haus zusammenfiel, ging Zehrunisa vor die Tür. Das tat auch Fatima, und draußen gerieten die beiden Frauen sofort aneinander. Ein paar Nachbarinnen kamen aus ihren Hütten und sahen dem Handgemenge zu, Kinder debattierten, welche der beiden Frauen eher aussah wie der Große Khali, ein indischer Catcher von den World-Wrestling-Shows.
»Wenn du nicht sofort aufhörst, mein Haus zu zerkloppen, du Mutterficker, dann reit ich dich voll in die Scheiße«, schrie Fatima.
»Wenn hier was zerkloppt wird, dann meine Wand, du Hure«, schrie Zehrunisa zurück. »Wenn wir gewartet hätten, bis du 'ne Wand ziehst, müssten wir uns heute noch alle nackt sehen!«
Abdul lief nach draußen und drängte die beiden Frauen auseinander. Dann packte er seine Mutter am Hals und zog sie in die Hütte.

»Du hast Kinder!«, schrie er sie an. »Du bist kein bisschen besser als Einbein!
Vor allen Leuten draußen aufeinander losgehen!« Solche Szenen verstießen gegen sein Erstes Annawadisches Gebot: Du sollst nicht auffallen.
»Aber die hat mich zuerst angepöbelt«, protestierte Zehrunisa.
»Die Frau pöbelt ihren eigenen Mann an«, sagte Abdul. »Als ob die sich scheut, dir Pöbeleien an den Kopf zu werfen. Aber du musst ja nicht zurückpöbeln. Die hat doch 'n Knacks in der – die ist beknackt, das weißt du doch.«
Fatima fluchte noch, als sie über den Maidan ging und Annawadi verließ. Abdul hörte ein paar Frauen hinter ihr herlachen, aber Sachen, über die Frauen lachten, interessierten ihn nicht. Er registrierte nur, dass Fatimas Abwesenheit seine Chance war, endlich in Ruhe diese Platte einzubauen. Allerdings war soeben der angeheuerte Nachbar zusammengeklappt und mitsamt der Platte zu Boden gegangen.
»Du bist ja wirklich besoffen!«, schimpfte Abdul. Der Mann lag eingequetscht unter der massiven Steinplatte. Er stritt es nicht ab. Er hatte TBC im fortgeschrittenen Stadium und erklärte: »In letzter Zeit hab ich nicht mal mehr Kraft, irgendwas zu heben, wenn ich nichts getrunken hab.«
Beim Anblick der neuen Schäden an der Wand wäre Abdul am liebsten in Tränen ausgebrochen. Zum Glück war die Steinplatte wenigstens noch ganz, und auch der Nachbar war anscheinend schlagartig wieder nüchtern. Er versprach Abdul, dass sie zusammen alles in einer Stunde schaffen würden. Abdul tröstete sich mit dem Gedanken, dass seine Mutter, wenn sie erst mal schöner wohnte, sich vielleicht auch eine freundlichere Sprache angewöhnen würde.
Aber dann kam eine Nachbarin angelaufen und berichtete von einem sensationellen Ereignis. Fatima, die sonst kaum eine Rupie übrig hatte, sei in einer Autorikscha weggefahren.

Eine Viertelstunde später der nächste Bericht: Fatima sei in der Polizeiwache Sahar und zeige Zehrunisa wegen gefährlicher Körperverletzung an.

»Allah«, sagte Zehrunisa, »seit wann lügt die denn dermaßen?«

»Los, geh zur Polizei«, riet Kehkashan, »wenn du nicht ganz schnell auch da auftauchst, halten die sich nur an ihre Version.«

Karam kam zurück, als seine Frau gerade losgehen wollte. Die Fliesen waren teurer, als er gedacht hatte, er hatte zweihundert Rupien zu wenig dabeigehabt. »Dann beeil dich gefälligst«, sagte sie, »nimm dir mehr Geld und kauf sie endlich. Wenn die Polizei hier aufkreuzt und unsere ganzen Sachen draußen stehen sieht, schmeißen die uns raus.« Die kleineren Husain-Söhne hatten sich schon die ersten Habseligkeiten geschnappt und schleppten sie in Abduls Lagerverschlag.

»Mach dir meinetwegen keine Sorgen«, sagte sie dann zu Abdul. »Mach einfach weiter, bring die Arbeit zu Ende.«

Als Zehrunisa nach einem knappen Kilometer Dauerlauf atemlos bei der Polizei ankam, saß Fatima vor einem Schreibtisch und erzählte einer Polizeibeamtin namens Kulkarni ihre Geschichte.

»Das ist die, die hat mich geschlagen, und Sie sehen ja, ich bin ein Krüppel, ich hab nur ein Bein«, erklärte Fatima.

»Ich hab sie nicht geschlagen!«, widersprach Zehrunisa. »Da waren ganz viele Leute draußen, die haben alle zugeguckt, und keiner würde so was behaupten. Sie hat angefangen und ist auf mich losgegangen.«

»Die haben meine Wand kaputtgemacht! Hab lauter Sand im Reis!«

»Sie hat gedroht, sie reitet uns in die Scheiße! Dabei machen wir einfach nur unsere Arbeit und kümmern uns um unsern eigenen Kram –«

Fatima weinte, also machte auch Zehrunisa die Schleusen auf.
Die Polizistin hob abwehrend die Hände. »Seid ihr Frauen eigentlich irre, uns mit so was zu behelligen? Glaubt ihr, die Polizei hat nichts Besseres zu tun, als euer Gezanke über Lappalien anzuhören? Wir sind zum Schutz des Flughafens da. Geh nach Hause und koch dein Essen zu Ende und kümmer dich um deine Kinder«, sagte sie zu Fatima. Und zu Zehrunisa: »Und du setzt dich da drüben hin.«
Zehrunisa sank in einen der Schalensitze und ließ den Kopf hängen. Ihre Tränen waren jetzt echt. Fatima hatte sie in die Scheiße geritten, wie angedroht. Und Fatima war bald wieder in Annawadi und erzählte bestimmt allen Leuten, dass die Polizei sie, Zehrunisa, festgenommen hatte wie eine gewöhnliche Kriminelle.
Als sie nach dem Weinkrampf wieder zu sich kam, saß Asha in der Schale neben ihr.
Asha hatte ein paar Polizisten der Wache zu einer Sozialbauwohnung verholfen, von der aus sie ihre Nebengeschäfte tätigen konnten – mit diesem Maklerdienst hoffte sie, richtig Geld zu verdienen. Einen Streit zwischen zwei Muslimas zu schlichten versprach zwar nur mageren Profit. Aber wenn sie sich nicht auch der kleinen Querelen in Annawadi annahm, würden die Leute damit zu dieser Frau von der Kongresspartei gehen, die bei allen nur »der weiße Sari« hieß, und das würde Bezirksrat Subhash Sawant zu Ohren kommen.
Asha sah Zehrunisa in die Augen. Für tausend Rupien, sagte sie, würde sie Fatima überreden, keinen Ärger mehr zu machen. Das Geld sei nicht für sie selbst. Sie wolle es Fatima geben – zumindest einen Teil.
So offen war Asha in Geldsachen nicht immer, aber sie hatte das Gefühl, Zehrunisa und ihrer Familie beistehen zu müssen. Mirchi war schon mal von der Polizei erwischt worden,

als er Diebesgut angekauft hatte, und damals hatte Zehrunisa Asha sogar um Hilfe angefleht. Asha hatte die Polizisten bearbeitet, Mirchi sei doch noch ein Kind und nicht gesund – was tatsächlich stimmte, Mirchi hatte sechs heftig entzündete Rattenbisse am Hintern gehabt. Asha hatte Mirchi nach Hause gebracht, und Zehrunisa hatte sich bei ihr *bedankt*, als wüsste sie nicht genau, dass Asha längst ihre Geschäfte mit der Hilfe machte.

Aber Zehrunisa misstraute Asha nicht weniger, als Asha ihr misstraute. Asha war von der Shiv Sena, sie war muslimfeindlich wie auch viele Polizisten in dieser Wache.

»Wir werden das mit Fatimas Mann regeln«, sagte sie zu Asha und beendete damit das Gespräch. »Danke, aber alles wird gut.«

Eine Stunde später glaubte sie das beinahe selbst, denn Officer Kulkarni bot ihr zur Tasse Tee auch einen Rat an: »Du musst aus Einbein die Scheiße mal richtig rausprügeln und der Sache ein für alle Mal eine Ende setzen.«

»Wie denn, ich kann doch keinen Krüppel verprügeln?«

»Wenn man solche Leute nicht mal richtig verprügelt, hat man die immer wieder am Hals. Verdrisch die mal ordentlich, und wenn die sich beschwert, dann regele ich das. Keine Bange.«

Zehrunisa überlegte, ob hinter der Freundlichkeit dieser Polizistin eine Geldforderung steckte. Ihr Kollege Thokale war nicht so subtil. Er kam regelmäßig und verlangte Schmiergeld, da Leute, die illegal auf Flughafengebiet wohnten, ja offiziell kein Gewerbe treiben durften. »Ihr steht seit Monaten bei mir in der Kreide«, sagte er, als er sie dasitzen sah. »Hattest du dich etwa versteckt? Na, jetzt bist du ja hier, da können wir das Konto gleich mal ausgleichen.«

Zehrunisa hatte mehr Geld als Fatima. Dass es bei ihr etwas zu holen gab, erklärte vermutlich, warum sie und nicht Fatima noch immer hier auf der Wache saß. Diesen Thokale würde sie wohl schmieren müssen, er würde ihnen sonst den Laden dichtmachen. Dieser Kulkarni dagegen schenkte sie einen tränennassen Blick, Ausdruck ihrer tiefsten Dankbarkeit für den Rat der Polizistin, diese Nachbarin mal richtig zu verprügeln. Dann wandte sie ihre Aufmerksamkeit der Tasse Tee mit Milch zu.

In Annawadi dämmerte es, und Kehkashan kochte vor Zorn. Sie saß auf dem Maidan, starrte auf die familiären Besitztümer und sah zu, wie ihre Brüder panisch Zement schaufelten, um fertig zu werden, bevor die Polizei aufkreuzte und Geld haben wollte. Sie konnte auch Fatima sehen, ihre Tür stand offen, und Fatima wiegte sich vor einem voll aufgedrehten Kassettenrecorder auf ihren Krücken zur Musik aus Hindifilmen. Kaum von der Polizei zurück, hatte sie sich noch greller aufgemacht als sonst: Auf der Stirn glitzerte ein Bindi, die Augen waren kajalschwarz umrahmt, die Lippen knallrot. Sie sah aus wie kurz vor einem Bühnenauftritt.

Kehkashan konnte den Mund nicht halten. »Meine Mutter sitzt bei der Polizei fest, weil du da lauter Lügen erzählt hast, und du takelst dich auf und tanzt hier rum wie so 'n Filmstar?«

Und damit begann die nächste Keilerei auf dem Maidan.

»Du Flittchen, dich krieg ich auch noch in 'ne Zelle«, schrie Fatima. »Ich lass nicht locker – ich reite deine ganze Familie in die Scheiße!«

»Reicht dir das, was du getan hast, noch nicht? Lässt meine Mutter festnehmen! Dafür müsste ich dir das andere Bein auch noch ausrenken!«

Die Nachbarn strömten zusammen zur nächsten lebhaften *tamasha*. Niemand hatte Kehkashan je wütend erlebt, normalerweise war sie die Vermittlerin, wenn sich die Frauen stritten. Jetzt hatte sie funkelnde, tränenglitzernde Augen und sah aus wie Parvati in der Seifenoper *Kahaani Ghar Ghar Ki.*

»Kannst mir das Bein ruhig ausrenken, ich mach noch was ganz anderes mit dir«, konterte Fatima. »Du bist doch angeblich verheiratet, wo ist 'n dein Mann? Hat wohl spitzgekriegt, dass du mit andern Männern rumhurst, was?«

Als Karam hörte, dass die Tugend seiner Tochter in den Dreck gezogen wurde, kam er heraus. Aber als Hure bezeichnet zu werden war nicht Kehkashans Hauptproblem.

»Weißt du eigentlich, wie spät es ist?«, fauchte sie ihren Vater an. »Fast Nacht, und Mutter ist noch immer bei der Polizei.«

»Los lauf hin und guck, ob mit deiner Mutter alles in Ordnung ist«, sagt Karam zu Mirchi. Zu Fatima sagte er: »Hör zu, du Bettlerin. Wir bringen die Arbeit hier zu Ende, und danach geht jeder dem anderen aus dem Weg, ein für alle Mal.«

In der Hütte schaufelte Abdul Ziegelbruch in einen Sack, die Steinplatte war endlich eingebaut. Seit Tagen hatte er sich ausgemalt, wie sehr sich seine Mutter über ihre fertige Arbeitsfläche freuen würde. Stattdessen saß sie jetzt in Polizeigewahrsam. Noch bestand der Fußboden halb aus Trümmern, halb aus feuchtem Zement und harrte der Fliesen, die sein Vater noch immer nicht gekauft hatte. Den Raten-Fernseher hatte der Sohn des Puffbesitzers, bei dem sie ihn untergestellt hatten, kaputtgekriegt. Abduls kleinere Geschwister waren verängstigt wegen all des Geschreis, und sein Vater schien beim Anblick der Ruine, die sein Zuhause war, den Verstand zu verlieren.

Plötzlich stürmte Karam zu Fatimas Tür. »Du Hohlkopf!«, brüllte er. »Du hast gelogen, du hast erzählt, meine Frau hat dich geschlagen. Ich zeig dir jetzt mal, wie das ist, wenn man wirklich geschlagen wird!«

Dann überlegte er, nein, nicht er würde es ihr zeigen.

»Abdul«, rief er, »komm her, schlag du sie!«
Abdul erstarrte. Er hatte seinem Vater ein Leben lang gehorcht, aber eine behinderte Frau schlagen, nein, nicht mit ihm. Zum Glück ging Kehkashan dazwischen. »Jetzt beruhig dich, Vater«, befahl sie. »Mutter regelt das, wenn sie wieder hier ist!« Sie wusste genau, wer im Krisenfall das Familienoberhaupt war.
Sie schob Karam wieder in die Hütte, aber er rief über die Schulter: »Einbein, sag deinem Mann, wenn das eure Art von Dank für unsere jahrelange Freundlichkeit ist, dann will ich die Hälfte von dem, was die Wand hier gekostet hat, wiederhaben.«
Mirchi war bald zurück von seiner Aufklärungstour: Zehrunisa saß anscheinend unversehrt in aller Ruhe zusammen mit einer Polizistin zusammen. Kehkashan war erleichtert und machte sich ans Essen.
Um diese Abendstunde brannten in ganz Annawadi die Kochstellen, und die Schmordünste stiegen auf und türmten sich zu einer riesigen Rauchsäule über dem Slum. Im Hyatt-Hotel riefen dann bald die ersten Gäste aus den oberen Etagen in der Lobby an: »Ein Riesenfeuer kommt aufs Hotel zu!« Oder: »Ich glaube, es hat eine Explosion gegeben!« Und eine halbe Stunde später folgten die ersten Beschwerden über Kuhdungasche im Swimmingpool.
Heute kam ein Feuer dazu, in Fatimas Hütte.
Die achtjährige Noori wollte zum Essen nach Hause kommen, aber die Holztür ging nicht auf. Von drinnen dröhnte ein Liebeslied, also dachte Noori, ihre Mutter sei so ins Tanzen vertieft, dass sie die Zeit vergessen hatte. Sie lief zu Fatimas Freundin Cynthia. Aber auch Cynthia bekam die Tür nicht auf und hob Noori schließlich hoch an ein Loch unterm Hüttendach – Noori nannte es stolz ihr Fenster.
»Kannst du was sehen, Noori?«
»Sie kippt sich Petroleum über den Kopf.«

»Fatima – nicht!«, schrie Cynthia, so laut sie konnte, um die Musik zu übertönen. Sekunden später wurde der Filmsong verschluckt von einem *Wuuusch,* einem kurzem Bumm und dem Schrei eines achtjährigen Mädchens: »Meine Mutter! Sie brennt!«

Kehkashan schrie auf. Der Puffbesitzer schaffte es als Erster über den Maidan, drei Jungen kamen hinter ihm hergerannt, und alle warfen sich so lange mit voller Wucht gegen die Tür, bis sie endlich aufbrach. Fatima wälzte sich auf dem Boden und schlug um sich, von ihrer Haut stiegen Rauchfahnen hoch. Neben ihr, umgekippt, eine gelbe Plastikkanne für Petroleum und ein Wasserkessel. Sie hatte sich den Brennstoff zum Kochen über den Kopf geschüttet und ein Streichholz angezündet, und dann hatte sie die Flammen mit Wasser zu löschen versucht.

»Rettet mich!«, schrie sie.

Der Puffbesitzer war in heller Aufregung. Unten an Fatimas Rücken brannte es noch. Er schnappte eine Decke und erstickte die Flämmchen. Draußen vor der Hütte strömte mittlerweile eine Menschenmenge zusammen.

»Den ganzen Tag machen diese Müllmoslems schon so 'n Krach mit ihrem Gezanke.«

»Denkt die denn nicht mal an ihre Töchter, bevor die so was macht?«

»Jetzt ist gut«, verkündete der Puffbesitzer und rollte ein paar Kochtöpfe beiseite. Mit denen hatte er zuerst auf Fatima eingehauen, um ganz schnell die Flammen zu ersticken. »Sie ist am Leben, kein Problem!«

Er zog Fatima hoch. Aber kaum ließ er sie los, flutschte sie heulend wieder zu Boden.

Die Zuschauer hatten den leeren Wasserkessel entdeckt.

»Die ist doch wirklich bescheuert«, sagte ein alter Mann. »Wollte an sich rumzündeln und 'n bisschen Theater machen, und jetzt hat die sich schwer verbrannt.«

»Ich hab das bloß wegen der Leute da gemacht«, schrie Fatima mit erstaunlich klarer Stimme. Alle wussten, welche Leute sie meinte.
Kehkashan hörte kurz auf zu schluchzen, um ihre Brüder und ihren Vater in Marsch zu setzen: »Lauft! Los! Die hat vorhin gedroht, sie reitet uns wirklich in die Scheiße. Die erzählt womöglich demnächst auch noch, wir hätten sie angezündet!«
»Ist jetzt 'n Fall für die Polizei – die sind erledigt«, sagte ein Nachbar und sah den Husain-Söhnen nach, die an der öffentlichen Toilette vorbei in Richtung des Hotels Leela mit seinen 600-Euro-Suiten flitzten.
»Wasser!«, flehte Fatima. Sie war rot und schwarz im Gesicht.
»Aber wenn die stirbt und man gibt ihr gerade Wasser, dann fährt ihr Geist in einen«, gab jemand zu bedenken.
»Geister von Frauen sind die schlimmsten. Die lassen einem jahrelang keine Ruhe.«
Ein junges Mädchen namens Priya brachte schließlich Wasser. Priya war ein Unglückswurm, eins der allerärmsten Mädchen in Annawadi, sie half Fatima manchmal beim Kochen und Kinderhüten, im Tausch gegen Essen. Angeblich hatte sie schon zwei Geister im Leib.
»Ihr Dummköpfe. Wasser nach Verbrennungen, das soll gar nicht gut sein«, sagte plötzlich eine neue Stimme. Resoluter als die anderen.
Sie gehörte Asha, die hinter der Menge aufgetaucht war.
Alle drehten sich um. »Dann sag du ihr, sie soll nicht trinken, Asha! Halt sie ab davon!«
»Soll ich's ihr vielleicht wegreißen?«, fragte Asha. »Wenn das jetzt ihre letzten Minuten sind? Ich hab keine Lust, von 'ner Sterbenden verflucht zu werden. Wenn sie genau dabei stirbt?«
Manju kam aus der Hütte. Aber Asha verscheuchte sie. Nur

Manjus beste Freundin Meena schaffte es näher heran. Was sie sah, war unbeschreiblich. Fatima krümmte sich in einem braunen Zweiteiler auf dem Boden, das pinkrosa Blumenmuster vorn und hinten war zum größten Teil verkohlt. Wo vorher Blüten gewesen waren, hingen jetzt Hautfetzen. Meena stürzte davon und übergab sich, sie hatte das Gefühl, ihr Leben lang kotzen zu müssen, weil sie gesehen hatte, was sie gesehen hatte.

»Wie komm ich denn ins Krankenhaus?«, wollte Fatima wissen. »Mein Mann ist nicht da!«

»Man müsste eine Autorikscha organisieren und sie ins Cooper Hospital bringen. Aber die ganzen Idioten hier gaffen ja bloß – die stirbt uns noch hier vor der Nase.«

»Aber wenn einer die da hinbringt, sagt die Polizei hinterher, der war das, der hat die angezündet.«

»Dann soll doch Asha Einbein ins Krankenhaus bringen«, schlug jemand vor. »Die gehört zur Shiv Sena. Die kann die Polizei nicht verarschen.«

Fatimas Blick fokussierte sich auf Asha. »Frau Lehrerin«, sagte sie, »wie soll ich denn in dem Zustand aufstehen und gehen?«

»Ich bezahl dir die Autorikscha«, erwiderte Asha. »Aber auf mich warten Leute. Ich hab keine Zeit zum Mitfahren.«

Sie lief zu ihrer Hütte, und die anderen Annawadier sahen hinter ihr her.

»Ich hab angeboten, die Autorikscha zu bezahlen, wieso hätt' ich auch noch mitfahren sollen?«, fragte Asha später ihren Mann. »Das war ein Streit unter diesen Müllmenschen, wer weiß, was passiert, wenn man sich da einmischt. Außerdem hätte Zehrunisa meine Hilfe auf der Polizeiwache annehmen sollen. Die kapiert einfach das Grundprinzip nicht: Es kostet später weniger, wenn man gleich zahlt. Man steckt Einbein ein bisschen was zu, so wie einer Bettlerin. Man beendet das Ganze, bevor es hysterische Ausmaße annimmt. Jetzt ist es ein Fall für die Polizei, und Zehrunisa wird einen Anwalt brauchen. Glaubt die denn, Anwälte machen erst mal ihre Arbeit, bevor sie Geld sehen wollen? Warten Hebammen etwa ab, ob man sie bezahlt? Eine Hebamme sackt ihr Geld ein, auch wenn das Baby stirbt. Aber mein Problem ist das nicht, Zehrunisa mit ihrer Familie und ihrem Drecksgeld. *Haram ka paisa.*«

Sie lächelte. »Einbein müsste der Polizei bloß erzählen: ›Ich bin eine geborene Hindu, und diese Muslime haben mich verhöhnt und angezündet, weil ich Hindu bin.‹ Die Typen säßen für immer im Knast.«

Es war jetzt acht Uhr, und der Himmel hing tief violett wie ein Bluterguss über dem Maidan. Alle hatten beschlossen, dass Fatimas Mann seine Frau ins Krankenhaus fahren sollte, wenn er vom Müllsortieren nach Hause kam.

Die Erwachsenen zogen sich wieder zum Abendessen zurück, nur ein paar Jungen blieben da, neugierig, ob Fatima das Gesicht abfallen würde. Das war einer Frau mal passiert, die bei Asha ein Zimmer gemietet hatte. Ihr Mann hatte sie sitzengelassen, und sie hatte sich im Gegensatz zu Fatima richtig abgefackelt. Ihre Gesichtshaut war total verkohlt am Boden festgeklebt, und Rahul hatte behauptet, dass ihr der ganze Brustkorb irgendwie explodiert war und man bis durch zum Herzen gucken konnte.

7. Alles aus den Fugen

Was noch übrig war von Fatimas Haaren, die sie im Nacken zusammengeschlungen hatte, bevor sie das Streichholz anriss, hing jetzt wieder lose herab. Ihr Gesicht war schwarz und glänzte, als hätte ein Maler, der eigentlich nur den Augen auf einer Kali-Statue göttlichen Schimmer verleihen sollte, sich nicht bremsen können und gleich die ganze Umgebung mitlackiert. Es gab zwar keinen Spiegel in der Station 10 für Brandopfer im Cooper Hospital, dem größten Krankenhaus für die armen Leute aus Mumbais westlichen Randbezirken, aber Fatima wusste auch ohne, dass sie größer geworden war. Das lag zum einen an den Schwellungen, aber das Feuer hatte ihr noch auf andere Weise mehr Gewicht verschafft.

Sie selbst hatte, auf dem Rücken ihres spindeldürren Mannes hängend, gleich außerhalb von Annawadi dafür gesorgt, als jemand Bedeutendes wahrgenommen zu werden. »Was hab ich mir angetan!«, hatte sie mitleidigen Zuschauern beim Hyatt zugerufen. »Aber passiert ist passiert, und dafür werden die bezahlen!«

Kein Autorikschafahrer war bereit, eine Frau in dem Zustand zu transportieren, sie könnte ja die Sitzbezüge ruinieren. Aber dann hatten sich drei junge Männer eingemischt und einem Fahrer so massiv mit dem Tod gedroht, dass er Fatima schließlich doch ins Krankenhaus fuhr.

Auch im Cooper Hospital unter den fluoreszierenden, wie Pferdebremsen sirrenden Lichtröhren fühlte sich Fatima wie jemand, der zählt. Es stank in der kleinen Abteilung für Brandverletzungen zwar ekelhaft nach Wundverbänden, aber es war schön hier, verglichen mit den normalen Stationen, wo viele Patienten auf dem Boden lagen. Bei ihr im Zimmer lag nur noch eine andere Frau, deren Mann beteuerte, er habe das fatale Streichholz nicht angerissen. Zum ersten Mal im Leben hatte Fatima eine Schaumgummimatratze unter sich, wenn auch eine von Urin triefende. Sie hatte Plastikschläuche in der Nase, die allerdings nirgendwo hinführten. Sie hatte einen Infusionsbeutel und eine gebrauchte Spritze in der Vene, die Krankenschwester hielt es, wie sie sagte, für Verschwendung, jedes Mal eine frische Nadel zu nehmen. Sie hatte ein rostiges Metallgestell über dem Körper, damit das fleckenstarrende Laken nicht mit ihrer Haut verklebte. Aber die überraschendste von Fatimas vielen neuen Erfahrungen auf der Brandopferstation war, wie viele respektable Besucherinnen aus Annawadi herbeiströmten.

Als erste war ihre ehemals beste Freundin Cynthia erschienen, der Fatima aber inzwischen die Schuld an ihrer jetzigen Lage gab. Cynthias Mann hatte einen Müllhandel betrieben, der mit dem Boom der Husainschen Geschäfte pleitegegangen war, und Cynthia hatte Fatima bekniet, irgendetwas Dramatisches zu inszenieren, das dieser Familie, die ihre Familie ausgestochen hatte, die Polizei auf den Hals hetzen könnte. Das war ein sehr schlechter Rat gewesen, wie Fatima nachträglich einsah, Cynthias mitgebrachter Bananen-Lassi schmeckte allerdings sehr gut.

Auch Zehrunisa kam, Fatima sah sie eines Morgens kurz aus dem Augenwinkel vor der Tür hocken. Dann tauchten, angeführt von Asha, noch vier Nachbarinnen auf. Ashas Besuch empfand Fatima als Ehre. In Annawadi sahen die Shiv-Sena-Frauen grundsätzlich durch sie hindurch. Jetzt schenkte Asha ihr süßen Limonensaft und Kokosmilch ein und flüsterte ihr ins schwarzverkohlte Ohr.

Sie ermahnte Fatima, Hunderte von Leuten auf dem Maidan

hätten genau gesehen, was zwischen ihr und den Husains vorgefallen war, und sie solle keine Lügen erzählen, dass die sie geschlagen und angezündet hätten. »Was bringt das, so ein *ghamand*, so ein Ego zu haben?«, fragte Asha. »Deine Haut ist verbrannt, du hast diese Dummheit gemacht, und trotzdem ist dein Herz noch so voller Rachlust?«

Asha hätte gern einen Waffenstillstand ausgehandelt, um die Polizei außen vor zu halten. Wenn Fatima zugäbe, dass die Husains sie nicht angegriffen hatten, würde Zehrunisa ihr ein Bett in einer Privatklinik bezahlen und Geld für Fatimas Töchter beiseitelegen. Fatima war klar, dass Asha plante, eine Provision von Zehrunisa für die gütliche Einigung zu kassieren. Sie war verbrannt, aber nicht hirnverbrannt. Aber es war zu spät, die Wahrheit zu sagen. Sie hatte ihre Aussage für eine förmliche Anzeige schon gemacht.

Gleich nach der Aufnahme im Cooper Hospital hatte sie der Polizei erzählt, Karam, Abdul und Kehkashan hätten sie angezündet – daraufhin waren noch nach Mitternacht ein paar Beamte nach Annawadi geeilt und hatten Karam festgenommen, während Abdul sich zwischen seinem Müll versteckt hatte. Aber schon am nächsten Morgen war auf der Polizeiwache Sahar bekannt, dass Fatimas Geschichte nicht stimmte. Ihre kleine Tochter Noori hatte eine eindeutige Ausssage gemacht: Sie hatte durch ein Loch in der Familienhütte mit eigenen Augen gesehen, wie ihre Mutter sich angezündet hatte.

Wenn man also den Fall weiter verfolgen und aus der Familie Husain Geld rausholen wollte, musste eine plausiblere Opferaussage her. Um Fatima dazu zu verhelfen, hatte die Polizei eine hübsche mollige Regierungsbeamtin ins Cooper Hospital geschickt. Sie trug eine goldgeränderte Designerbrille auf der Nase und hatte Fatimas Krankenbett gerade verlassen, bevor Asha eingetroffen war.

Poornima Paikrao war Opferbeauftragte der Regierung von

Maharashtra, Spezialgebiet Erstvernehmungen am Krankenbett. Mit freundlicher Stimme half sie Fatima beim Konstruieren einer neuen Darstellung der Ereignisse, die zu ihren Verbrennungen geführt hatten. Die Frau mit der Goldrandbrille reagierte nicht einmal respektlos, als Fatima gestand, dass sie das Mitgeschriebene weder lesen noch mit ihrem Namen unterschreiben konnte: Ein Daumenabdruck würde auch reichen.

Die Opferbeauftragte erläuterte, dass es in Indien als schwere Straftat geahndet wurde, jemanden zum Selbstmord anzustacheln. Das Strafrecht war ein britisches Erbe, und die strengen Gesetze bezüglich Selbsttötungen sollten der hinduistischen Tradition der Witwenverbrennung ein Ende setzen. Eine Frau sollte von der Familie nicht mehr genötigt werden können, sich auf den Scheiterhaufen zu werfen, auf dem ihr verstorbener Mann verbrannt wurde – ein übliches Verfahren, mit dem Familien sich der Unterhaltskosten für die Witwen entledigten.

Bei ihrer neuen Aussage gestand Fatima nunmehr, sich selbst angezündet zu haben, und verschob dann sachte die Schuld daran. Sie schilderte, wahrheitsgemäß, dass Kehkashan bei Sonnenuntergang geschworen hatte, ihr das intakte Bein auszurenken. Sie schilderte, auch wahrheitsgemäß, dass Karam gedroht hatte, sie zu verprügeln, und dass er von ihrem Mann die Hälfte der Wand zwischen ihren Hütten bezahlt haben wollte. Zehrunisa erwähnte sie nicht, denn die hatte das denkbar beste Alibi, sie war zum Zeitpunkt der Verbrennung bei der Polizei gewesen. Fatima schob vielmehr die größte Schuld auf Abdul.

Abdul Husain habe sie bedroht und gewürgt, gab sie zu Protokoll. Abdul Husain habe sie zusammengeschlagen.

Wie könnte man eine Familie, auf die man neidisch ist, besser erledigen, als dadurch, dass man auf den Sohn dieser Familie zielt, der am meisten arbeitet?

»Mein linkes Bein ist behindert, ich konnte doch gar nicht zurückschlagen. Und dann hab ich mir vor lauter Wut das Petroleum, das ich da rumliegen hatte, übergekippt und mich angezündet«, beschloss sie ihre Aussage.
Die Opferbeauftragte Poornima Paikrao fügte ihrem Bericht hinzu: »Aussage erfolgte bei hellem Licht aus Leuchtröhre«, verließ das Krankenhaus und machte sich an ihr eigentliches Werk. Mit dieser verbesserten Opferaussage und ein paar Zeugenaussagen, die sie hoffentlich noch in Annawadi herauskitzeln würde, müsste sich bei den Husains ein hübsches Sümmchen lockermachen lassen.

An ihrem dritten Tag im öffentlichen Krankenhaus verzog sich Fatimas verkohlte Haut, so dass ihre fast mandelförmigen Augen immer runder wurden. Das gab ihrem Gesicht einen überraschten Ausdruck, so als sei sie ganz erstaunt, was für Folgen es haben konnte, wenn sie ein Streichholz anriss. »Je mehr ich rede, desto weher tut's«, erklärte sie ihrem Mann, der neben dem Bett stand. Sie fühlte sich allerdings, trotz der Schmerzen, hin und wieder genötigt, ihn anzukeifen, wenn auch nicht mehr so gellend wie früher.
Ihr Mann hatte immer schon ein Gesicht wie eine Schaufel gehabt, jetzt schien es mit jedem Tag noch länger zu werden. Er verfügte wie alle Müllsortierer eigentlich auch über eine hervorragende Koordination, jetzt war er so angeschlagen, dass er zwei linke Hände zu haben schien. Fatimas Pillen zu zermahlen war offenbar eine körperliche Tätigkeit von überwältigender Komplexität. Wenn er etwas von dem Brot, das er ihr mitbrachte, abbrechen wollte, hatte er nur Krümel in der Hand.
Zum Glück hatte Fatima keinen großen Hunger. Denn Essen gehörte nicht zur Ausstattung des Cooper Hospitals mit seinen fünfhundert Betten, die für eine Million Arme reichen mussten. Medikamente genauso wenig. »Sind schon alle

heute«, so die offizielle Erklärung laut Krankenschwestern. Sind aus der Krankenhausapotheke geplündert und weiterverkauft worden, so eine der inoffiziellen. Was die Patienten brauchten, mussten ihre Familien auf der Straße kaufen und mitbringen. Die kleine Tube Silbersulfadiazin-Salbe, die der Doktor bei Brandwunden empfahl, kostete 211 Rupien und war nach zwei Tagen alle. Fatimas Mann musste sich das Geld für eine neue Tube pumpen. Wenn er die Salbe auftrug, hatte er immer Angst, seiner Frau weh zu tun, vor allem an der Stelle am Bauch, die keine Pigmentierung mehr hatte. Er fand, eigentlich könnten die Krankenschwestern ihm helfen, aber die vermieden Körperkontakt mit Patienten.

Der großgewachsene junge Arzt hatte keine Scheu, Patienten anzufassen. Er kam eines Abends, streckte einen von Fatimas Armen, dann den anderen, und dabei lockerten sich die mittlerweile vergilbten und verschmutzten Verbände.

»Hier stimmt was nicht«, erzählte sie ihm, »ich friere so.«

»Trinken Sie drei Flaschen Wasser pro Tag«, antwortete er und wickelte die verunreinigten Verbände wieder fest. Für Wasser in Flaschen hatte Fatimas Mann nach dem Kauf der Brandsalbe kein Geld mehr. Der Arzt sagte hinter seinem Rücken, er sei ein verantwortungsloser alter Mann, wenn er seiner Frau nicht besorge, was sie brauchte.

Als Fatimas Mann wieder arbeiten ging, um die Medikamente bezahlen zu können, übernahm ihre Mutter die Pflege. Ihr erzählte Fatima: »Die Nachbarsfamilie hat mich angezündet«, und präsentierte eine neue Version der Ereignisse, die ihre Mutter völlig durcheinanderbrachte. Fatima war inzwischen auch durcheinander, hatte aber keine Lust, alles noch einmal zu erklären. Ihre Aufgabe hier war, zu genesen. Sollten sich doch die Polizisten um die Feinheiten ihrer Anzeige kümmern, die hatten Abdul und Karam Husain ja jetzt in Gewahrsam.

Als der Officer mit dem Fischmaul zum ersten Mal den Lederriemen schwang, schrie Abdul auf, bevor er auf ihn niederknallte – es war ein Aufheulen, das sich in ihm zusammengeballt hatte, seit er am frühen Morgen zur Wache gerannt war und sich gestellt hatte.

Als er durch den Flughafen gelaufen war, hatte er noch gehofft, er könnte erklären, was am Abend vorher mit Fatima los gewesen war, oder zumindest seinen eigenen Körper anbieten, um seinen Vater vor Gewalt zu bewahren. Vielleicht, dachte er, halb über dem Tisch hängend, bekam er jetzt die Schläge ab, die sonst auf seinen Vater eingeprasselt wären. Sicher war er nicht. Eins war jedenfalls klar: Die Polizisten hörten überhaupt nicht zu. Sie wollten nichts wissen von hitzigen Temperamenten und einer Scheißziegelwand. Sie wollten anscheinend nur Abduls Geständnis, eine behinderte Frau mit Petroleum übergossen und ein Streichholz angezündet zu haben.

»Sie wird sterben, und das fällt dann unter Paragraph dreihundertzwei«, erklärte ein Polizist, und Abdul glaubte, Freude herauszuhören. Er wusste, § 302 des indischen Strafgesetzbuchs stand für Mord.

Irgendwann später während der Auspeitschung – er hatte keine Ahnung, wie viel später – brachte der Klang einer Stimme sein Empfindungsvermögen wieder zurück. Seine Mutter schien direkt vor dem Raum zu sein, den die Polizisten als Empfangszimmer der Wache bezeichneten. »Tun Sie ihm nicht weh!,« bettelte sie mit beträchtlicher Lautstärke. »Seien Sie friedlich! Seien Sie freundlich!«

Abdul wollte nicht, dass seine Mutter ihn schreien hörte. Er versuchte, sich zusammenzureißen. Bloß nicht auf die Handfesseln gucken. Bloß nicht auf diesen fischmäuligen Polizisten gucken oder auf diese scharfen Bügelfalten in seiner Dienstkhakihose. Er schloss die Augen und versuchte, sich an ein paar Losungen aus seinem letzten Gebet zu erinnern.

Aber alle Anstrengung half nichts, er blieb nicht stumm. Seine Schreie und die Schluchzer danach waren bis auf die Straße zu hören. Trotzdem versuchte er später, als er die glänzenden braunen Schuhe weggehen sah, sich einzureden, er habe keinen Mucks von sich gegeben. Dass seine Mutter ohrenbetäubend laut gejammert hatte, während er geschlagen wurde, war nicht unbedingt ein Gegenbeweis. Bei ihrem Hang zum Jammern hatte sie das wahrscheinlich den ganzen Tag lang getan.

Zum Glück kamen ihre Schmerzenslaute jetzt von weiter weg. Vielleicht hatten die Polizisten sie rausgeschmissen, weil sie so einen Krach machte. Die Anlage um den alten Flachbau herum, in dem die Polizeiwache untergebracht war, war vom Flughafenmanagement verschönert worden – pinkrosa Blumen und Tropengewächse vor dem Eingang, die Blätter so blitzblank wie die daneben parkenden neuen Polizeijeeps. Abdul hoffte, dass seine Mutter möglichst schnell hinter dem Vorgartenstreifen verschwand. Er sah sie in Gedanken lieber zu Hause.

In der großen Zelle, in die sie ihn gesperrt hatten, waren noch sieben Männer, darunter sein Vater, der auch ausgepeitscht worden war, und zwar vor den Augen seines Sohnes. Der Raum sah ganz anders aus als die kargen Zellen in den Filmen, die Abdul in der Videobude in Saki Naka gesehen hatte. Es gab sogar Metallstühle, einen schönen riesengroßen Holztisch mit einer beschichteten Platte und vier neue Stahlschränke – die schönsten, die Abdul je gesehen hatte. Markenschränke, von Godrej. Bronzebraun, himmelblau und rauchblau lackiert. Zwei hatten glänzende Spiegel auf den Türen. Er kam sich vor wie bei einer Schrankausstellung, bis auf die Spannung und die Schreie in dem Raum.

Die richtige Zelle lag irgendwo anders im Gebäude. Der Raum, in dem Abdul und Karam eingesperrt waren, hieß unter Leuten, die öfter mal einsaßen, »die inoffizielle Zelle« – eigentlich war sie ein geräumiges Dienstzimmer für Schreibarbeiten. Und in der Tat waren die Husains offiziell auch nicht festgenommen worden und folglich nicht in Haft. Was sich in diesem Dienstzimmer abspielte, fand offiziell gar nicht statt. Aber das Beste an diesem Raum, nach Meinung aller hier Einsitzenden, war ein kleines Fenster, durch das einem Freunde und Verwandte Zigaretten zustecken und Trost spenden konnten.

Abdul wartete noch immer darauf, dass Sunil oder Kalu der Mülldieb oder irgendeiner der Jungen vorbeikäme und sich erkundigte, wie es ihm ging. Er malte sich aus, was er antworten würde: Nicht gut. Er malte sich aus, wie sie ihn dann beruhigen würden. Aber niemand kam vorbei, außer seiner Mutter. Am dritten Tag hatte er aufgehört, mit irgendjemandem zu rechnen.

»Warum hast du einem Krüppel so was angetan?« Die Frage stellten die Polizisten immer und immer wieder.

Abduls klägliche Antwort war: »Sir, ich bin doch so ein Schwächling, ich hätte doch nach den ganzen Schlägen alles zugegeben, aber ich hab das nicht getan. Wir haben uns bloß alle gegenseitig Beleidigungen an den Kopf geworfen.«

Seine zweite klägliche Antwort war: »Bitte, fahren Sie nach Annawadi und fragen Sie rum. Da waren so viele Leute. Ich hab die Frau nicht angerührt. Ich würd mich nie mit einer Frau prügeln. Schon gar nicht, wenn die nur ein Bein hat. Sie können jeden fragen, ich hab auch noch nie ein Mädchen angemacht. Und ich prügel mich nicht. Ich red überhaupt mit niemandem. Der Einzige, den ich mal anmache, ist mein Bruder Mirchi. Aber den hab ich auch nie geschlagen, auch früher nicht – meinen eigenen kleinen Bruder, und den dürfte ich sogar verhauen.«

Aber er fürchtete, die Polizisten würden nicht in Annawadi herumfragen. Und daraus ergab sich seine resignierte dritte Antwort: »Sie hat einen Wutanfall gekriegt und sich selbst angezündet. Sie hatte sich 'n bisschen mit meiner Mutter gezankt, und das hat sie dann in die Länge gezogen wie Kaugummi. Aber was soll das denn alles noch hier? Sie hat das und das getan und ausgesagt, und Sie hören jetzt nur noch auf sie, weil sie verbrannt ist. Auf mich hören Sie ja doch nicht.«

Sein Vater bekam interessantere Fragen gestellt, zum Beispiel: »Wieso hast du bloß so viele Kinder in die Welt gesetzt, Muselmann? Die kannst du ja jetzt gar nicht mehr ernähren und zur Schule schicken. Du bleibst so lange im Knast, bis dich deine eigene Frau nicht mehr erkennt.«

»Lieber lass ich mich verprügeln, als mit anzusehen, wie du verprügelt wirst«, sagte Abdul eines Nachts zu seinem Vater, als sie aneinandergefesselt schlaflos auf dem Boden lagen, und Karam sagte dasselbe zu ihm. Der ganze heilsame Effekt des Sauerstoffs in der Privatklinik zwei Wochen zuvor war verpufft.

Neben ihm auf den Fliesen ausgestreckt versuchte Karam seinem Sohn einzureden, die Polizei sei gar nicht wirklich davon überzeugt, dass sie versucht hatten, Fatima umzubringen. Inzwischen, flüsterte er ihm zu, müssten die Beamten zumindest eine Ahnung haben, was da wirklich los gewesen war, bei den Hunderten von Zeugen. Nur war die Frage, was irgendeiner Behinderten im Einzelnen angetan oder nicht angetan worden war, nicht gerade etwas, das Polizisten antrieb. Was die antrieb, erklärte Karam seinem Sohn, war vielmehr das Geld, das sich aus der Tragödie schlagen ließ. »Ihr habt ja wohl dick Kohle gemacht da in Annawadi«, hielt ihm einer der Polizisten immer wieder vor. Dahinter steckte das Kalkül, dass Insassen, wenn man sie nur genug terrorisierte, alles Geld, das sie hatten und das sie bei Kreditgebern lockermachen konnten, rausrücken würden, damit aus einer falschen Anschuldigung keine offizielle Strafanzeige wurde. Jemanden in Gewahrsam zu prügeln war zwar ein Verstoß gegen die Menschenrechte und auch verboten, aber es war praktisch, denn es trieb den Preis hoch, den Häftlinge für ihre Freilassung zu zahlen bereit sein würden.

Die indische Justiz funktionierte also genauso nach Marktgesetzen wie Müll, begriff Abdul. Man konnte Schuld und Unschuld genauso kaufen und verkaufen wie ein Kilo Plastiktüten.

Abdul wusste nicht genau, wie viel Geld nach der Renovierung und der Krankenhausrechnung für seinen Vater noch da war. Aber er fand, die Familie sollte alles für ihrer beider Unschuld einsetzen. Er wollte nach Hause an den Ort, den er eigentlich hasste.

»Und wenn Fatima nun morgen stirbt?«, fragte Karam. Abdul wusste, das war keine Bitte um Rat, sein Vater redete nur mit sich selbst. Wenn sie jetzt zahlten und Fatima starb, dann waren ihre Ersparnisse weg, aber die Polizei konnte trotzdem eine Strafakte aufmachen. Wie sollten sie sich dann einen Anwalt leisten? Karam bekam jedes Mal eine merkwürdige Stimme, wenn er das bankrottträchtige Wort *Anwalt* aussprach. Einer der anderen inoffiziellen Häftlinge hatte schon mal einen Prozess gehabt und warnte vor den Mumbaier Pflichtverteidigern, mit einem von denen käme man nie wieder raus.

Die Tage im Gewahrsam vergingen, und irgendwann schwiegen Abdul und sein Vater sich nur noch an, was Abdul sehr recht war. Was hätte er auch sagen sollen? Dass seine Eltern, wenn sie so paranoid und auf der Hut gewesen wären wie er, den Mund gehalten hätten gegenüber der einbeinigen Irren? Es war schon besser, so zu tun, als seien sie beide zu müde zum Reden nach all den Befragungen durch den Leiter der Ermittlung, Subinspector Shankar Yeram, der, wie Abdul inzwischen fand, weniger fisch- als affenartige Lippen hatte.

Jeden Tag, manchmal zweimal, kam die verhärmte Zehrunisa an das Fenster und erklärte das komplizierte Tarifsystem für die Freiheit von Vater und Sohn. Laut Asha würde es fünfzigtausend Rupien kosten, den Fall aus den Akten zu halten. Nicht dass sie die selbst einstecken würde, natürlich nicht. Sie würde damit die Polizei schmieren und, mit einem etwas bescheideneren Teil, Fatimas Mann ruhigstellen.

Die ersten Tage nach dem Brand war Zehrunisa Asha dankbar gewesen. Asha hatte sich, trotz ihrer politischen Antipathie gegen Muslime und Zuwanderer, sehr für die Husains eingesetzt, und zwar gratis. Sie hatte nicht nur Fatima gedrängt, ihre Falschaussage zurückzuziehen, sie war auch mit Zehrunisa zusammen zur Wache gegangen und hatte den Polizisten nachdrücklich erklärt, dass Fatima sich selbst angezündet hatte. Dieser Interventionsversuch war allerdings schiefgegangen. Ein Polizist hatte sie angeschnauzt: »Wie bitte? Glaubt ihr Frauen vielleicht, ihr seid die Polizei? Haut ab! Wir machen hier die Ermittlungen!« In Annawadi mochte Asha so viel Macht haben, wie sie wollte, jenseits der Slumgrenze war die wohl bedeutungslos.

Durchs Zellenfenster berichtete Zehrunisa ihrem Mann: »Es ist nur so, ein paar Tage lang hat Asha alles umsonst gemacht, aber jetzt sagt sie, ich sitze auf Geld, ich soll endlich mal in die Tasche greifen. Das würde ich ja, damit ihr beide hier rauskommt, aber ich bin gar nicht sicher, dass das klappt, wenn ich ihr Geld gebe.«

Zehrunisa hatte schon Inspector Thokale bezahlt, der vorgeschlagen hatte, sie könne ja jetzt »das Konto ausgleichen«, als sie wegen ihrer Keilerei mit Fatima auf der Wache saß. Nach dem Brand hatte er ihr versprochen, dafür zu sorgen, dass die Ermittlungen »fair« vonstattengehen und ihr Mann und ihr Sohn ohne schwere Verletzungen aus den Vernehmungen kommen würden. »Ich hab ihm gesagt, dafür bezahl ich jede Summe, und ich glaub, dem tun wir wirklich leid«, sagte sie zu Karam. »Der weiß auch, dass das alles abgekartet ist. Der hätte mir viel, viel mehr Geld abknöpfen können.«

Auch die Opferbeauftragte, die Fatimas Aussage im Krankenhaus aufgenommen hatte, hatte Geld haben wollen. Sie war eigens zu Zehrunisa nach Hause gekommen, um ihr mitzuteilen, dass Fatimas Aussage und Zeugenaussagen von anderen Annawadiern bei ihr in sicheren Händen seien. Sie war mit Zehrunisa genauso sanft umgegangen wie mit Fatima und hatte dann achselzuckend gefragt: »Was möchten Sie lieber von mir? Gute Aussagen oder schlechte Aussagen? Ich arbeite für die Regierung, was ich sage, ist ausschlaggebend. Es liegt ganz bei Ihnen, und Sie müssen sich sehr bald entscheiden.«

Zehrunisa sagte zu Karam: »Die ist genau wie Asha. Die erzählt auch, das Geld ist nicht für sie – sie will's Fatimas Mann geben. Aber dem hab ich schon selbst gesagt, dass ich für seine Töchter sorge und Fatima in eine Privatklinik bringe – ich bezahl das alles, Bett, Medikamente, Essen. Ich hab richtig Angst, dieser Zeugenaussagentante Geld zu geben. Was ist denn, wenn die das Fatimas Mann gar nicht weitergibt und Fatima im Cooper Hospital bleibt?«

»Und was hat ihr Mann zur Privatklinik gesagt?«

»Keinen Ton. Der ist völlig aufgelöst, der kann sich nicht entscheiden. Das ist alles irre. Will der, dass die stirbt und er 'ne neue Frau kriegt? Das Cooper Hospital ist doch bestimmt ihr Tod, und dann ist alles, was wir haben –«

Zehrunisa fiel ein, was Mirchi mal gesungen hatte: »Ja, fahr du nur ins Cooper, da fährst du bald auch *upar.*« Nach ganz oben, in den Himmel. Wenn Fatima tatsächlich die Himmelfahrt antrat, drohten Zehrunisas Mann, Sohn und Tochter mindestens zehn Jahre Gefängnis.

Karam war auch der Meinung, dass sich seine Frau nicht um die Opferbeauftragte kümmern, sondern lieber Fatimas Mann weiter zu der Privatklinik drängen sollte.

»Mach ich ja«, sie fing an zu weinen, »aber du weißt auch, was dann passiert. Diese Regierungstante wird sauer und schickt die Ermittler zu lauter Leuten, die gegen uns aussagen, weil sie uns eine reinwürgen wollen. Wenn wir in unserm Dorf wären, bei unsern Leuten, dann könnten wir drauf hoffen, dass Zeugen uns beistehen und die Wahrheit sagen. Aber in dieser Stadt hier sind wir doch ganz allein.«

Ein leichter Dauerregen setzte ein, und Abdul fiel eines Abends, als er ihn auf das Dach der Polizeistation tropfen hörte, ein Actionfilm ein, den er mal mit Kalu gesehen hatte. *Zinda*. Am Leben. Der Held hatte jahrelang im Gefängnis gesessen, ohne zu wissen, wofür, und war darüber langsam verrückt geworden.

Kalu hatte das Ende am besten gefunden, als der Typ ausbrach, herausfand, wieso er in den Knast gekommen war, und sämtliche Verantwortlichen mit dem Hammer erschlug, obwohl er selbst ein Messer im Rücken stecken hatte. In der Szene, die Abdul jetzt wieder einfiel, saß der Typ noch in der Zelle, aber er hatte in jahrelanger Arbeit ein kleines Loch in die Ziegelwand gekratzt, und die Wand war deutlich robuster als die zwischen den Husains und Fatima. Dann hatte er seine Hand durchgesteckt und sich irre über den Regen auf der Haut gefreut.

Zu Hause hatte sich Abdul kaum je Gedanken über seine Zukunft gemacht, abgesehen von vagen Phantasien über ein Leben in Vasai und konkreteren Sorgen um seine Gesundheit. Ob seine Lungen auch mal so versagten wie die von seinem Vater? Stand seine rechte Schulter schon krumm nach vorn? Kam ja oft vor, wenn man ein Jahrzehnt lang über Müll gebeugt hing.

Abdul hatte ein Leben als Müllsortierer früh für sich akzeptiert und hielt sich deshalb für eine andere Art Mensch als Mirchi oder Manju, das bestbegabte Mädchen von Annawadi, oder die anderen Slum-Jugendlichen, die etwas werden wollten. Abduls Zukunft sah in etwa so aus wie seine Vergangenheit, nur mit mehr Geld. Der Wutausbruch einer Nachbarin mit weniger Geld war in seiner Kalkulation nicht vorgekommen.

Er wusste nicht, ob es stimmte, was seine Mutter über frühere Zeiten erzählte, dass die friedlicher gewesen seien, weil arme Leute das von ihren jeweiligen Göttern auf ihre Stirn geschriebene Schicksal akzeptierten und zum Ausgleich auch miteinander freundlicher umgingen. Er wusste nur, dass Zehrunisa sich nicht gerade verzehrte nach Elend in netter Gesellschaft. Sie hatte erbärmliche Zustände erlebt, sie hasste die Erinnerung daran, und sie hatte ihren Sohn für den rücksichtslosen Konkurrenzkampf der Gegenwart erzogen. In Zeiten wie diesen stiegen nun mal die einen auf und stürzten die anderen ab, und sie hatte ihm seit frühester Kindheit beigebracht, dass er zu den Aufsteigern zu gehören hatte. Sie hatten einiges verloren beim letzten Hochwasser, aber das hatten viele andere in Annawadi auch. In Abdul keimte allerdings der Verdacht, dass seine Mutter ihn nicht darauf vorbereitet hatte, wie es sich anfühlt, allein abzustürzen.

Was für ein Tag war heute? Wie lange war er schon hier? Die Prügeleien gingen weiter, während irgendwo nebenan Telefone klingelten, da musste eine Art Kontrollraum sein, schloss er aus den plärrenden Funkgeräuschen. Alle Polizisten sprachen Marathi, und er konzentrierte sich darauf, ihren Gesprächen zu folgen. Solange er versuchte dahinterzukommen, was die Polizisten redeten, war er wenigstens mit etwas anderem beschäftigt als mit Grübeleien über das unleugbare Problem, dass er unschuldig in einer Zelle saß und verprügelt wurde.

Die Polizisten hatten es auf seine Hände abgesehen, den Teil seines Körpers, von dem sein Lebensunterhalt abhing. Kleine Hände mit herausstehenden Venen, orangeroten Rostflecken und den berufstypischen vernarbten Schnittwunden, schwere Verletzungen hatte er bisher nur einmal gehabt – von einer Fahrradspeiche, die sich ihm tief in eine Hand gebohrt hatte.

Seine Gedanken zerfaserten. Die Telefongespräche in dem Raum nebenan verschwammen. Erst später, als die Stimmen wieder Gestalt annahmen, wurde ihm klar, dass ein Polizist über ihn redete.

»Die diese Krüppelfrau angegriffen haben … Nicht der Vater, der Junge … Aber wo, hier prügelt doch niemand, Asha … Nein, auf gar keinen Fall.«

Also war die Asha aus Annawadi am andern Ende. Jetzt bekam es Abdul mit der Angst. Ihr Anruf hatte bestimmt nur den Zweck, die Prügel zu verschärfen, damit seine Mutter ihr endlich Geld gab.

Plötzlich stand Inspector Thokale in der inoffiziellen Zelle. »Asha sagt, der Junge hat niemanden angezündet und macht auch sonst keinerlei Ärger in Annawadi, so gesehen gibt's keinen Grund, ihn zu schlagen«, teilte er seinem Kollegen mit dem Lederriemen mit. Sie ließen von Abdul ab, und weder er noch sein Vater wurde noch einmal geschlagen. Auch Abduls Fesseln kamen ab.

Abdul grübelte, was diese Schonung zu bedeuten hatte. Ashas Sohn Rahul war Mirchis bester Freund. Vielleicht hatte er seine Mutter überredet, Abdul zu schützen. Oder sie selbst hatte ihn über die Jahre beim Müllsortieren auf dem Maidan beobachtet und vielleicht gesehen, dass er ein schwer arbeitender Junge war, ein stiller Verlierer, der solche Brutalität nicht verdient hatte.

Abduls Vater fiel ein klügeres Argument ein. Wahrscheinlich war alles bloß Schau für Vater und Sohn, denn sie würden Zehrunisa garantiert weitersagen, dass Asha angerufen hatte. Asha und Thokale machten oft gemeinsame Sache. Und Thokale demonstrierte jetzt, dass es tatsächlich in seiner

Macht lag, Abdul und seinen Vater vor schweren Verletzungen im Polizeigewahrsam zu bewahren – wie er Zehrunisa zugesagt hatte, im Tausch gegen Geld. Und Asha selbst konnte den Husains mit dieser Schau demonstrieren, dass sie auf der Polizeiwache Sahar durchaus Einfluss hatte, was wiederum die Chancen erhöhte, dass sie ihren Anteil am Gewinn bekam.

Aber Karam wollte seinem traumatisierten Sohn jetzt keine Lektion über die Ökonomie der Strafverschonung erteilen. Der Junge sollte ruhig weiter glauben, dass jemand seine fieberhafte Schufterei zum Wohl seiner Familie bemerkt und beschlossen hatte, ihn aus lauter Freundlichkeit zu verteidigen.

Vier Tage nach dem Brand kam bei Sonnenuntergang ein muslimischer Fakir mit einem Pfauenfederbesen nach Annawadi und bot an, Segen zu spenden und böse Geister zu vertreiben. Fakire kamen selten nach Annawadi, es gab hier zu wenige Muslime, die Klientel, die am ehesten Geld für derlei überirdische Dienstleistungen auszugeben bereit war. Kehkashan sprang auf, als sie den alten Mann sah. Zehrunisa hatte zwar aus Angst vor all dem, was einer schönen jungen Frau auf einer Polizeiwache passieren konnte, Inspector Thokale auch schon angefleht, ihre Tochter so lange wie möglich von der Haft zu verschonen, aber vor kurzem hatte Kehkashan doch eine Aufforderung bekommen, auf der Wache zu erscheinen. Sie konnte den Segen eines Fakirs dringend brauchen.

Kehkashan zog einen Zehn-Rupien-Schein aus dem BH und schloss die Augen, als der Fakir mit dem Besen ihren Kopf berührte. Sie war froh, dass er sie nicht damit schlug, manche Fakire taten das, wenn sie einen *jhaaad-phoonk* zelebrierten. Hoffentlich bedeutete das, dass er keine über ihr schwebenden teuflischen Geister spürte und sich nicht bloß irgendeine kundenfreundliche neumodische Technik zugelegt hatte. Danach saß sie ruhig da, damit der Segen besser durch ihren ganzen Körper fließen konnte, und der Fakir ging eine Tür weiter.

Fatimas Mann stürmte mit wüstem Blick heraus. »Hast du keine Hände? Hast du keine Beine? Ausgerechnet bei mir kommst du betteln? In Gottes Namen! Geh arbeiten, such dir 'n Job!«

Der Fakir wandte den Blick gen Himmel, befingerte die goldenen Zari-Fäden in seiner Kurtatasche und wich zurück.

Jetzt war Kehkashan außer sich. »Allah! Einen Fakir abweisen, seinen Fluch auf sich ziehen?« Fatimas Mann hatte das Unheil regelrecht eingeladen, so wie er mit dem Fakir geredet hatte, und das Unheil, das jetzt höchstwahrscheinlich über ihn kam, zog bestimmt bald den Ruin der Husains nach sich.

»Was ist denn mit dem Mann los?«, wollte der Fakir wissen.

»Seine Frau hat sich angezündet«, sagte Kehkashan leise.

»Und wann ist sie gestorben?«

»Nein! Nein!«, schrie Kehkashan auf. »Bete, dass sie weiterlebt, sonst kommen wir in furchtbare Schwierigkeiten.«

Fatimas Tochter Noori schmiegte sich an Kehkashan. Die Kleine hing an ihr, seit sie ihre Mutter brennen gesehen hatte. »Ich spiele heute einen Jungen«, sagte sie, »ich spreche auch wie ein Junge.«

»Genau wie Tabu«, antwortete Kehkashan abwesend, »meine kleine Schwester will auch immer nur Jungssachen anziehen, sonst heult sie los.« Kehkashan war fest entschlossen, nicht selbst loszuheulen. Sie stand auf und strich sich die Kleider glatt. »Hol Reis, damit ich ihn putzen kann«, sagte sie zu Mirchi. »Und wer ist dran mit Wasserholen?«

Lallu, der Kleinste, war inzwischen alt genug, um wie seine Mutter pöbeln zu können. »Ich will sofort Essen, sonst kratz ich dir die Augen aus!« Und Kehkashans jüngste Schwester

geriet total aus den Fugen, weil sie von der Schachtel Parle-G-Kekse nicht so viel abgekriegt hatte, wie ihr zustand.
Als der Fakir seine Dienste erledigt hatte und sich auf den Weg aus Annawadi machte, spielten sich in der Hütte der Husains ganz ähnliche Szenen ab wie hinter den anderen Türen, an denen er vorbeikam. Ganz langsam breitete die Nacht ihren Schleier über den Slum, Abendessen wurde zusammengekratzt, Schimpfkanonaden losgelassen, Tränen weggeküsst. Am nächsten Morgen kam Fatima nach Hause, in einer weißen Blechkiste.

Sie war an einer Infektion gestorben. Ein Arzt frisierte den Abschlussbericht so, dass das Krankenhaus nicht belangt werden konnte. Aus den 35 Prozent verbrannter Körperoberfläche bei Fatimas Einlieferung wurden 95 Prozent zum Zeitpunkt ihres Todes – ohne Aussicht auf Heilung, unheilbarer Fall. »Grünlich-gelbliche Beläge und Schorfbildung an sämtlichen Brandwunden mit jauchigem Geruch«, stand auf dem Totenschein. »Blutstau in Hirn und Lunge. Herz blass.« Fatimas Akte wurde mit einem roten Bändchen verschlossen und ins Krankenblattarchiv der Pathologie geschickt, wo verwilderte Hunde zwischen Türmen aus Aktenmappen auf dem Boden schliefen und Vogelgesang durchs Fenster hereindrang. Draußen hatte eine Schar gescheckter Tauben von einer Palme Besitz ergriffen und überbot sich gegenseitig mit lockenden *Rucke-di-guus.*
Im Tod war Fatima wieder klein geworden – sie füllte nicht mal die halbe Kiste. Ganz Annawadi kam aus den Hütten, so wie damals, als sie gebrannt hatte, aber diesmal blieben die Zuschauer auf Abstand. Es wurde still im Slum und noch stiller, als Zehrunisa und Kehkashan mit verhüllten Köpfen aus ihrer Hütte traten, um den Leichnam zu waschen.
Das wichtige Ritual, den toten Körper von seinen Sünden zu reinigen, dürfen nur muslimische Frauen verrichten. Und

Zehrunisa sagte immer, Muslime müssen zusammenhalten, was auch geschieht, in Freud und Leid. Traditionsgemäß musste Fatima gesagt bekommen, dass sie jetzt tot war und bald beerdigt würde, also tunkten Mutter und Tochter Husain Baumwolllappen in eine Schüssel Wasser mit Kampferöl und murmelten die vorgeschriebenen Formeln. Dann nahmen sie das weiße Musselintuch von Fatima und fingen an, ihren Körper zu säubern. Vom einen langen über das zweite halbe Bein arbeiteten sie sich aufwärts bis zu dem schwarz glänzenden Gesicht. »Macht ihr den Mund zu«, sagte jemand, »sonst kommen Fliegen rein.«

Als Fatima sauber und sündenfrei war, schloss Kehkashan die Kiste und legte die beste Bettdecke der Husains, den Baumwollquilt mit den kleinen blauen Karos, über die ganze Bahre. Bald würde Fatima zu einem muslimischen Friedhof anderthalb Kilometer entfernt gebracht werden und Kehkashan in den Knast gehen. Es würde eine offizielle Strafermittlung geben, sehr wahrscheinlich aufgrund von Fatimas zweiter Aussage, laut der die Husains sie angeblich geschlagen und in den Selbstmord getrieben hatten und Abdul der Gewalttätigste sein sollte. Zehrunisa hatte von einem Polizisten auf der Wache erfahren, dass es noch einmal fünftausend Rupien kostete, die Anzeige auch nur lesen zu dürfen.

Zehrunisa kam schluchzend zurück zur Hütte, sie hielt noch immer den Lappen umklammert, mit dem sie die Nachbarin gewaschen hatte. Aber sie weinte nicht über das Schicksal ihres Mannes, ihres Sohnes und ihrer Tochter, auch nicht über das dichte Geflecht der Korruption, durch das sie sich manövrieren musste, und nicht über das abgrundtief böse Justizsystem, mit dessen Hilfe die Allerelendesten versuchten, sich an den ein kleines bisschen weniger Elenden zu rächen. Zehrunisa weinte über etwas von überschaubarer Größe – den Verlust dieser wunderschönen Bettdecke, das

Abschiedsgeschenk für eine Frau, die ihren Körper als Waffe gegen ihre Nachbarn eingesetzt hatte.
Auf den muslimischen Friedhof durften nur Männer. Mirchi ging neben Fatimas Mann, der die Bahre an einer der vier Stützen trug. Als die Metallkiste mit dem Kampferdunst die Airport Road erreichte, war dort Hauptverkehrszeit.
Die Prozession der paar schmerzgebeugten Slumbewohner wirkte zwischen den überdimensionierten Auswüchsen der Airport City noch kleiner. Gigantische Reklametafeln kündeten vom baldigen Erscheinen der indischen Version des *People*-Magazins. Aus der Hyatt-Auffahrt rollten schwarze Limousinen mit Chauffeur – im Fond Teilnehmer eines Pharmakongresses, die eine Pause für eine Stadtrundfahrt nutzten. Im Hotel Leela sahen die Vertreter der amerikanischen Universal-Filmparks die Chancen für ihren geplanten Durchbruch auf dem indischen Markt optimistisch. »Prozentual gesehen hat Indien zwar nur sehr wenige reiche Leute zu bieten, aber achten Sie mal auf die absoluten Zahlen. Die sind so groß, das kann sich rechnen. Kommen Sie mir nicht mit Disneyland – wir sind die Spitzenmarke. Spiderman, Die Mumie, auch als Achterbahn, neuerdings machen wir gute Geschäfte mit Harry Potter. Ich höre andauernd, ich soll mich erst mal bei Disney World umsehen, was die Konkurrenz so macht, aber das geht gar nicht. Ich bin viel zu sehr Rivale – von mir kriegt der Gegner nicht einen Cent.«
Die Bahre wurde sicher über eine chaotische Kreuzung gebracht, vorbei an der Marol-Gemeindeschule, durch die engen Gassen zweier Slums, bis sie endlich ihr Ziel erreichte, eine grüne Moschee mit Wasserflecken und einem Papayabaum auf einem Friedhof voller Tauben.
Fatima kam in dieselbe Erde wie ihre ertrunkene zweijährige Tochter. Ihre beiden anderen Töchter kamen ein paar Tage später in die Obhut von Schwester Paulette.

Fatimas Mann liebte seine Töchter und trauerte, als er sie weggab. Aber er arbeitete vierzehn Stunden am Tag als Müllsortierer weit weg, und in Annawadi machten sich trunksüchtige Einwohner öfter mal über kleine Mädchen her, die allein zu Haus waren.

8. Der Master

Jetzt schüttete es wieder vom Himmel, ein prasselnder Regen. In den höheren Regionen der liquiden Stadt schwärmten reiche Leute vom romantischen Monsun: von schwülem Sex, Frust-Shopping und heißen süßen Jalebis, mit denen der Juli sachte in den August überging. In Annawadi kroch der Klärteich vorwärts wie ein Lebewesen. Kranke Wasserbüffel auf Futtersuche schnüffelten sich durch Berge von nassem, völlig wertlosem Müll und schissen die Ergebnisse des miesen Angebots mit einer Rasanz wieder aus, gegen die die Kanalisation des Slums nicht ankam. Die Menschen, die sich genauso elend fühlten, stampften sich den Matsch von den Füßen und sagten: »Mein Magen brennt wie Feuer, meine Brust auch.« Und: »Ging einfach die Beine runter, die ganze Nacht lang.« Die Klärteichfrösche quakten mitfühlend, aber bis in die Hütten drang kein Froschgesang. Der Regen donnerte auf die Blechdächer, als ginge eine Horde Slum-Zebras auf der Flucht über sie hinweg.

Irgendjemand hatte Sunil mal erzählt, dass Regenfluten alles Gemeine aus den Menschen spülten. Zumindest wuschen sie die Streifen von den Zebras. Wochenlang waren die beiden Tiere als fahlgelbe Klepper mit herausstehenden Knochen enttarnt, bis Robert, der Slumlord im Sinkflug, ihnen mit Garnier Nutrisse Hair Color neue schwarze Streifen färbte.

Der Müllstrom floss während des Monsuns dünner als in anderen Jahreszeiten, auf dem Flughafen herrschte weniger Betrieb und auf vielen Baustellen Stillstand. Den Betonsims über dem Mithi hatten die Regenstürme leer gefegt. Sunil fand ein bisschen Trost bei einer Entdeckung hinter einer der Mauern entlang der Airport Road. Auf einem dschungelfeuchten Fleckchen Erde prangten sechs Lotusblüten. Er behielt sie für sich, aus Angst, die anderen Jungen könnten sie abreißen und zu verkaufen versuchen.

Manchmal, wenn er durch die Straßen in der Umgebung seiner geheimen Lotusblüten streifte, auf der Jagd nach kaputten Flipflops, Plastikflaschen und anderem herumschwimmenden Zeug, kam er an Zehrunisa vorbei. Sie war ganz gegen ihre Gewohnheit in eine Burka gehüllt und kam immer wieder aus dem Tritt, weil sie zu schnell durch die riesigen Matschpfützen zu kommen versuchte, die sich überall auf den Straßen gebildet hatten.

Andere Müllsucher tuschelten, sie habe den Raum hinten in der Familienhütte verkauft, um den Anwalt bezahlen zu können. Sunil hoffte, dass sie Abdul schnell aus der Haft frei bekam, egal was sie auch tat, denn Mirchi war völlig untauglich als Ersatzmann an den Waagen. Er hatte keinen Schimmer, was irgendetwas wert war, und wenn Sunil und die anderen ihm helfen wollten, machte er sich über ihre Eiterbeulen lustig.

Wenn es um ihre Beulen und den Wert ihrer Ware ging, verstanden Müllsucher jedoch keinen Spaß. Entsprechend gut lief das Geschäft beim Konkurrenten der Husains, dem Tamilen mit der Videospielbude.

Zehrunisa merkte, dass Mirchis Unerfahrenheit ihrem Geschäft schadete, aber sie war viel zu sehr mit den Strafverfolgungsorganen beschäftigt, um wieder selbst mit den Müllsuchern zu handeln. Sie war auch zu beschäftigt, um die kleineren Kinder zu baden und zu füttern. Auch für sie war jetzt Mirchi verantwortlich, denn Zehrunisa suchte nach Unterstützung und musste sich dafür Verwandten zu Füßen werfen, die in verschiedenen Slums über die ganze regengebeutelte Stadt verstreut lebten. »Bitte, könntet ihr die Kaution aufbringen, damit mein kranker Mann, mein Sohn und meine Tochter aus dem Knast kommen?«

Das bedeutete eine Stunde gurrende Komplimente und Entschuldigungsfloskeln in jeder einzelnen Hütte, und auf zur nächsten demütigenden Aufwartung. Nur einer ihrer Bettelbesuche war schnell vorbei gewesen. In Saki Naka war sie praktisch durch den halben Slum geschwommen, in dieser verdammten Burka, um die Hütte von Abduls ehemals zukünftiger Braut zu erreichen. Der Vater des Mädchens hatte sie nur angeguckt, als hätte sie den ganzen Morgen in der örtlichen Schnapsdestille gehockt, und das war's.

Das Problem war, dass Zehrunisa keine Sicherheiten für eine Kaution bieten konnte. Mirchi hatte, weil sie selbst nicht lesen konnte, alle Papiere durchgesehen, die ihr Mann in einer grauen Plastikschachtel aufbewahrte, zusammen mit ein paar Gedichten von Iqbal und einem schlüpfrigen Taschenbuchkrimi in Urdu. Er hatte auch tatsächlich Belege für jedes der fünf Besitztümer ausgegraben, die das Glück der Familie gewendet hatten. Die Schubkarre, mit der sein Vater den Müll direkt zu den Recyclingfabriken hatte bringen, also zum Aufkäufer von Müllsuchergut hatte aufsteigen können. Die Familienhütte, einem Zuwanderer abgekauft, der mit Mumbai fertig war. Den Lagerraum neben der Hütte, dank dem man den Verkauf der Ware so lange aufschieben konnte, bis die Marktpreise wieder stiegen. Die dreirädrige Klapperkiste mit Ladefläche, mit der sich viel mehr transportieren ließ als mit der Schubkarre. Die Anzahlung auf das Grundstück in Vasai. Aber sämtliche Belege waren auf Karam Husain ausgestellt.

»Beruhig dich, Mutter, mir geht's hier gut«, log Kehkashan, als Zehrunisa sie besuchte, um ihr zu erklären, warum sie keine Kaution stellen konnte. Kehkashan saß jetzt im Frauenflügel des Gefängnisses in Byculla, weit im Süden der Altstadt vom Mumbai.

Karam reagierte weniger verständnisvoll. Er saß im Zentralgefängnis in der Arthur Road, dem größten und berüchtigtsten Knast von Mumbai, ebenfalls in der Altstadt. Bis sie ihn endlich sehen durfte, hatte sie obendrein vier Stunden Schlange gestanden und schon weit vor dem Eingang Wachleute und Beamte geschmiert. Hinter diesen Mauern saßen viermal so viele Insassen wie offiziell zugelassen.

»Ich bin verzweifelt«, teilte ihr Mann ihr mit. Seine Zelle war so überfüllt, dass niemand Platz zum Hinlegen hatte. Karam bekam keine Luft in der Menschenmenge. Er bekam auch das Essen nicht runter. Er schrie sie an, weil sie mit Fatima Streit angefangen hatte, dann schrie er sie an, weil sie ihn nicht hier rausholte. Als ob sie nicht alles versuchte. Als ob nicht er der Idiot war, der Fatima Schläge angedroht hatte. Als ob nicht er persönlich den Namen seiner Frau auf den Familiendokumenten weggelassen hatte.

Voller Zorn auf ihren Mann kam sie aus dem Gefängnis, aber er hielt nicht lange an. Allein der Name Arthur Road Jail machte jedem empfindsamen Menschen in Mumbai Angst, selbst Zehrunisa, die sich im Augenblick nun wirklich keine Empfindlichkeit leisten konnte. Ihr Mann saß wegen eines Streits in der Arthur Road ein und sah womöglich zehn Jahren Haft für ein Kapitalverbrechen entgegen – auf einen solchen Eventualfall waren sie beide nicht vorbereitet gewesen.

Eines Morgens stand sie vor dem Gefängnistor im trüben Platzregen, und Lallu zeterte, weil er wegen der Burka nicht an ihre Brust kam. Sie schob ihn auf den anderen Arm, denn das Handy ihres Mannes, das jetzt in ihrer Obhut war, klingelte: Es war Inspector Thokale, ihr einziger Verbündeter in der Polizeiwache Sahar, und er war noch aufgebrachter als Lallu. Von wem hatten die Leute in Annawadi erfahren, dass er sich seine Hilfe bei dem Fall von ihr hatte bezahlen lassen? Woher sollte Zehrunisa das wissen? Sie war in den Wochen nach den Festnahmen nur halb von Sinnen durch die Gegend gewankt und hatte mit allen möglichen Leuten über sonst was geredet. Hatte ihren Sohn schreien hören, wenn er auf der Wache verprügelt wurde. Hatte ihre feine zarte Tochter in den Knast gehen sehen, in Begleitung von Polizisten – in diesem Augenblick hatte Zehrunisa nur ein Wort im Kopf gehabt: *Qayamat.* Weltuntergang.

Danach konnte sie nicht mehr schlafen. Sie hatte auch davor schon nicht mehr geschlafen. Sie wusste mit Mühe und Not, vor welchem Knast sie gerade stand. Mit dem Regen war ein grauweißer, schlieriger Nebel gekommen. Lallu zeterte: »Ich sag dem Hund da, der soll dich beißen!« Fahrradjungen schwirrten vorbei, brachten Mittagsimbisse in die Büros. Der Rettungswagen der *Saifee Ambulance Day and Night* schien einen Platten zu haben.

Und am anderen Ende brüllte immer noch ein Polizist.

»Ja, aber – nein, *sa'ab*«, sagte sie aufgeregt zu Thokale. »Ich bin nicht zu Hause. Ich bin im Krankenhaus. Wer erzählt denn so was? Nein, *sa'ab,* nein. Die erzählen Ihnen Märchen, das ist alles Hetze, damit Sie sauer auf mich sind. Ich bin im Krankenhaus, und ich bin sehr krank. Bitte, hören Sie mir doch zu: Dieser ganze Druck wegen meinem Sohn, meiner Tochter. Nein, Sir, ich stehe in Ihrer Schuld. Wer so was sagt, muss verrückt sein. Nein, Sir, ich hab gar nichts erzählt.«

Bei Sonnenuntergang, wenn die Wolken sich zuzogen und der Monsunhimmel aussah wie rot verschnürt, wollte Zehrunisa zur Polizeistation gehen und den Inspector auf Knien um Vergebung bitten. Nur Allah wusste, was einem wütenden Polizisten alles einfiel, um ihrer Familie noch weiter zu schaden.

Bis zum Prozess konnte es Jahre dauern, und was sie für den Verkauf des hinteren Raums der Hütte bekommen hatte, war längst weg. Was Mirchi mit Müll verdiente, reichte für kaum mehr als Essen. Sollte sie jetzt den Lagerverschlag verkaufen? Seit ihr Mann im Gefängnis saß, war sie diejenige, die alles zu entscheiden hatte, aber bisher hatte sie anscheinend jedes Mal die falsche Entscheidung getroffen. Vielleicht war sie doch die Null, für die ihr Mann sie hielt und die sie partout nicht sein wollte.

Sie hätte Asha das Geld geben sollen, um Fatima ruhigzustellen, gleich damals auf der Wache. Sie hätte dieser Opferbeauftragten Geld geben sollen, als die ihr von Zeugenaussagen erzählt hatte, die sie in der Hand habe. Sie hätte den Mund halten und schweigen sollen über das Geld, für das Thokale die Prügeleien beenden und ihre Tochter erst später in Haft nehmen wollte. Nur bei einer Entscheidung hatte sie ein sicheres Gefühl, und das war die, die sie für Abdul getroffen hatte.

Die Polizei hatte Abdul bei den Ermittlungen als Erwachsenen behandelt, denn er sah erwachsen aus, und Zehrunisa besaß keine Geburtsurkunde. Infolgedessen sollte er die U-Haft in der Arthur Road absitzen, wie sein Vater.

Zehrunisa wusste selbst nicht, wie alt Abdul war. Vor dem Brand hatte sie immer siebzehn gesagt, wenn jemand fragte, aber er hätte ebenso gut schon siebenundzwanzig sein können. Man verliert leicht den Überblick über das Alter seiner Kinder, wenn man täglich darum kämpft, dass sie nicht verhungern, und das musste Zehrunisa, als ihre Kinder klein waren, wie viele andere Mütter in Annawadi auch, deren Kinder inzwischen Teenager waren.

Asha hatte einfach Geburtsdaten für ihre Kinder erfunden und unterstrich deren Gültigkeit seitdem mit Partys und Kuchen. Manju hatte im Januar ihren achtzehnten Geburtstag gefeiert, und zwar zum zweiten Mal – einer von Ashas kleinen Tricks, den Brautpreis ihrer Tochter hoch zu halten.

Um Geburtstagspartys hatte Abdul nie gebeten. Er wollte einfach ein Geburtsdatum, vor allem das Jahr. Seine Mutter konnte ihm nur sagen, was sie selbst noch wusste:

»Vor deiner Geburt hatte Saddam Hussein irgendwo ganz viele Menschen umgebracht. Ein Jahr vorher vielleicht, oder zwei, ich weiß nicht. Ach ja, und du hast mich richtig zusammengetreten, als du in mir drin warst, schlimmer als alle deine Geschwister danach, und ich hab so oft geschrien deswegen, dass die Leute gesagt haben, ich hätte 'n zweiten Saddam im Bauch. Aber du warst so winzig, als du rausgekommen bist, wie ein Rattenjunges, jedenfalls kein Saddam. Wir haben trotzdem extra einen friedlichen Namen für dich genommen, aus Angst, dass das vielleicht stimmte, was die Leute sagten. Abdul Hakim, das ist einer, der andere allein durch sein Verständnis heilen kann. Ich war so froh, als du 'n bisschen älter warst und so gar nichts von Saddam hattest.«

Hätte Abdul etwas mehr von Saddam, wäre ihr die Vorstellung, dass er jetzt mit Auftragsmördern, Pädophilen und Mafiabossen in diesem Zentralgefängnis sitzen sollte, etwas weniger zuwider. Aber so fürchtete sie, dass er in der Arthur Road schikaniert, womöglich sogar vergewaltigt würde, bloß weil sie einen Streit vom Zaun gebrochen hatte. Ihr fiel nur eine Möglichkeit ein, das zu verhindern: Sie musste jemanden bezahlen, der eine brauchbare Geburtsurkunde fabrizieren konnte, mit der Abdul unters Jugendstrafrecht fiel.

Sie ging über den Maidan zur Hütte des Puffbesitzers. Der hatte schon alle möglichen Verfahren gehabt, wegen Drogenhandel, Zuhälterei, Raub und sonst was, aber nur zweimal im Gefängnis gesessen. Der müsste doch eigentlich wissen, wen man jetzt am besten bestach.

Der Puffbesitzer gab sofort zu, dass so etwas zu seinen Kompetenzen zählte, und hätte im Tausch gegen eine gewisse finanzielle Anerkennung auch nur zu gern geholfen. Aber leider gehörten Geburtsurkunden nicht in sein Repertoire.

Wer könnte sonst noch wissen, wen man für so eine Urkunde bestechen musste und wie? Natürlich: die Polizei von

Sahar. Erst jetzt fiel ihr auf, dass einer der Constables dort schon seit Tagen Andeutungen fallenließ.
Auf seinen Rat hin machte sie sich auf zur Marol-Gemeindeschule, auf diesem Umweg floss ihr Geld in des Constables Taschen. Und Zehrunisa konnte mit dem Gewünschten nach Hause gehen: einem gefälschten Auszug aus dem Schulregister, laut dem der ehemalige Schüler Abdul Hakim Husain sechzehn Jahre alt war. Jetzt konnte ihr Sohn, der kaum je ein Kind gewesen war, wenigstens strafrechtlich wie eins behandelt werden.

Die Jugendstrafanstalt von Mumbai lag in Dongri, über zwanzig Kilometer entfernt von Annawadi ganz im Süden der Altstadt, noch hinter Byculla. Die erste Etappe dahin hatte Abdul eingeklemmt zwischen zwei Dutzend anderen Jugendlichen in einem Polizeitransporter hinter sich gebracht. Nach dem Zwischenstopp in einem Gericht in Bandra, wo ihm amtlich bescheinigt wurde, dass er noch im Jugendalter war, ging es nur in Begleitung einer gelangweilten Frau in Zivil im Taxi weiter bis nach Dongri. Über ihre Schulter hinweg verfolgte Abdul das abendliche Treiben auf den Straßen eines blühenden Viertels der muslimischen Mittelschicht.
Zur einen Seite einer dunkelgrünen Moschee lagen Läden, und das Geschäft brummte trotz des Regens. Ein Halal-Fleischer. Ein muslimischer Möbelfritze. Drogerie Nazir. Die Habib-Klinik. Küchenläden, in denen Schöpfkellen an Haken baumelten. Ein Restaurant mit einer knallgelben Tür. Masten mit zerfledderten Reklamewimpeln für Examenstrainingskurse und aufstrebende muslimische Politiker. In einem Kiosk verkaufte ein Mann Windrädchen, und gleich darauf war das Straßenleben verglommen.
Eine kolossale moosbewachsene Steinmauer zog sich um einen ganzen Gebäudeblock herum. Die Vorderfront hatte

nur einen Durchbruch, ein Eisentor. Der Eingang zur Jugendstrafanstalt Dongri war merkwürdig niedrig – Kindergröße, vermutete Abdul.

Er hätte, statt sich da durchzubücken, einfach weglaufen können, seine Begleiterin schien mit den Gedanken woanders zu sein und hielt ihn nur locker an der Hand. Aber er ging durch dieses Tor und weiter durch einen dämmerigen Gang mit einem Hinduschrein in der Wand. Am Ende des Durchgangs stand er zu seiner Überraschung vor einem schönen Innenhof mit einer Palme.

Die Jugendstrafanstalt war ein Sammelsurium aus stattlichen Sandsteingebäuden, Anfang des neunzehnten Jahrhunderts von den Briten errichtet, und neueren Ergänzungsgebäuden, Mitteldingern aus Flachbau und Baracke. Zu Kolonialzeiten waren hier indische und britische Verbrecher gehenkt und die blutigen Überreste in den Kellern gestapelt worden oder so, erfuhr Abdul gleich bei der Ankunft von anderen jugendlichen Insassen. Und angeblich stiegen die Geister der Gehenkten nachts daraus hervor. Wie die meisten Jungen aus Annawadi hatte auch Abdul immer Angst vor Geistern gehabt, trotzdem machte ihm das Gerede hier nichts aus. Die Schrecken, die ihm die Lebenden zugefügt hatten, schienen seine Furcht vor den Toten gedämpft zu haben.

Er bekam seine Kleidung abgenommen und eine zu große Uniform ausgehändigt, dann wurde er in eins der barackenartigen Gebäude gebracht und in einen Raum gesperrt, in dem sich schon andere Neuankömmlinge drängten. Die Fenster waren verriegelt, die Luft von Mundgeruch und Körperschweiß verpestet, nach einer Stunde hatte Abdul das Gefühl zu ersticken und krause Ideen im Kopf. *Wenn ich hier noch eine Minute drinbleibe, schlacht ich 'n kleinen Jungen und ess den auf.* Hinterher wunderte er sich über solche Gedanken. Als endlich irgendwann die Türen aufgingen und

Rotis verteilt wurden, war ihm so übel, dass er nichts runterbrachte.

Als Nächstes musste er in ein Büro und als jugendlicher Neuzugang aufgenommen werden. Gnädigerweise standen hier die Fenster offen, und der Anstaltsleiter mit der Glatze und der breiten Brust wirkte zwar angespannt, aber nicht grausam. Erst kürzlich hatte die *Times of India* eine Reportage mit dem Titel: »Dongri – Zu Hause in der Hölle auf Erden« gebracht. Nach Recherchen von Menschenrechtsaktivisten gab es in dieser Anstalt Kinder, die nicht mal Unterhosen hatten und gezwungen wurden, Wasser aus dem Klo zu trinken. Seit diesem Artikel in einer der führenden Tageszeitungen des Landes wurde hastig das eine oder andere verbessert.

Abdul saß mit ein paar anderen Jungen auf dem Boden hinten im Büro und wartete darauf, dass der Anstaltsleiter ihn aufrief und seine Daten in ein braunes Aktenformular eintrug. An der Wand hinter ihm hingen die Porträts großer indischer Männer, bei dreien der zehn Gesichter kannte Abdul mit einiger Sicherheit auch die Namen. Gandhi natürlich, obwohl der hier einen irreren Blick hatte als auf den Rupienscheinen. Abdul wusste, dass dieser Gandhi sich um arme Leute gekümmert hatte, dass er Muslime genauso mochte wie Hindus, dass er es mit den Briten aufgenommen und Indien befreit hatte. Er erkannte auch Jawaharlal Nehru, den Gründer des Unabhängigen Indien, der eine so Fair & Lovely-helle Haut hatte wie kein Inder, den Abdul im wirklichen Leben je gesehen hatte. Bhimrao Ambedkar hieß der Mann mit der roten Krawatte und der schwarzgerahmten Brille – der hatte für das Recht der unberührbaren Kasten gekämpft, wie Menschen behandelt zu werden. In Annawadi hing sein Bild bei vielen Dalit-Familien vorn an der Hütte, unter einer dicken Staubschicht.

Alle übrigen Gesichter waren ihm genauso ein Rätsel wie die hinduistischen Götter und Göttinnen, die als Statuen den Schreibtisch des Anstaltsleiters bevölkerten. Abdul war ziemlich sicher, dass Mirchi die Namen von all den großen Indern gewusst hätte. Jungen, die das Glück hatten, zur Schule zu gehen, hatten so ein Wissen einfach im Kopf.

Nach der Aufnahme wurde Abdul in eine Baracke gebracht und durfte sich zu 122 anderen Jungen auf den kalten Fliesenboden legen. Durch ein Fenster kam das Geräusch von energisch runtergelassenen eisernen Rollläden herein, die Geschäfte des Viertels jenseits der Steinmauer wurden für die Nacht dichtgemacht. Dann war er wohl eingeschlafen, denn das nächste Geräusch, das er hörte, waren durchdringende Gebetsrufe – die Azans zum Sonnenaufgang von den Moscheen ringsum, verstärkt und über Lautsprecher. *Allahu Akbar.* Gott ist groß.

Für Abduls Vater war es respektlos, schmutzig zu Allah zu beten, also verrichtete Abdul die Pflichtgebete nur selten. »Ich hab sogar beim Namaz noch Arbeit im Kopf«, hatte er Kehkashan vor kurzem gestanden. Trotzdem hatte es immer etwas Besänftigendes, wenn die Muezzins die Gläubigen zum Gebet riefen oder durchsagten, dass irgendein verlorengegangenes Kind im grünen Hemdchen in der Moschee darauf wartete, dass jemand es abholte. In der Obhut von Männern mit solchen Stimmen waren bestimmt alle verlorengegangenen Kinder sicher.

Was Allah selbst betraf, so hatte Abdul sich, in Ermangelung eines tiefen inneren Gefühls für Seine Existenz, im Laufe der Zeit eine Beweisführung nach ökonomischen Kriterien zurechtgelegt. Sie ging so: »Ich bin ja langsamer von Begriff als andere, aber von den schlauen Leuten glauben eine Menge an Allah – die Imame, die Männer, die die Azans rufen, die reichen Muslime, die alle möglichen Wohltätigkeitssachen machen. Würden die sich die ganze Mühe machen und Geld ausgeben für einen Gott, den es gar nicht gibt? So große Leute würden doch nie ihre Rupien verschwenden.« Also gab es definitiv einen Allah, und Er hatte bestimmt einen Grund dafür, dass Abdul hinter Gittern saß für ein Verbrechen, das er gar nicht begangen hatte.

Ein pockennarbiger Wärter scheuchte die jungen Insassen hoch, händigte Lappen und Eimer aus und schickte sie zu einer langen Reihe Wasserhähne. Hier gab es mehr Wasser als in ganz Annawadi, und Abdul fühlte sich etwas besser, nachdem er sich den ganzen Schweiß seit dem ersten Tag in der Polizeizelle abgewaschen hatte. Aber als er an seinem zweiten Morgen in Dongri den Befehl bekam zu baden, sträubte er sich.

In Annawadi hatte er sich nicht mal jeden Tag gewaschen, das war doch zwecklos, er war doch, kaum dass er sich abgetrocknet hatte, schon wieder schmutzig. Manchmal war er so überfällig, dass seine Mutter ihm einen Lappen ins Gesicht schmiss: »Du Trottel, Frischmachen ist doch was Schönes!« Für andere Leute vielleicht. Er persönlich betrachtete Baderituale nicht nur als sinnlos, sondern als Selbstbetrug. Frisch in den frischen neuen Tag, könnte ja irgendwas Neues passieren! Nein, er begann den Tag lieber mit der Einsicht, dass der genauso öde würde wie die davor. Auf die Weise wurde man wenigstens nicht enttäuscht.

Abdul erklärte dem Wärter, er nehme kein Bad. Der Wärter erwiderte: »Ohne Bad kein Frühstück.« So seien die Regeln in Dongri. Abdul beschloss, dann lieber zu hungern. Im Nachhinein erschien ihm das als tollkühne Trotzaktion. Aber seit Fatima gebrannt hatte, waren ihm alle Orientierungspunkte fremd geworden. Schmutzig zu sein war ein Relikt aus einem früheren Dasein, an dem er unbedingt festhalten wollte.

Am dritten Morgen erklärte ihm der Wärter, wenn er nicht bade, kriege er nicht nur kein Frühstück, sondern werde auch wieder in die luftlose Zelle gesteckt, in der er am liebsten kleine Jungen hatte fressen wollen. Er rang sich durch, die Baderegeln von Dongri zu befolgen. Am vierten Morgen waren Knie, Ohren und Hals so sauber wie nie zuvor. Das Frühstück zur Belohnung für seine heroische Kapitulation war allerdings erbärmlich. Reis mit Steinchen drin. Das Brot ekelhaft, wenn seine Mutter so was aufgetischt hätte, er hätte es heimlich in die Tasche gestopft und später den Schweinen hingeworfen. In seiner Baracke saßen vor allem muslimische Jungen – im ganzen indischen Justizsystem waren Muslime überproportional vertreten –, und wenn sie sich zum Essen auf den Boden setzten, lachten sie nur über den miesen Fraß. Diese Anstalt hieß euphemistisch auch »Children's Home«, die muslimischen Jungen machten daraus *chillar home,* was Kleingeld hieß, praktisch ohne Wert.

Morgens wurde die Baracke aufgeschlossen und die *chillar* in Umlauf gebracht. Zuerst mussten sie im Kreis im Hof herumrennen, dann die Nationalhymne singen, was sie aus vollem Hals taten. Danach ging es zurück in die Baracke, wo sie auf dem Boden herumhockten und nichts zu tun hatten. Dabei hing im Büro des Anstaltsleiters unübersehbar ein Stundenplan für die Schul- und Berufsausbildung. Abdul war der Widerspruch egal. Was immer die in Dongri mit ihm machten oder nicht machten, hier war er jedenfalls sicherer als in dem Knast in der Arthur Road.

Seine Mithäftlinge vertrieben sich die freie Zeit mit Geschichtenerzählen und gegenseitiger Rechtsberatung. Einen Rat hörte Abdul immer wieder: »Du musst einfach erzählen, ja, du hast das getan, was die sagen, dann lassen die dich raus.« Die Anwälte, die ab und zu kamen, rieten ihren kleinen Klienten dasselbe. »Gib's zu, dann ist der Fall erledigt, und du kannst nach Hause.«

Abdul wollte so dringend nach Hause, dass er ernsthaft erwog zu sagen, er habe Fatima vor ihrem Selbstmord geschlagen. Dass sie jetzt tot war, wollte ihm immer noch nicht richtig in den Kopf, für ihn war sie schon in Annawadi nie richtig lebendig gewesen. Wie viele der Nachbarn hatte auch er mit einem Blick taxiert, wie stark Fatima versehrt war, körperlich und emotional, und sie dann beiläufig einer niedrigeren Stufe der Existenzformen zugeordnet. Aber behindert zu sein, das hatte er bei der Polizei gelernt, war etwas sehr anderes, als tot zu sein.

Eines Nachts gestand ein Sechzehnjähriger den Mitinsassen, dass er seinen Vater erstochen hatte. Das war Ehrensache, sagte er, der Vater hatte seine Mutter erdrosselt. Aber die Polizei wollte ihm beide Morde anhängen.

Für Abdul klang das wie eine Kinostory. Die anderen interessierten sich weit weniger für die Schuld oder Unschuld des Jungen als dafür, dass er angeblich aus einer Familie mit viel Geld stammte – mit fünfundzwanzig Lakhs auf der Bank, das waren fünfundzwanzig mal hunderttausend Rupien, rund vierzigtausend Euro. »Jetzt, wo deine Eltern tot sind, bist du doch reich«, hielt ihm einer entgegen. Und selbst als der Vatermörder erklärte, dass er an kein Erbe herankomme, wenn er als Doppelmörder verurteilt werde, schwärmten die anderen Jungen weiter von all den Autos und Klamotten, die er sich doch jetzt kaufen konnte.

Viele der Insassen waren tatsächlich noch Kinder und saßen hier, weil sie beim Arbeiten erwischt worden waren. Die meiste Kinderarbeit war schon verboten, als Abdul noch klein war, aber die Gesetze wurden immer mal wieder weiter verschärft.

Zwei Jungen, die aussahen wie sieben, waren geschnappt worden, als sie in einem billigen Hotel die Fußböden gewischt hatten. Sie erinnerten ihn an seine kleinen Brüder, in ihrer Nähe verspürte er immer eine Art Rührung. Er verstand nicht, wieso der Staat sie ihren Eltern weggenommen hatte. Eine solche Armut, dass man so jung schon arbeiten musste, war doch eigentlich Strafe genug.

In den ersten Tagen in Dongri war Abdul für sich geblieben,

auch in Anbetracht seiner Defizite in der Kunst der Konversation, aber dass diese siebenjährigen Kinder eingesperrt wurden, weckte seinen Zorn. »Was bringt das denn, wenn die hier drin sind?«, platzte er eines Tages raus. »Guckt euch doch die Gesichter mal an! So viel Lebenslust, damit kann man ja die Mauern von dem Knast hier einreißen. Die sollen die doch arbeiten lassen, diese Regierungsfritzen, die müssen doch frei sein.«

Ihm war erst in der Haft klargeworden, dass sogar die elende Schufterei in Annawadi, dieser Achselhöhle der Großstadt, Freiheit bedeuten konnte. Er stellte befriedigt fest, dass andere Jungen aus anderen Achselhöhlen das auch so sahen.

Eines Morgens, Abdul war gerade beim Absingen der Nationalhymne, legte eine junge Tamilin ihren zweijährigen Sohn vor das Büro der Anstaltsleitung, weil sie kein Geld hatte, ihn bei sich zu behalten. Abdul konnte sie kaum ansehen – so gramzerfurcht war ihr Gesicht. Dabei war es gar nicht seine Art, Mitgefühl zu entwickeln. Er hatte in Annawadi schon Schlimmeres gesehen und nichts dabei empfunden, so sehr hatten seine Arbeit und seine Sorgen ihn überfordert.

Eines Abends, als er noch klein war, war die Familienhütte eingestürzt, und alle außer Abdul hatten Verletzungen abgekriegt. Seine Mutter sagte immer, sein Egoismus habe ihn gerettet. Sie hatte gerade ein hauchdünnes Scheibchen Fleisch gebraten, und als Karam einen Happen von Abduls Fleisch abgebissen hatte, war Abdul in Alarmzustand geraten. Mitsamt dem Rest seines Scheibchens hatte er fluchtartig die Hütte verlassen, im nächsten Moment waren die Wände zusammengekracht.

Hier in der Gefangenschaft gab es nichts zu bewahren – und nichts zu kaufen oder verkaufen oder sortieren. Irgendwann später wurde Abdul klar, dass die Haft die erste lange Erholungspause war, die er je gehabt hatte, und dass dabei irgendwas mit seinem Herzen passiert war.

Eines Morgens waren er und ein paar andere Jungen in eine kleine Krankenstation gebracht worden, die der Polizei unterstand und in der ein Arzt untersuchen sollte, wie alt verdächtig erwachsen aussehende Jugendliche tatsächlich waren. Das ließ sich durch eine forensische Altersbestimmung genau feststellen, und wer über achtzehn war, kam in die Arthur Road.

Im Untersuchungszimmer wurde Abdul von einem MTA gewogen: 49 Kilo. Er wurde gemessen: 1 Meter 55. Er musste sich nackt auf einen Tisch legen, seine Schambehaarung wurde für »normal« erklärt, sein Bartwuchs als »halbwüchsig« eingestuft, eine knubbelige alte Narbe über der rechten Augenbraue in der Akte vermerkt. Dann erschien ein Arzt mit dem Untersuchungsergebnis in dem Zimmer. Abdul sei siebzehn, wenn er zweitausend Rupien bezahle, andernfalls zweiundzwanzig.

Abdul fuhr wütend hoch. Er habe keine zweitausend Rupien, und was das überhaupt solle, ein reicher Arzt, der von einem Jungen im Knast Bargeld verlangt? Der Arzt riss entschuldigend die Arme hoch. »Ja, das ist Blödsinn, armen Jungen wie dir Geld abzuknöpfen, aber wir werden vom Staat viel zu schlecht bezahlt, um unsere Kinder großzuziehen. Wir müssen Schmiergeld nehmen, *kamina* werden.« Er lächelte Abdul an. »Für Geld tun wir heutzutage fast alles.«

Abdul konnte sich nicht helfen, aber dieser freundliche Doktor tat ihm leid, erst recht als er nachgab und ihn als Siebzehnjährigen deklarierte. Ein paar Tage später verspürte Abdul sogar Mitleid mit einem Mumbaier Polizisten.

Der Beamte war ziemlich übergewichtig, hatte gerade einen Schwung neuer Kinder im »Children's Home« abgeliefert und erzählte einem der Wärter von seinen Herzproblemen. »Wenn du denkst, Polizist, das wär ich auch gern, dann irrst du dich, es bringt einen um«, sagte er und schabte sich die Augenbraue. Dann berichtete er von einem Kollegen mit

Lungenproblemen und einem mit Krebs und anderen Polizisten mit Stresskrankheiten, und kein einziger verdiene genug Geld, um sich anständige Ärzte zu leisten. Abdul war nie auf die Idee gekommen, Polizisten könnten Menschen mit Herzen und Lungen sein und finanzielle oder gesundheitliche Probleme haben. Die Welt war anscheinend übervoll von Leuten, die genauso miserabel dran waren wie er, und bei diesem Gedanken fühlte er sich etwas weniger allein.

Eines Tages erfuhren die jungen Dongri-Insassen zu ihrer Überraschung, dass sie jetzt nachmittags etwas zu tun bekamen, das lag möglicherweise an Menschenrechtsaktivisten, die ständig aufkreuzten und Notizen machten. Sechzig Neuankömmlinge wurden in einem Betonklotz in einen Raum gepfercht, in dem eine Tafel und ein Poster mit Warnungen vor den Gefahren des Rauchens hingen, sie sollten auf den Lehrer warten – einen Menschen, der mit dem rührenden Titel Master angekündigt wurde.

Als der Master endlich erschien, war Abdul ein bisschen enttäuscht. Der Mann hatte so gar nichts von einem Herrn und Meister. Er war ein pummeliger mittelalter Hindu mit hoch aufgetürmten Haaren, wässrigen rosa Augen, die Abdul an die Augen seiner Mutter erinnerten, und einer Hose, die den Blick auf weite Teile seiner weißen Sportkniestrümpfe freigab. Aber dann fing der Master an zu sprechen.

Er begann mit einer Geschichte über einen Jungen, der nicht auf seine Eltern hörte und in der Arthur Road endete. Während er all die schrecklichen Dinge aufzählte, die mit dem Jungen im Knast passierten, liefen ihm Tränen übers Gesicht. Er bekam die Einzelheiten kaum über die Lippen, so tragisch war das alles. Dann erzählte er von anderen Jungen: Jungen, die sich nicht an die Gesetze gehalten hatten, Jungen, die anderen Schmerzen zugefügt hatten, Jungen wie die, die er hier in diesem Raum sah. »Wenn ihr meine Jungs wärt – ich sag's euch ganz ehrlich –, ich hätte euch längst alle weggeschmissen«, sagte der Master. Dann weinte er über ihre Zukunft, die er offenbar vorhersehen konnte.

Nur ein paar auserwählte Jungen hier würden sich bessern und danach ein bewundernswert gutes Leben führen, sagte der Master. Auf sie warteten Belohnungen. Vor den anderen aber, die weiter ihrer kriminellen Wege gingen, liege ein grauenvolles Leben. Ihre Familie würden sich angewidert abwenden und sie nicht mehr besuchen kommen, und wenn sie irgendwann entlassen würden, als gebrochene alte Männer, würden sie auf irgendeinem Bürgersteig sterben, ungeliebt.

Der Master weinte über Eltern, die ihre Kinder schlugen, anstatt sich Zeit zu nehmen und sich mit ihnen auseinanderzusetzen. Seltsamerweise weinte er auch über seine Scheidung, darüber, wie schäbig seine Frau seine Mutter behandelt hatte und dass ihm in der Siedlung ein großes Auto abhandengekommen war. Seine Stimmung wurde deutlich heiterer, als er von seiner hübschen neuen Freundin erzählte.

Immer wenn der Master weinte, sei es über den Verlust seines Autos oder das Schicksal der Insassen von Dongri, fingen auch die Jungen an zu weinen. Abdul hatte noch nie im Leben so geweint wie hier. Es war nicht die Art Tränen, die er nach den Prügeln in der Polizeiwache Sahar vergossen hatte. Diese Tränen hatten etwas Inspirierendes. Abdul hatte noch nie einen so kultivierten und aufrichtigen Menschen erlebt wie diesen Master.

Er zögerte auszusprechen, was er fühlte, wenn er diesem Mann zuhörte, vielleicht wäre das missverstanden worden. Aber was er für den Master empfand, war ganz intensiv. Dank diesem Mann durfte er Schüler sein.

Wenn auch kein besonders guter. Er kam nicht ganz hinter den Sinn von diesem hinduistischen Mythos, mit diesem König Shibi, der einem Adler sein eigenes Fleisch zum Opfer dargeboten hatte, das klang zwar so ähnlich wie die Geschichte, die sein Vater ihm immer erzählte, wenn er sich danebenbenommen hatte, von einem anderen König und seinen schurkischen Söhnen und einem Affen. Aber die Königsgeschichte seines Vaters hatte Abdul immer bloß ein schlechtes Gewissen gemacht. Die Worte des Masters dagegen erhellten einen Pfad der Tugend. Sei großherzig und edel. Biete dein Fleisch zum Opfer dar, lass dich bereitwillig fressen von den Adlern dieser Welt, und dir wird beizeiten Gerechtigkeit widerfahren. Das war zwar eine schmerzvolle Art, durchs Leben zu gehen, aber das Happyend kam Abdul verlockend vor.

Seiner Einschätzung nach hatte er in manchen Dingen durchaus schon Tugend bewiesen. Er hatte sich ferngehalten von Erase-X, Desi-Schnaps, Bordellbesuchen und sonstigen Zerstreuungen, die bestimmt seine Wachsamkeit und seine Arbeitsfähigkeit beeinträchtigt hätten. Er animierte nie andere Jungen zum Stehlen, obwohl er dadurch eindeutig ins Hintertreffen gegenüber dem Tamilen geriet, der Profitmaximierung per Drahtschneiderverleih betrieb. Er prügelte sich nie, log nur manchmal und äußerte selten Unmut über seinen Vater. Sicher, er hätte noch besser und noch ehrenhafter gewesen sein können. Aber das konnte er ja noch werden.

Künftig würde er kategorisch ablehnen, irgendetwas zu kaufen, das ihm gestohlen vorkam, selbst wenn es nur geklaute Abfälle waren. Er würde auch nicht irgendetwas zugeben, das er Fatima gar nicht angetan hatte, selbst wenn er dadurch aus Dongri rauskäme, selbst wenn der Familienetat noch so sehr unter seiner Abwesenheit litt.

Für seine Familie war seine körperliche Leistungsfähigkeit immer ausschlaggebend gewesen. Abdul war das Arbeitspferd, was er wie moralisch beurteilte, dagegen irrelevant. Er war nicht mal sicher, ob er überhaupt moralische Urteile fällte. Aber als der Master über *taufeez* und *izzat*, Anstand und

Ehre, sprach, hatte Abdul das Gefühl, dass der Blick dieses Mannes über die Kopfreihen hinweg zu ihm loderte und auf ihm ruhte. Es war noch nicht zu spät, mit siebzehn oder wie vielen Jahren auch immer, sich gegen die zerstörerischen Mächte seiner Welt und seines eigenen Wesens zu wehren. Selbst ein schwerfälliger, ungebildeter Junge konnte zu Rechtschaffenheit fähig sein: Er nahm sich fest vor, das und all die anderen Wahrheiten nie zu vergessen, die der Master verkündete.

TEIL DREI

Ein kleines bisschen Wildheit

Wenn man vom Tod redet,
macht man kein Geschäft.

Manju Waghekar

9. Der Marquee-Effekt

Im Juli fuhr Asha mit der ganzen Familie nach Vidarbha, in einen Distrikt im Norden von Maharashtra. Als sie nach dreizehn Stunden aus dem Zug stiegen, wurden sie erst einmal einer Gesichtskontrolle unterzogen, und die dörfliche Verwandtschaft fand tatsächlich Indizien, dass das Leben in Mumbaier Slums ziemlich gut sein musste. »Ihr seid ja alle viel heller als früher, als ihr klein wart«, stellte ein Cousin von Manju, Rahul und Ganesh fest. »Ganz glatt. *Chikna.* Früher wart ihr ziemlich schwarz und schüchtern.«

Die älteren Frauen mussten die Hälse recken, um Asha ganz in Augenschein zu nehmen, sie hatten alle einen krummen Rücken von jahrzehntelanger Landarbeit. Ashas Urgroßmutter krabbelte auf allen vieren. Asha richtete sich kerzengerade auf, als sie die Greisin sah. Sie kam sich vor wie eine heimgekehrte Titanin.

In Annawadi weinte sie sich immer die Augen aus dem Kopf, wenn im Marathi-Fernsehen Dorffilme liefen. Selbst die schmalzigste Hochwasser-und-Hunger-Schnulze riss sie in ihre jungen Jahre zurück, als sie noch selbst den harten Boden von Vidarbha beackert hatte. Manchmal erzählte sie ihren Kindern davon, mit einem Unterton, der alles ins Absurde zog, auch sich selbst: als eine Art irrwitzige Teenie-Ausgabe von Mutter Indien, die sich selbst vor den Pflug spannt, wenn der Ochse gestorben ist. Die Frauen des Dorfes erinnerten sich mit Hochachtung an die Asha von damals. Sie war jemand Besonderes, sie konnte arbeiten wie ein Esel, selbst wenn sie tagelang nichts gegessen hatte.

»Sie war spindeldürr und halb verhungert, als wir in den

Orangenhainen gearbeitet haben«, flüsterte eine Verwandte den anderen zu. »Kann man gar nicht mehr erkennen. Jetzt ist sie die doppelte Portion, und wie sie redet – man denkt glatt, die hat nie mit den Füßen im Dreck gestanden.«

Asha genoss es, bewundertes Klatschobjekt und vor allem weit weg von den annawadischen Querelen zu sein. Sie war zu ihren Leuten aus der Bauernkaste der Kunbis heimgekehrt, um ihre schöne Tochter zu vermarkten und ihren relativen Wohlstand vorzuführen. Mahadeo sollte ihren nüchternen Ehemann spielen, sie seine ehrerbietige Frau und Manju sich selbst, dann müssten die Heiratsangebote eigentlich nur so prasseln, trotz des offiziell anderen Anlasses dieser Reise.

Der andere Anlass war eine frugale Hochzeitsfeier: ohne Musik, ohne Tanz, ohne Jalebis. Der Bräutigam, ein Neffe von Mahadeo, war noch in Trauer um seinen älteren Bruder, der war an Aids gestorben und hatte kurz vorher noch seine Frau angesteckt. Aids grassierte in Vidarbha, wurde aber vehement verleugnet. Wenn irgendwie durchsickerte, dass es jemanden aus Manjus Verwandtschaft erwischt hatte, verlor sie als Braut womöglich massiv an Wert. Die restlichen Dorfbewohner zeigten jedoch weder besonderes Interesse am Tod des jungen Mannes noch an seiner Witwe, die während der gesamten Festlichkeiten weggesperrt wurde, und nicht mal an Ashas Geschichten aus der Großstadt. Die Bauern starrten vielmehr andauernd in den Himmel.

Was bei Annawadiern Regenpause hieß, hatte hier auf dem Land einen anderen Namen: Dürre. Im Juni hatte es kaum geregnet, die im Monat davor ausgesäten Baumwollkeimlinge waren zu Millionen vertrocknet. Die Dorfbewohner hatten gesalzene Preise für die Samen gezahlt: Es waren genmanipulierte »Hybride«, theoretisch bestens geeignet für das unbeständige Klima in Vidarbha. Jetzt musste neu aus-

gesät, mussten neue Darlehen für neues Saatgut aufgenommen werden.
Manchen Kunbis galt der Juli als Monat, in dem die Götter schliefen. Ashas Verwandte hofften, dass die Götter dies Jahr nach einem anderen Fahrplan vorgingen, und fanden selbst vor lauter Sorgen nachts keinen Schlaf.
Vor zwei Jahrzehnten hatten Asha und ihr Mann ihre Bauerndörfer, die dreißig Kilometer auseinanderlagen, verlassen, und seitdem hatte sich schon einiges zum Besseren gewandelt. Manche Häuser waren jetzt größer und solider, mit dem Geld, das die in die Stadt Abgewanderten heimschickten. Auch öffentliche Gelder hatten die Landschaft verändert: Zwischen den ausgedörrten Feldern verstreut standen jetzt neue Schulen, Colleges und stattliche Verwaltungsgebäude, und die Rasenanlagen davor waren so gepflegt wie die vor dem Hyatt Hotel an der Airport Road. Die Regierung hatte auch neue Wasseranschlüsse installiert, aber sie reichten nicht aus, die versiegenden natürlichen Bewässerungssysteme in Vidarbha zu ersetzen. Regenmangel und illegal angezapfte Brunnen ließen den Grundwasserspiegel ständig weiter sinken, große und kleine Flüsse trockneten aus oder veränderten ihren Lauf. Das Fischsterben und die Missernten hatten die Geldverleiher zu inoffiziellen Dorfoberhäuptern gemacht.
Manche Bauern schämten sich ihrer Schulden so sehr, dass sie sich umbrachten – eine uralte Geschichte aus dem klassischen Marathi-Film-Fundus. Aber sie wurde noch immer gespielt. Laut einer amtlichen Zählung vom Anfang des neuen Jahrhunderts gab es jährlich durchschnittlich tausend Selbstmorde in Vidarbha, die Zählungen von Menschenrechtsorganisationen kamen auf sehr viel mehr. Wie viele Selbstmorde genau es auch sein mochten, sie hatten jedenfalls aus Vidarbha eine weltbekannte Chiffre für die verzweifelte Armut im ländlichen Indien gemacht.

Aus den staubbeschichteten Akten in den Verwaltungsarchiven von Vidarbha ging hervor, dass Selbstverbrennungen durch zeitgemäße Selbstmordmethoden abgelöst worden waren – vor allem durch das Trinken von Pestiziden. Auf Tausenden stockfleckiger Seiten hatten Angehörige geschildert, in welcher Bedrängnis ihre Lieben gewesen waren:

Letzte zwei Jahre keine Ernte. Konnte sein Darlehen nicht zurückzahlen. Dann kam noch ein Feuer in der Hütte dazu. Alle Samen sind verbrannt – Sonnenblumen, Weizen, alles hin. Er hatte kein Geld, seinen zweiten Sohn zu verheiraten, und dauernd fragten die Leute, wann endlich Hochzeit ist –

Seine Familie war sehr groß, er hat Bankbelege angeguckt, die haben ihn umgehauen, und dann hat er Insektengift getrunken. Das Darlehen war riesig, er hat nicht mehr gewusst, wie er das abzahlen soll.

Er war nicht der Schnellste und Hellste, er hat auf dem Feld geschuftet, aber dann hat er einen Kredit aufgenommen für die Hochzeit seiner Tochter, und damit saß er in der Falle.

Er hat seinem Vater gesagt: »Ich bring mich um, wenn du mir kein Handy kaufst.« Und dann hat er Gift getrunken.

Premierminister Manmohan Singh war eigens aus Delhi angereist, um seine Betroffenheit über die Not der Bauern zu demonstrieren und zu verkünden, die indische Regierung sei fest entschlossen, für Linderung zu sorgen. Manche Hinterbliebene der hochverschuldeten Selbstmörder bekamen eine staatliche Entschädigung, und für Bauern, die Geld bei der Bank und nicht bei Kredithaien geliehen hatten, wurden Schulden- und Zinserlasspläne aufgestellt. Die Zentralregierung setzte außerdem massive Fördermaßnahmen in Gang, um die Einkommensstruktur auf dem Land insgesamt zu verbessern, unter anderem durch hundert öffentlich finanzierte Arbeitstage pro Jahr für arbeitslose Dorfbewohner. Man hoffte, dass man so auch die Landbevölkerung davon abhalten konnte, ihre Felder stehen und liegen zu lassen, und Städte wie Mumbai vor weiterer Überflutung zu schützen. Ashas Verwandte hatten von derlei vielgepriesenen Hilfsprogrammen allerdings noch nichts mitbekommen.

Chancenverteilung war eine andere Form von Insiderhandel unter Indern von Macht und Einfluss. In diesem Sommer wurden anderswo im Land für zig Milliarden Euro staatliche Telekommunikationslizenzen an den Konzern verkauft, der unter der Hand das meiste bot, wurden öffentliche Gelder, mit denen Sportanlagen mit Weltklasseformat für die Commonwealth Games 2010 gebaut werden sollten, für private Zwecke umgewidmet, wurde die parlamentarische Opposition gegen den historisch bedeutenden Atomvertrag zwischen Indien und den USA mit zentnerweise Bargeld zahm gemacht, belief sich das Gesamtvermögen der hundert reichsten Inder schließlich auf fast ein Viertel des gesamten indischen Bruttosozialprodukts.

In einem schmalen Waldgebiet in Vidarbha, östlich von Ashas und Mahadeos alter Heimat, glaubten viele Bewohner schon lange nicht mehr an die versprochenen Verbesserungen der Regierung. Sie waren durch großangelegte regionale und zentralstaatliche Modernisierungsprojekte faktisch ihres Landes und ihrer traditionellen Lebensgrundlagen beraubt worden und hatten einer vierzig Jahre alten maoistisch-revolutionären Bewegung zu neuem Leben verholfen. Die Maoisten operierten mittlerweile mit Landminen, Raketenwerfern, Nagelbomben und Schusswaffen als Guerilla gegen Kapitalismus und Staat in etwa einem Drittel der 627 indischen Distrikte, einschließlich eines unterentwickelten Landstrichs in Mittel- und Südindien, dem berüchtigten »Roten Gürtel«. In diesem Sommer waren die Maoisten im Bundesstaat Orissa besonders umtriebig gewesen. Sie hatten ein Boot versenkt und dabei achtunddreißig Elitesoldaten getötet und einen Mannschaftswagen in die Luft gesprengt und zweiundzwanzig Polizisten getötet.

In den meisten Dörfern stand den Bauern der Sinn noch nicht nach Revolution. Sie warteten ab, ob Infrastrukturverbesserungen und neue Landwirtschaftstechniken sich positiv auf ihre Perspektiven auswirkten. Eine der technischen Neuheiten trug Manjus siebzehnjähriger Cousin Anil dies Jahr beim Schuften in den Baumwoll- und Sojafeldern auf dem Rücken: einen schweren Metallkanister voll Dow-Chemicals-Pestizid.

Die Felder, auf denen er schuftete, gehörten einem reichen Politiker, der seinen Arbeitern tausend Rupien Monatslohn zahlte, fünfzehn Euro. Ihm brachte die neuartige Chemie höhere Ernteerträge und Gewinne, für die Feldarbeiter wurde die ohnehin harte Arbeit durch die schweren Kanister und die Giftschwaden zur Qual. Erst vor kurzem hatte einer von Anils Kollegen nach der Arbeit seinen Kanister abgesetzt, einen Baum am Feldrand erklommen und sich erhängt. Seine Familie bekam keine staatliche Entschädigung für ihren Verlust.

Anil führte nachts oft imaginäre Gespräche mit diesem Politiker, in denen er ihm freundlich erklärte, dass härtere Arbeit doch auch etwas mehr Lohn verdiene. Aber ein Arbeiter, der sich beschwert, ist leicht zu ersetzen. Anil behielt seine Gedanken lieber für sich, auch die an Selbstmord.

Versuch doch auch dein Glück in Annawadi, hatte Asha ihm im Jahr davor geraten, und so war Anil einer der rund fünfhunderttausend Inder geworden, die Jahr für Jahr aus ihren

Dörfern nach Mumbai zogen. Er hatte mit anderen Arbeitssuchenden im Morgengrauen an der Kreuzung Marol Naka beim Flughafen gewartet auf die Bauaufseher mit ihren LKWs, die Tagelöhner aufluden. Jeden Morgen standen dort tausend arbeitslose Männer und Frauen, ausgewählt wurden ein paar hundert. Anil hatte keine Ahnung, dass die Lebenserwartung in Mumbai sieben Jahre kürzer war als im Landesdurchschnitt. Er wusste nur, wenn er an dieser Kreuzung stand und vergebens mit all den anderen Zuwanderern konkurrierte, fühlte seine Brust sich an wie mit Stroh ausgestopft. Nach einem Monat, in dem ihn niemand wollte, war er in sein Dorf zurückgekehrt.

»Die Leute haben mich ausgelacht, als ich wieder hier war«, berichtete er Manju. »Ich hatte ja erzählt, ich geh mal Geld verdienen und seh mir die Großstadt an, aber nichts davon hab ich hingekriegt. Das einzig Große, was ich gesehen hab, waren Flugzeuge.«

Am Vorabend der Hochzeit brachte Manju als älteste weibliche Vertreterin ihrer Generation einen Topf mit Körnern durch das Dorf zum Tempel, in dem die Gebete für Braut und Bräutigam gesprochen werden sollten. Sie trug eine pfirsichgelbe, paillettenbesetzte Tunika, die ihre Tante in Mumbai ausrangiert hatte, und führte eine Parade aus Verwandten und Nachbarn an. Über staubige Straßen, zwischen im Dreck stöbernden Eseln hindurch und vorbei an ein paar Häusern, die aus Matsch und Mist gebaut und in einem Grün gestrichen worden waren, das es auf den Feldern längst nicht mehr gab, ging es einen steilen Pfad hinauf zum Tempel von Hanuman, dem Affengott.

Vorher hatte Manju dem Bräutigam das Gesicht gepudert und mit einer Zahnbürste Glitzer um seine Augen herum getupft. Aber selbst in dem dunklen Tempel ohne elektrisches Licht spürte sie, dass nicht der Puderzucker-Bräutigam die Blicke auf sich zog, sondern sie. Ein Großstadtmädchen, das aufs College ging, das war ein Knaller im Dorf. Auf wen wohl Ashas Wahl als Ehemann für sie fiel? Für manche Kunbi-Männer wäre Manju doch bestimmt viel zu gebildet, um sich unterzuordnen, andere wären zu arm, um den Ansprüchen ihrer Mutter zu genügen.

Manju versuchte vergeblich, aus Ashas Winkelzügen während der trüben Hochzeitszeremonie am nächsten Tag schlau zu werden, aber kurz danach stand ein junger Soldat vor dem Haus, in dem die Familie untergebracht war. Asha ging vor die Tür und sprach unter vier Augen mit ihm. Ab und zu hörte Manju ihr heiseres Lachen.

In Annawadi hatte sie vor kurzem beobachtet, wie ihre Mutter über die Verheiratung eines schüchternen Nachbarmädchens mit einem Jungen aus einem anderen Slum verhandelt hatte. Es war aufregend gewesen, einen kleinen Einblick in so eine Verhandlung zu bekommen, so würde eines Tages auch über ihre Zukunft entschieden werden. Die Sache war anscheinend gut gelaufen, bis das Mädchen den Kopf gehoben hatte. »Nicht schön!«, hatten die Angehörigen des Jungen protestiert und dann Asha bezichtigt, ihnen nur Zeit gestohlen zu haben.

Seit jenem Nachmittag mit dem barschen pragmatischen Ton war Manju gewappnet, und als Asha jetzt rief, sie solle Tee nach draußen bringen, strich sie sich die Haare glatt, schlug die Augen nieder und versuchte, im Herzen eiskalt zu bleiben. Der Soldat nahm seine Teetasse entgegen, starrte sie sehr lange an und sagte: »Stell dich nicht in die Sonne – du wirst zu schwarz.«

Er sah nicht schlecht aus, trotz des Schnauzbarts, und Manju hatte die Augen auch nicht so niedergeschlagen, dass ihr entgangen wäre, wie seine Blicke an ihrem Körper hinunterglitten. Es fühlte sich an wie Angefasstwerden. Manchmal war sie irritiert, wie sehr sie sich wünschte, begehrt zu werden, sie war ganz dicht dran an diesem Gefühl der

Bereitschaft für die Ehe, für Sex. Aber wenn Asha irgendeine Ehe arrangierte, die das Urteil lebenslänglich Vidarbha einschloss, würde sie abhauen.

Eines Abends, bevor die Familie nach Annawadi zurückfuhr, erzählte Anil von einem Traum, den er geträumt hatte. Er kam gerade im Spurt vom Feld zurück, und Manju, Rahul und Ganesh liefen neben ihm her. »Wir wollten alle abhauen, und unsere Mütter waren wütend. Sie haben gesagt: ›Wenn ihr jetzt geht, dürft ihr nie wieder zurück.‹ Und wir: ›Dann ruft uns auch nicht zurück! Wir wollen nämlich gar nicht zurück! Wir gehen dahin, wo es besser ist!‹ Wir haben uns krankgelacht beim Abhauen.«

Zurück in Annawadi, verbannte Asha die schäbige Fatima-Geschichte aus ihrem Kopf und verwehrte der durchgedrehten Zehrunisa den Zugang. Sie wollte den Rest der Monsunzeit lieber auf ihr eigenes Fortkommen verwenden. Unter anderem musste sie dringend den einen oder anderen Fortbildungskurs absolvieren, sonst war sie bald den Teilzeitjob als Vorschullehrerin der Marol-Gemeindeschule los. Die Regierung von Maharashtra war der Ansicht, dass die Schulen des Bundesstaats besser werden müssten, und setzte etliche Lehrer unter Druck, nachweislich etwas für ihre eigene Bildung zu tun. Zum Glück hatte der Professor der Yashawantrao Chavan Maharashtra Open University den Lehrern in seinem Kurs zugesagt, vor den schriftlichen und mündlichen Abschlussprüfungen die richtigen Antworten zu verteilen.

Aber Asha wollte ohnehin nicht ewig eine schlecht bezahlte Vorschullehrerin bleiben, sondern Politikerin werden. Zu diesem Zweck, überlegte sie, würde sie ihre Slumgewohnheiten ablegen müssen, so wie sie damals ihre Dorfgewohnheiten abgelegt hatte. Es war eine Art zweite Einwanderung – eine klassenmäßige. Der Schlüssel dazu, erklärte sie

Manju, war, »erstklassige Leute unter die Lupe zu nehmen. Du guckst dir genau an, wie die wohnen, wie die gehen, was die machen. Und genauso machst du's dann auch.«

Asha hatte ihre Tochter zu der Überzeugung erzogen, anders als die anderen Kinder in Annawadi zu sein, besser, sogar den eigenen Brüdern überlegen. Ganesh mit seinen vierzehn Jahren war ein sanfter Zauderer, Rahul fehlte bei all seinem Selbstvertrauen jeder Ehrgeiz. Er hatte den Hoteljob hingeschmissen und räumte stundenweise, aber glücklich und zufrieden in einer Kantine für Flughafenpersonal die Tische ab. Asha erkannte in ihren Söhnen immer deutlicher ihren Mann wieder. Sie hatte ihnen alles beigebracht, was sie wahrscheinlich überhaupt zu lernen imstande waren – mittlerweile gehörten die beiden zu den schnellsten männlichen Zwiebelwürfelschneidern von ganz Annawadi –, jetzt sollten sie selber sehen. Anscheinend waren nur sie selbst und Manju fähig zu der planerischen Intelligenz, mit der die Familie den Aufstieg in Indiens wachsende Mittelschicht schaffen könnte.

Asha wusste noch genau, wie ihre Nachbarn reagiert hatten, als sie mit ihren sieben Jahren Schulbildung die Stelle in der Vorschule bekommen hatte. Wenn sie sie mit »Frau Lehrerin« anredeten, schwang leiser Spott mit. Nach und nach setzte sich die Anrede jedoch durch und verlor den hämischen Unterton. Mit dem Einwandern in die Oberstadt könnte es doch auch so gehen: Man inszeniert sich als Oberstädter, sitzt alles Gehechel aus, und irgendwann ist man einer. Im Grunde ein ähnliches Verfahren wie Manjus Auswendiglernen fürs College.

»Und scheu dich nicht, erstklassige Leute direkt anzusprechen. Die sind manchmal ganz nett und reden mit dir«, instruierte sie ihre Tochter. »Frag sie ruhig aus, was man so tun kann für sein Aussehen, und nimm ihren Rat an.«

Asha hatte selbst erst neulich einen Mann von der Shiv Sena

um eine strenge Imagekritik gebeten. »Er sagt, zieh keine Stöckelschuhe an, wenn du sehr groß bist, das sieht billig aus«, berichtete sie Manju. »Geh nicht im Kittel aus dem Haus. Trag einen Sari. Trag deine Mangal Sutra nicht an einer kurzen, sondern an einer langen Kette. Guck nicht, als ob du Probleme hättest, selbst wenn du die hast – kein Mensch guckt gern in ein Gesicht mit Sorgenfalten. Und geh nie neben Leuten, die schlechter aussehen als du.«

Mit dem letzten Rat war der Parteigenosse etwas unverblümt herausgeplatzt. Asha war eines Abends mit ihm zusammen zum Haus des Bezirksrats gegangen, und er hatte erklärt: »Also, ich seh gut aus, und du siehst hässlich aus, und deine Hässlichkeit geht auch auf meine Kosten.«

Manju brachte aus dem College weitere Erkenntnisse mit: baumelnde Ohrringe gleich Unterschicht, zierliche Reifchen gleich Oberschicht. Und Oberschichtfrauen tragen Jeans, teilte sie ihrer Mutter mit, woraufhin die ihr Bell-Bottoms genehmigte. Eines Tages stand Manju vor dem Spiegel, probierte aus, wie sich die Jeans mit ihrer geerbten pfirsichgelben, paillettenbesetzten Tunika vertrug, und sagte laut: »Marquee-Effekt«. Das Wort hatte sie aus dem Computerkurs, als sie Photoshop gelernt hatten.

Der Marquee-Effekt verlor sich ein bisschen, als Mutter und Tochter von Ashas Schwester einen Haarschnitt mit federartigen Fransen verpasst bekamen. Bei dem feuchten Klima stellten sich die Federn zu einer Art Riesenkräuselwolke auf. Trotzdem machte es Spaß, die Monsunzeit für die eigene Modernisierung zu nutzen. Manju fühlte sich plötzlich von ihrer Mutter von gleich zu gleich behandelt und brachte ein neues Thema auf: Wirklich erstklassige Leute heirateten auch kastenübergreifend, und zwar jemanden, den sie ausgesucht hatten, nicht ihre Eltern.

»Die Reichen haben da alle eigene Vorstellungen«, erklärte sie.

So erstklassig wollte Asha auch wieder nicht werden.
Ihr hatte dieser Soldat aus einer relativ wohlhabenden Familie in Vidarbha gut gefallen, aber ihr Mann hatte die Verlobung mit dem erstaunlichen Argument abgelehnt, dass Soldaten oft zu viel tranken, so wie er. Inzwischen war Schwester Paulette schon zweimal zu Asha nach Annawadi gekommen, um die Werbetrommel für einen weiteren eventuellen Bräutigam zu rühren, einen Mann in den mittleren Jahren, der auf Mauritius lebte. »Er ist mein Bruder«, hatte die Nonne erklärt und dazu heftig gezwinkert. Asha hatte Schwester Paulette im Verdacht, nicht ganz uneigennützig zu handeln. So wie sie selbst auch, in gewisser Weise.
Die meisten Annawadier betrachteten Töchter als Bürde, die Mitgift war eine erdrückende finanzielle Last. Asha war dagegen schon vor einiger Zeit die Idee gekommen, ein so schönes, patentes und aufopferungsvolles Mädchen wie Manju könnte sich als Vorteil erweisen, denn mit ihrer Verheiratung könnte die ganze Familie aufsteigen. Der Mann auf Mauritius hatte vermutlich Geld, aber bei dem Gedanken, ihre einzige Tochter nach Afrika zu schicken, war Asha unwohl, sie hatte gehört, da würden hübsche Mädchen als Sklavinnen verkauft. Also entschied sie, erst mal gar nichts zu entscheiden, und ermutigte Manju stattdessen, ihr soziales Umfeld auszuweiten und die Chancen auf ein lukrativeres Angebot selbst zu vergrößern.
Asha war der Meinung, wer sich verbessern will, soll möglichst viele Methoden ausprobieren, denn man kann kaum vorhersehen, welche davon funktioniert. Manjus erste Idee war gewesen, auch Versicherungen zu vermitteln, wie eine ihrer Mitschülerinnen im College. Die Life Insurance Corporation of India schickte angehende Mitarbeiter dafür zu einem kostenlosen Training, in einem Bürogebäude nicht weit vom Hotel Leela.

Asha fand die Fernsehwerbung dieser Firma verlockend, wer sich so eine Versicherung leisten konnte, war praktisch gegen alle Unwägbarkeiten des Lebens in Indien gefeit. In einem Werbespot hatte ein umsichtiger junger Ehemann seine Frau krankenversichert, bevor sie einen Verkehrsunfall hatte. Und jetzt, oh Wunder, konnte sie schon wieder aus dem Rollstuhl aufstehen! Mit einer Lebensversicherung wurden aus Trauerfeiern geradezu Feste! Wenn Manju solche Policen verkaufte, könnte sie mit wohlhabenden Leuten in Kontakt kommen und gleichzeitig Geld nach Hause bringen.

Manjus Brückenschüler kamen extra früh in die Hütte und halfen ihr, all die englischen Namen für die Policen zu lernen: Sichere Zukunft II, Vermögen Sicher Angelegt, Invest-Schutz, Lichtblick Leben. Die Hefte der Kinder füllten sich kurzfristig mit Vokabeln wie Rückkaufswert, Anlageprämie, Teilrücktritt.

Im firmeneigenen Trainingskurs lernte Manju, dass man keine Versicherung verkauft, wenn man Tragödien oder den Tod direkt erwähnt. Man musste den Blick vor allem auf die Gewinnperspektive lenken – zum Beispiel die Geschichte von dem Mann erzählen, der vierzig Policen erworben hatte und dessen Familie nach seinem Tod in Rupienscheinen praktisch versank.

Manju übte Verkaufstaktiken und Gegenargumente, bis sie sie fließend beherrschte, und bestand die Prüfung mit besten Noten. Danach: Ende. Kannte sie auch nur einen Menschen, der sich eine Lebensversicherung leisten konnte?

»Alle sind bloß scharf auf ihren Profit«, erklärte sie ihren Schülern eines Tages kopfschüttelnd. »Die fragen sofort, wenn ich das und das mache, wie viel krieg ich dafür? Die Mädchen im College genauso, die reden sogar übereinander so. ›Wieso soll ich mich mit dieser gruseligen Pallavi unterhalten? Was hab ich denn davon? Was bringt mir das?‹«

Zubbu, die elfjährige Tochter des Puffbesitzers, verstand besser als die anderen Kinder, was Manju umtrieb. Ihre Eltern wollten sie unbedingt verkaufen, und die Kleine hatte das Gefühl durchzudrehen. Manju konnte nur beten, dass die Eltern mit dieser Geschäftsidee genauso wenig Erfolg hatten wie mit allen anderen.

Wenn sie Mädchen wie Zubbu unterrichtete, spürte Manju deutlich, wie viel Glück sie hatte. Wenn sie die Prüfung im nächsten Frühjahr bestand, hatte sie ein staatliches Bachelor-Diplom. Noch ein Jahr Studium, finanziert durch den Verkauf eines der Mietzimmerchen in der Familienhütte, und sie war Lehrerin mit Staatsexamen. Hoffnungen auf eine feste Anstellung in einer staatlichen Schule machte sie sich allerdings nicht, solche Stellen gab es nur mit Unmengen von Schmiergeldern an Leute vom Schulamt. Aussichtsreicher waren kleine Privatschulen, obwohl die meistens so schlechte Gehälter zahlten, dass die Mitschülerinnen, die sich wie Manju aufs Staatsexamen vorbereiteten, schon besorgt überlegten, ob sie in einen Beruf mit Hungerlöhnen investierten. Eine wollte nach dem Examen doch lieber gleich in ein Callcenter gehen, eine andere fand, als Köchin könne sie mehr verdienen. Manju war die Einzige, die noch immer Lehrerin werden wollte. Die annawadische Zwergschule, in der sie ihre pädagogischen Talente verfeinerte, ging ihrer Mutter allerdings täglich mehr gegen den Strich. Asha sah einfach keinen langfristigen Gewinn im Brückenbauen für Unterschichtkinder.

Manjus »Brückenschule« wurde von der indischen Zentralregierung gefördert, und zwar wie Hunderte anderer in Mumbai über Verträge mit gemeinnützigen privaten Einrichtungen. Indiens neuer Reichtum hatte auch zu höheren staatlichen Investitionen im Bildungswesen geführt, die Mittel wurden allerdings hauptsächlich dazu verwendet, neues Geld in die politische Elite fließen zu lassen. Mumbaier Parteipolitiker und Stadtverwalter ließen Verwandte und Freunde alle möglichen gemeinnützigen Vereine gründen, über die das Geld aus Delhi in ihre eigenen Taschen fließen sollte. Ob die so geförderten Schulen dann wirklich funktionierten, interessierte sic alle herzlich wenig.

Manjus Schule geriet unter die Fittiche der katholischen Hilfsorganisation REAP (Reach Education Action Program). Dieses Aktionsprogramm für Bildungszugang nahm seine Verpflichtungen gegenüber armen Schülern zwar tatsächlich ernster als manche anderen angeblichen Non-Profit-Projekte. Nur weigerte sich der Pfarrer, der es leitete, beharrlich, irgendjemandem »Provisionen« zu zahlen, und so wurden die REAP-Schulen in Mumbai nach und nach wieder dichtgemacht. Manjus Schule in Annawadi war eine der letzten noch existierenden, und etwa einmal im Monat kam ein Supervisor vom REAP, setzte sich mit in den Unterricht und überprüfte Lehrstoff- und Teilnehmerlisten. Ihm war nicht entgangen, dass in der angeblich von Asha betriebenen Schule in Wirklichkeit Manju den Unterricht erteilte, aber er ging darüber hinweg, denn bei ihr lernten die Kinder immerhin was.

Eines Nachmittags nahmen die Schüler, die alle Marathi sprachen, die englischen Begriffe für Wagen, Knie, Spiegel, Fisch und Hände durch. »Was macht man denn so mit seinen Händen?«, fragte Manju.

»Essen!«

»Wäsche waschen!«

»Wasser pumpen!«

»Tanzen!«

»Fäuste, um jemandem zu zeigen, dass er gleich eine gelangt kriegt –«

Alle Köpfe flogen herum. Asha stand in der Tür, zornbebend. »Wie dringlich ist diese Lernerei?«, schnauzte sie Manju an. »Was ist wichtiger? Die Kinder hier oder mein Haushalt?«

Schmuddelige Kinder lagen auf dem Fußboden. Schulhefte flogen durch die Gegend. Die ganze Szenerie passte überhaupt nicht zur Wohnung einer Frau, die beinah Slumlord war und Bezirksrätin in spe. Jeden Augenblick konnten Bittsteller vor der Tür stehen und Asha ihre Probleme vortragen. Die Wäsche vom Morgen war noch klamm. »Na toll«, Asha befühlte ein Handtuch, »draußen scheint die Sonne, aber du hängst die Wäsche hier drin auf. Kannst du nicht *ein* Mal was richtig machen, wenn ich nicht da bin?« Manju wandte sich ab, damit die Schüler ihr Gesicht nicht sahen.

Danach gab sie nur noch alle zwei oder gar drei Tage Unterricht. Die Kinder wussten genau, dass das nicht Manjus Entscheidung war. Als in dem rosaroten Tempel beim Klärteich eine neue gemeinnützig-geförderte Schule aufmachte, zog es viele Kinder dorthin, aber sobald der Leiter von deren Non-Profit-Verein genug Fotos von lernenden Kinder gemacht hatte, um die staatliche Förderung sicher zu haben, war sie wieder zu.

In der frei gewordenen Zeit ging Manju einer zweiten Idee nach, wie sie ihre sozialen Netzwerke erweitern könnte. Sie wurde Mitglied beim Indian Civil Defence Corps. Der Mumbaier Zivilschutz bestand aus Mittelschichtbürgern, die sich für die Rettung von Menschen bei Überschwemmungen oder Terrorattacken ausbilden ließen.

Wie viele andere machte sich auch Manju zunehmend Sorgen über mögliche Terroranschläge. Im Juli war eine Bombe in Bangalore explodiert, danach hatte es in Ahmedabad geknallt – neunzehn Bomben mitten im Herzen der Stadt. Sie waren nicht von Maoisten gelegt worden, Maoisten waren ein Problem der ländlichen Regionen. In den Großstädten ging die Gefahr von religiösen Fanatikern aus, die manchmal in E-Mails an Zeitungen behaupteten, im Auftrag Allahs zu handeln.

Die Finanzkapitale Mumbai war ein naheliegendes Anschlagsziel, und so gesellten sich zur Phalanx der Security-Leute in den Fünf-Sterne-Hotels bald auch Spürhunde. Am Flughafen wuchsen Sandsackwälle in den Himmel. Auf dem Western Express Highway wurden die Städter neuerdings durch elektronische Anzeigetafeln zur Wachsamkeit aufgefordert: FREMDE IN DEINER GEGEND? RUF DIE POLIZEI. Nach Manjus Ansicht war ein Zivilschutzkorps doch eine handfestere Hilfe für ihre Stadt als ein Anruf bei der Polizei wegen irgendwelcher Fremden.

Also stellte sie in einem höhlenartigen Keller eines Regierungsgebäudes Krisensituationen nach und übte Lebensrettungstechniken ein, gemeinsam mit vierzig anderen Maharashtrianern – Frauen in den mittleren Jahren und zwei idealistischen Collegestudenten. *Bei einer Bombenexplosion: Ruhe bewahren und sich zuerst selbst in Sicherheit bringen. Danach andere beruhigen und in Sicherheit bringen. Bei Sturzfluten: Kürbisse und leere Plastikflaschen können vor Ertrinken schützen. Zum Schwimmen zu schwache Menschen kann man mit der Dupatta an sich binden und hinter sich herziehen.*

Manju war die magerste im Kader, sie hatte nicht die Kraft wie ein Gewichtheber beim beidarmigen Reißen, auf die es offenbar ankam, deshalb war ihre Rolle beim Training immer der tote Mann – das verletzte Rettungsobjekt. Sie lag flach auf dem Boden und simulierte mit wehenden Haaren sämtliche Panikbewegungen, die sie in irgendwelchen Hindi-Filmen gesehen hatte, von der Stoßatmung über panisches Augenflackern bis zum altbekannten Stöhnen und Bibbern. Dann warf irgendjemand sie sich über die Schulter und brachte sie in Sicherheit. Hier war Angefasstwerden erlaubt, und am allerschönsten war es, wenn sie ihren Körper entspannt in Vijays Arme sinken ließ. Vijay war ein ernster Collegestudent mit Quadratkiefer, der Anführer des Rettungsbataillons. Er war sehr angetan von der echten Hingabe, mit der Manju das Opfer spielte.

Eines Abends, als sie in ihrer neuen Jeans und der Pfirsichtunika aus dem Trainingskeller kam, rief Vijay ihren Namen. Sie gingen zusammen über die Straße zur Bushaltestelle, und er fasste ihre Hand. Ihr erstes Mal. All ihr Sehnen bäumte sich auf gegen ihren ausgeprägten Hang zum Realismus, der ihr einhämmerte, dass die Vijays dieser Stadt leicht etwas Besseres kriegen konnten als ein noch-nicht-ganz-erstklassiges Mädchen.

In einem Slum sind Geheimnisse schwer zu wahren. Erfolgreich gehütete Geheimnisse allerdings, so hatte Asha gelernt, waren eine Art Währung. Sollten die Leute doch erzählen, was sie wollten, wo sie abends hinging und was sie mit wem machte. Solange niemand sie dabei erwischte, würde sie alles abstreiten.

Es war der Abend ihres vierzigsten Geburtstags – ein fahler Mond, ein verhangener Himmel, aber kein Regen. Manju teilte Kuchen aus, stellte einen Berg Kartoffelchips hin, und Asha drückte ihre Söhne an sich. Sogar Mahadeo war in Feierlaune und machte sich über eines der Geburtstagsgeschenke her, ein Plastikschatzkistchen mit Schokoladentalern in Goldpapier. »Könnten ruhig richtige Münzen sein, schließlich werde ich heute vierzig«, sagte Asha und biss lächelnd in ein Stück Kuchen.

Ihr Handy klingelte. Das hatte es fast die ganze letzte Viertelstunde schon getan, aber Asha hatte es einfach nur tiefer in einer Falte ihres dunkelblauen Saris vergraben. Ein Polizist namens Wagh wollte offenbar dringend etwas von ihr.

»Ein Notfall?«, fragte Manju. »So oft, wie der angerufen hat.«

»Geht um die eine Frau da, Reena, *shakka*-Zeug«, log Asha. Shiv Sena, Frauenfraktionskram. Eine Minute später sagte sie, etwas vage: »Vielleicht müsst ich da hin.«

»Was? Sag ihr, du kannst heute nicht – du feierst deinen Geburtstag«, befahl Manju fröhlich.

Sofort danach nahm Asha ab. »Kann nicht«, sagte sie. Lange Pause. »Nein, geht nicht. Morgen? Weißt du –« Lange Pause. »Pass auf, ich …«

Plötzlich stand sie vor dem Spiegel, puderte sich die Wangen, zupfte den Sari zurecht, kämmte sich die dichten Haare aus dem Gesicht. Und bemerkte die starren Blicke von Mahadeo und Manju im Spiegel.

»Meine Halskette scheint echt auszusehen«, plapperte sie nervös vor sich. »Denn heute auf dem Bahnhof hat mir einer gesagt, ich soll die abmachen, sonst wird sie geklaut. Habt ihr mitgekriegt, dass auf dem Ghatkopar-Markt der Koriander nur fünf Rupien kostet? Ich war vorhin in der Gegend, zum Tee bei einer Freundin, und hab den Bus verpasst. Guter frischer Koriander, viel besser als unserer hier –«

»Mutter«, sagte Manju leise, »geh nicht weg.«

Das Handy klingelte wieder.

»Ja, ich hab doch gesagt, ich komme«, sagte Asha, »ich beeile mich ja. Wohin?«

Das Handy war jetzt auch voller Puder, er rieselte ihr den Hals hinunter. Sie schwitzte.

Ihr Mann hatte Tränen in den Augen.

»Mutter«, sagte Manju noch einmal und griff nach ihrer Hand. »Bitte, Mutter.«

Aber Asha entwand sich dem Griff ihrer Tochter und eilte über den Maidan, vorbei an den Jungen in der Videobude, vorbei am Hyatt und ohne Halt weiter bis zur Bushaltestelle vor dem hochherrschaftlichen Grand Maratha.

Das Hotel war das teuerste von allen und rosarot. Das heißt, jetzt rosarot-golden, denn die geschwungene Fassade aus Jaipur-Stein war von Hunderten Lämpchen illuminiert. Auch Asha leuchtete, als sie mit dem weißen Puderstreifen auf einer Wange vor dem Zaun stand.

Sie ahnte, und zu Recht, dass zu Hause gerade Manjus Tränen auf ein Stück Schokoladenkuchen tropften. Jahrelang hatte sie die Hoffnung gehabt, dass ihre Tochter ihre Männergeschichten nicht mitbekam. Jetzt wäre ihr lieber, sie hätte Manju so weltoffen erzogen, dass sie Verständnis dafür hatte. Es ging ja schließlich nicht um Lust oder Modernsein, obwohl bekanntlich gerade erstklassige Leute viel in der Gegend herumschliefen. Es ging auch nicht nur um das Gefühl, geliebt und schön gefunden zu werden. Hier ging es um Geld und Macht.

Asha war einfach schneller im Kopf als andere Leute. Ein paar Politiker und Polizisten hatten das endlich erkannt und sich sogar davon abhängig gemacht. Aber das reichte längst nicht. Sie war mit zwanzig als arme, ungebildete Flüchtlingsfrau aus den Dürregebieten gekommen, mit einem Mann, der keinen Bock auf Arbeit hatte. Jetzt war sie vierzig, Vorschullehrerin und die einflussreichste Frau in ihrem Slum. Eine Frau, die ihrer Tochter eine Collegeausbildung verschafft hatte und ihr hoffentlich demnächst eine glanzvolle Hochzeit verschaffen würde. Allein Manjus Werdegang rechtfertigte alle Kompromisse. Sogar die Angstträume, an Aids zu sterben.

Sie musste diesen Bluttest hinter sich bringen. Sie wusste es. Sie musste sich jetzt auf die Airport Road konzentrieren, Ausschau nach dem Polizisten halten. Aber plötzlich strömte eine Hochzeitsgesellschaft heraus in die Anlage des Grand Maratha. Nach dem Hindukalender war heute ein Glückstag, von Astrologen besonders für Hochzeiten empfohlen. Das hatte sie ganz vergessen. Eine Blaskapelle spielte ein Stück, das sie nicht erkannte. Paparazzi schubsten sich gegenseitig beiseite und versperrten ihr die Sicht auf die Braut. Rote und rosarote Konfettischnipsel schwirrten über den Zaun und landeten kurz vor ihren Füßen, bis sie von Böen verweht wurden. Dann fuhr ein weißer Polizeiwagen vor.

Ihretwegen. Langsam wandte Asha sich ab von den Lichtern und der Kapelle und der Feier, und die Hintertür des Fahrzeugs glitt auf.

10. Papageien, verraten und verkauft

Eines Morgens Ende Juli fand Sunil in der Dämmerung einen der Müllsucher-Kollegen, er lag im Schlamm, da, wo die buckelige Straße von Annawadi auf die Durchfahrt zum Flughafen stößt. Sunil kannte den alten Mann flüchtig, er schuftete hart und schlief auf der Straße am Marol-Fischmarkt, knapp einen Kilometer entfernt. Jetzt war sein eines Bein blutiger Matsch, und er rief Passanten um Hilfe an. Sunil vermutete, dass er angefahren worden war. Manche Autofahrer hielten sich nicht groß mit Ausweichmanövern auf, wenn Müllsammler am Straßenrand herumstöberten.

Sunil traute sich nicht, zur Polizei zu gehen und um einen Krankenwagen zu bitten, schon gar nicht seit dem, was gerüchteweise mit Abdul passiert war. Er lief in Richtung des Schlachtfelds bei den Müllcontainern auf der Cargo Road, in der Hoffnung, irgendein Erwachsener da würde es wagen, zur Polizei zu gehen. Hier waren jeden Morgen Tausende Menschen unterwegs.

Zwei Stunden später, als sich Rahul von Annawadi aus auf den Schulweg machte, schrie der verletzte Mann nach Wasser. »Der ist ja noch besoffener als dein Vater«, spottete einer von Rahuls Freunden. »Besoffener als *deiner* vielleicht«, konterte Rahul einfallslos. Sie bogen auf die Airport Road ein. Angst vor der Polizei hatte Rahul nicht, er war schon mal zur Wache gerannt und hatte Hilfe geholt, als der Nachbar seinem kranken kleinen Sohn Danush kochend heiße Linsen übergegossen hatte. Aber der Mann hier auf

der Straße war bloß ein Müllsucher, und Rahul musste den Schulbus kriegen.
Eine weitere Stunde später, als Zehrunisa Husain an dem verletzten Müllsucher vorbeikam, schrie er vor Schmerz. Sie fand, dass sein Bein höllisch aussah, aber sie war mit Essen und Medikamenten auf dem Weg zu ihrem Mann, und der sah auch höllisch aus, da in dem Knast in der Arthur Road am andern Ende der Stadt.
Kurz danach kam Mr. Kamble vorbei, mit glasigen Augen und schmerzgeplagt, er drehte noch immer seine Runden bei Geschäften und Hilfsorganisationen, auf der Suche nach Zuschüssen für seine Herzklappe. Auch Mr. Kamble war einst Asphaltbewohner wie der Verletzte gewesen. Jetzt hatte er nur noch Augen für seinen eigenen bodenlosen Kummer, weil er langsam merkte, dass im neuen Indien alle möglichen Wunder geschahen, nur nie für ihn.
Als Rahul und sein Bruder am frühen Nachmittag aus der Schule zurückkamen, lag der verletzte Müllsucher noch immer da, aber er rührte sich nicht mehr und keuchte nur noch schwach. Um halb drei rief ein Mann von der Shiv Sena einen befreundeten Polizisten in der Wache Sahar an, da sei eine Leiche, die kleine Kinder verstören könne. Um vier trafen Constables mit einem Polizeitransporter ein und heuerten andere Müllsucher zum Aufladen des Leichnams an, die Constables wollten sich ungern anstecken mit all den Krankheiten, die diese Mülltypen bekanntlich haben.
Unbekannte Leiche, stellte die Polizei von Sahar fest, ohne nach der Familie des Mannes auch nur gesucht zu haben. Todesursache Tuberkulose, quittierte der Pathologe im Cooper Hospital, ohne eine Autopsie durchgeführt zu haben. Der für den Fall zuständige Inspector Thokale wollte die Ermittlungen schnell abschließen, aus geschäftlichen Erwägungen. Die anatomische Abteilung des Bijapur Medical College hatte bei ihm fünfundzwanzig Leichen zum Sezieren

in Auftrag gegeben, auf die niemand Anspruch erhob, und mit der hier war die Bestellung komplett.

Ein paar Tage später entdeckte ein junger Müllsucher im strömenden Regen beim Flughafen eine weitere Leiche: Auf einer Zufahrt zum internationalen Terminal lag ein Behinderter, daneben eine selbstgebastelte Krücke. Unbekannter Toter, keine Autopsie. Eine dritte Leiche tauchte am anderen Ufer des Klärteichs auf, in einem Loch, das Leute zum Scheißen nutzten. Jeder, der auf dieses Freiluftklo ging, hatte mitgekriegt, dass es dort neuerdings noch etwas schlimmer stank als sonst. Der zersetzte Leichnam war einmal der Autorikschafahrer Audhen gewesen, aber auch er wurde als »unbekannt« abgelegt, als Todesursache »Krankheit« vermerkt. Im Buschland jenseits des Hyatt tauchte noch ein vierter Toter auf, sein Kopf war zu Brei zerschmettert: ein Mann aus Annawadi, der am Flughafen Gepäck schleppte.

Viele Bewohner äußerten den Verdacht, dass Einbein den ganzen Slum mit einem Fluch belegt hatte und Annawadi jetzt ruiniert war, verrottet, *barbad.* Das Gerücht ging um, dass nächstes Jahr nach den Parlamentswahlen alle Slums beim Flughafen plattgemacht würden.

Manche Annawadier waren zuversichtlich, dass Bezirksrat Subhash Sawant die Invasion der Bulldozer doch noch hinausschieben könnte. Aber an einer Kreuzung in der Nähe flatterte ein Politplakat, das so klang, als seien längst Deals im Gange. »Du spielst, dass du mich verprügelt hast. Und ich spiele dann dicke Tränen. Ihr Leute, die ihr auf Flughafenboden lebt, ihr kennt das verlogene Rührstück genau. Jetzt erzählt euch die nächste Partei, nur sie sorgt dafür, dass der Flughafen euer Zuhause nicht zerstört. Und wieso macht sie dann Geheimtreffen mit den Regierungsleuten und den Bauherren?«

Sunil fand die Toten und die Gerüchte gespenstisch, aber noch beängstigender fand er, dass seine kleine Schwester schon wieder zwei Zentimeter gewachsen war und damit auch der Größenunterschied zwischen ihnen. Während des Monsuns fiel am Flughafen nicht mal annähernd so viel Müll an, dass er genug zum Wachsen bekam. Er war mit seiner Moral am Boden, als er zufällig einen anderen Müllsucher aus Annawadi sah, einen Jungen lang wie ein Grashalm, der beim Schleppen fast in die Knie ging, so prallvoll war sein Sack.

Es war Sonu Gupta, der Zwinkerer. Er lebte sieben Hütten von Sunil entfernt und war zwei Jahre älter. Vor ein paar Jahren, als die Müllsucherei am Flughafen noch nicht so zum Konkurrenzkampf ausgeartet war, hatten sie gemeinsam die Container auf der Cargo Road bearbeitet, aber die Partnerschaft hatte jäh geendet, als Sunil einmal Sonu aus Versehen die Nase gebrochen hatte. Seit kurzem schien Sonu allerdings zu signalisieren, dass er ihm verzieh. Manchmal traf Sunil ihn vor der Abenddämmerung, wenn Sonu auf dem Slumweg herumlungerte und ihm ein Ausdruck über das Gesicht huschte, als ob er sagen wollte: Lass uns doch zusammenarbeiten.

Sonus Gesicht an sich war abstoßend: die Haut schrumpelig, eins der beiden ständig zwinkernden Augen schielte nach oben. Halb taub war er auch, und an heißen Tagen schoss ihm Blut aus der Nase – irgendein Geburtsfehler, der in der Familie lag. Sunil war inzwischen alt genug, sich auszumalen, was die anderen Jungen sagen würden, wenn er ein dermaßen unterirdisches Bündnis erneuerte. Andererseits war er neugierig, wo der Zwinkerer den vielen Müll herhatte. Schlechte Augen waren in jeder Jahreszeit ein echtes Handicap für einen Müllsucher, ganz zu schweigen von der Monsunperiode.

Eines Tages ging Sunil ihm nach. Und zu seiner Überraschung stellte er fest, dass Sonu, der keinen einzigen Freund in Annawadi hatte, über einträgliche Beziehungen außerhalb des Slums verfügte – hauptsächlich zu den Security-Leuten an einem Eingang des weitläufigen Air-India-Geländes. Noch vor dem Morgengrauen stand Sonu mit einem fitzeligen Besen in der Hand im Dunkeln vor einer Toranlage auf der Cargo Road. Irgendwann wurde er von einem der Air-India-Wächter hereingelassen und legte los wie eine komische Furie. Er fegte die Gehwege, das Wachhäuschen und noch einmal die Gehwege, um die Abdrücke seiner eigenen kleinen Füße wieder zu tilgen, und er bückte sich so tief hinunter, dass er den ganzen aufgewirbelten Dreck einatmete. Es war ein so erbärmliches Bild, dass Sunil sich schon verächtlich abwenden wollte, als der Wächter zwei große Mülltonnen vor Sonus Füßen auskippte. Plötzlich begriff er, wie ausgefuchst die Sache war. Mitten auf der wilden Cargo Road, wo Halsabschneidersitten herrschten, hatte ein schmaler Teenager den Überfluss hinter den Sicherheitstoren ganz für sich allein, ein Vermögen an Plastikbechern, Coladosen, Ketchuptüten und Alufolie aus einer Kantine für Air-India-Mitarbeiter.

Irgendwie – weil er Mitleid erregte? – hatte der zwinkernde Sonu mit den Wächtern dieses Geländes genau das geschafft, was Sunil mit den reichen Besucherinnen damals im Waisenhaus nicht geschafft hatte. Sonu hatte sich positiv abgesetzt von der schäbigen Masse. Bald darauf marschierte Sunil, nur leicht verlegen, Seite an Seite mit Sonu aus Annawadi in Richtung Flughafen.

Er musste brüllen, damit Sonu ihn verstand, und anfangs war ihm das ziemlich egal. Für ihr Tagewerk reichte einsilbige Routine völlig: gemeinsam fegen bei Air India, Bierflaschen und Abfälle bei den Betreibern von Bierbars und Imbissständen ergattern und sich dann aufteilen, um den Arbeitsbereich zu vergrößern. Sunil war brillant im Erklimmen von Mauern und Wegrennen, wenn die Flughafenwächter ihn zu dicht beim Terminal erwischten. Sonu hatte keine Lust auf Prügel von Wachleuten. Er war Fachmann für Durchhaltevermögen und systematische Planung. Beim ersten Mal hatte er den Air-India-Wächtern Geld gegeben, damit sie ihm den Müll überließen, danach hatten sie keins mehr gewollt.

Der vorige Müllsucher bei Air India hatte Sonu einmal zusammengeschlagen, weil er ihn verdrängt hatte, und pobelte ihn noch immer an, wenn ihre Wege sich kreuzten, aber Sonu hatte sein Leben lang Hohn und Spott auf sich gezogen und scherte sich nicht um anderer Leute Meinung. Am Ende seiner täglichen Runden stand er auf der Airport Road, beobachtete den Verkehr, zurrte die Schnüre seines prallen Sacks stramm, und sein ganzer Körper strahlte Stolz aus.

»Du hast mir beigebracht, wie man's richtig macht«, sagte Sunil eines Tages zu ihm. Sonu war auch so freundlich, die täglichen Einnahmen korrekt zu halbieren, meistens vierzig Rupien, gut ein halber Euro, für jeden.

Sie fingen an, bei der Arbeit mehr miteinander zu reden. Zuerst über Kleinkram: dass man mit den Zehen fast genauso gut beurteilen konnte, ob Sachen recycelbar waren, wie mit den Fingern, oder dass Sonus Familie ein Radio besaß, bei dem man immer einen gewischt bekam, wenn man es lauter stellte. Bald auch über bedeutendere Dinge, denn Sonu hielt beim Müllsuchen gern prägnante Kurzvorträge. Nein, Gelbsucht kriegt man, wenn man Wasser aus dem Klärteich schluckt, erläuterte er, als Sunil behauptete, Gelbsucht kriege man, wenn man Leute mit Gelbsucht hänselt. Sonu riet auch dringend davon ab, sich mit männlichen Touristen in den Luxushotels einzulassen, nach allem, was seinem kleinen Bruder passiert war. Und er empfahl Sunil, sich die Zähne öfter als einmal im Jahrtausend zu putzen, sein Mundgeruch sei schlimmer als der von den Slumschweinen und ihrem Gammelfraß.

Eines Tages entdeckte Sonu am Mithiufer eine Kippe, bevor Sunil sie in die Tasche stecken konnte. Er ging in die Hocke und schlug mit einem Stein auf sie ein. Der kostbare Tabak rieselte heraus, der Filter war zerfetzt, und Sonu deutete mit dem Kopf auf das Häufchen Krümel. »Sunil, wenn ich dich noch *ein* Mal rauchen sehe, ja? Dann mach ich mit dir dasselbe, mit so 'nem Stein.«

Genauso leidenschaftlich argumentierte Sonu gegen Sunils Begeisterung für Kalu, den Mülldieb, der für alle Jungen, die kein Geld fürs Kino hatten, immer Filme nachspielte. »Du bist die halbe Nacht auf, bloß weil du diesem Kalu zuhörst, und ich darf morgens jede Menge Zeit verplempern, um dich wach zu kriegen«, beschwerte er sich. Für ihn war Verschlafen ohnehin ein Rätsel. Er sagte: »Meine Augen gehen morgens immer von alleine auf.« Sunil war es nicht gewohnt, dass sich jemand Sorgen um ihn machte, und er fand es schön.

Sonu hatte einen noch schrägeren Säufer zum Vater als Sunil. Er zerriss hin und wieder die Rupienscheine, die er tagsüber beim Straßenbau verdient hatte. »Scheiß drauf! Was zählt schon Geld?« Mit seiner Mutter dagegen hatte er Glück. Abends zupfte sie mit ihren vier Kindern klebrige Produktionsabfälle von rosaroten Wäscheklammern – Stückakkord für eine Fabrik nebenan. Tagsüber verkaufte sie Ketchuptütchen und Marmeladendöschen mit abgelaufenem Verfallsdatum auf einem Bürgersteig beim Hotel Leela. Die Marmelade und in Plastik eingeschweißte zerkrümelte Kekse waren Spenden von Cateringfirmen mancher Fluglinien für Schwester Paulette und ihre bedürftigen jungen Schützlinge. Die Nonne verkaufte die abgelaufenen Sachen stattdessen an arme Frauen und Kinder, die sie dann ihrerseits weiterzuverkaufen versuchten. Sonu war auf Schwester Paulette noch schlechter zu sprechen als Sunil.

Sonu ging offiziell in die siebte Klasse der Marol-Gemeindeschule. Zum Unterricht erscheinen konnte er zwar nicht, weil er arbeiten musste, aber er meldete sich jedes Jahr für die nächste Klasse an, lernte abends und legte am Schuljahresende alle Prüfungen ab. Er fand, Sunil sollte das auch so machen. Eines Morgens wackelte er mit dem Kopf, als ob er sich die Taubheit aus dem Ohr schütteln wollte, und verkündete: »Wir bilden uns selber, dann machen wir bald so viel Geld, wie's Müll gibt!«

»Du bestimmt, Boss«, lachte Sunil, »und ich bin dann das arme Volk, okay?«

»Willst du denn nicht auch jemand sein, Motu?«, fragte Sonu. Er nannte Sunil neuerdings »Motu« – Dicker –, was als Beschreibung höchstens im Vergleich zu ihm selbst passte.

Sunil wollte durchaus jemand sein, aber er hatte nicht den Eindruck, dass der Unterricht an einer Gemeindeschule die Perspektiven für annawadische Jungen wirklich verbesserte. Selbst diejingen, die da die siebte oder achte Klasse schafften, suchten hinterher Müll, ackerten beim Straßenbau oder verpackten in irgendeiner Fabrik Fair&Lovely-Lotion. Nur Jungen, die auf Privatschulen gingen, hatten eine Chance, danach auch die Highschool zu schaffen und ein College zu besuchen.

Sobald Sunil und Sonu wieder in Annawadi waren, hörten sie auf zu reden und sich beim Gehen mit den Hüften anzubuffen. Zwei dürre kleine Jungs, die ein bisschen Geld machen, sind leichte Beute. Größere Jungen kamen die matschige Straße entlanggelatscht, und plötzlich wurden Sunil und Sonu hochgerissen, kopfüber in den Boden gerammt und hatten die Nase voll Büffelscheiße. Ein Sohn von Robert, dem Zebrakümmerer, bot den beiden Schutz an, für dreißig, vierzig Rupien pro Woche. Als sie nicht zahlten, verdrosch er sie selbst.

Sunil beneidete alle Kinder, die ganz offenbar mehr als den

üblichen Schutz genossen. Es war allgemein bekannt, wer sich mit Ashas Kindern anlegt, kriegt einen Arschtritt von einer Shiv-Sena-Gang, also tat es niemand. Die Husain-Kinder hatten eine andere Art Rückendeckung, nämlich eine Familie im Kricket-Team-Format. Hindujungen behaupteten immer, Muslime sind ständig am Ficken, um so viele Babys zu machen, dass die Hindus in Unterzahl sind. Sunil fand große Familien toll, egal welcher Religion, denn alles, was er hatte, war die aufreizend zu viel gewachsene Sunita.

Wenn er in der Nähe war, passte Kalu, der Mülldieb, auf Sunil auf, obwohl er selbst eher klein war. Manchmal am späten Nachmittag kletterte er zu Sunil auf einen Haufen aus warmem Bauschutt am anderen Ufer des Klärteichs, und die schrägen Sonnenstrahlen kurz vor der Dämmerung warfen Riesenschatten von beiden Jungen. Hier, weit außerhalb der Sichtweite des Zwinkerers, konnte Sunil in Ruhe seine tägliche Zigarette rauchen. Auch Kalu rauchte, trotz der Tuberkulose, die er sich vor ein paar Jahren zugezogen hatte.

Die beiden Jungen liebten ihren verborgenen Aussichtspunkt jenseits des Wassers, der einen guten Blick auf Annawadi bot. Von diesem Trümmerhaufen aus war deutlich zu sehen, wie windschief die Hütten vor den hoch aufragenden geraden Linien des Hyatt und des Meridien standen. Sie sahen aus, als wären sie vom Himmel gefallen und beim Aufprall zerdetscht worden.

Die anderen Wunderdinge auf dieser Seite des Klärteichs waren ein kleiner Bauernhof, der anmutete wie ein geheimer Ort in der Großstadt, und ein Jamunpflaumenbaum, in dem Papageien nisteten. Ein paar andere Straßenjungen hatten die Papageien schon öfter eingefangen und auf dem Marol-Markt verkauft, aber Sunil machte Kalu klar, dass man die Vögel in Ruhe lassen sollte. Morgens beim Aufwachen horchte er als Erstes, ob sie noch krächzten und nicht über Nacht entführt worden waren. Kalu kam ihm immer vor wie der Papagei unter den Straßenjungen, obwohl sein älterer Kumpel in letzter Zeit kleinlauter zu werden schien. Auch die Filme, die er nachspielte, wurden düsterer.

Kalu war Spezialist für die Recyclingtonnen auf dem Gelände der Airline-Caterer. Die Container wurden regelmäßig von privaten Verwertern geleert, aber Kalu hatte alle Abholzeiten im Kopf. In der Nacht, bevor die Müllwagen kamen, kletterte er über den Stacheldraht und plünderte die überquellenden Tonnen. Er hatte vom Firmengelände von Chef Air, Taj Catering, Oberoi Flight Services und Skygourmet ganze ausrangierte Aluminiumtabletts abgeschleppt. Die Oberoi-Container, erzählte er, waren am schärfsten bewacht.

Aber dann hatte die Polizei von Kalus Geschäften Wind gekriegt. Er wurde immer wieder geschnappt, bis ihm ein paar Constables ein Arrangement vorschlugen. Er dürfe sein Blechzeugs behalten, wenn er der Polizei berichte, was er auf der Straße an Informationen über örtliche Drogendealer aufschnappe.

Ganesh Anna, ein Dealer im weißen Anzug, betrieb am Flughafen einen schwunghaften Kokainhandel und ließ seine Vorräte zweimal pro Woche von ein paar Zwischenhändlern – lauter Annawadier Anfang zwanzig – aus einem anderen Stadtteil abholen. Natürlich schmierte Ganesh Anna längst die Polizei, damit sie ihm vom Hals blieb, aber ein paar Constables waren unzufrieden mit ihrem Anteil. Im Tausch gegen brauchbare Informationen über Ort und Zeit der Drogenlieferungen würden sie Kalu in Ruhe die Mülltonnen plündern lassen. Kalu hatte einen Zettel mit den Handynummern der Polizisten in der Seitentasche seiner Hose – der Cargojeans, die Mirchi abgelegt hatte, rot-braunes Tarnmuster.

Kalu hatte vor der Polizei genauso viel Angst wie vor Ganesh

Anna. Er fühlte sich wie ein Köderfischchen. Er spielte jetzt immer wieder *Prem Patigyaa* nach, in dem Film gab es einen Slumganoven, der das Gefühl hat, nie mehr aus dieser Art Leben rauszukommen, und just als er beschließt, sich totzusaufen – erscheint die strahlend schöne Madhuri Dixit und schreitet zu seiner Rettung. Kalu trieb sich regelmäßig bei den Mädchen herum, die vor den Wasserpumpen warteten, und er hielt es für ebenso unwahrscheinlich wie Sunil, dass hier in Annawadi plötzlich ein neues Mädchen aufkreuzte und ihn à la Madhuri aus seinen Verstrickungen befreite. Es war sicherer, ganz aus Mumbai zu verschwinden, und da sein Vater nicht bei der Familie lebte, hatte er auch einen plausiblen Fluchtort.

Sein Vater und sein älterer Bruder waren Wanderrohrleger und wohnten in einem Nachbarslum, der nicht gerade rutschfest an einem Hügel klebte. Kalu weinte manchmal darüber, wie unerwünscht er sich in dem Zuhause gefühlt hatte, bevor er sein Straßenleben rund um Annawadi aufgenommen hatte. »Ich bin in Sekundenschnelle erwachsen geworden, als meine Mutter gestorben ist«, erzählte er Sunil. »Mein Vater und mein Bruder haben mich nie verstanden.« Aber unverstanden zu sein war immer noch besser, als in der Zwickmühle zwischen einem Drogendealer und der Polizei zu sitzen. Sein Vater und sein Bruder sollten demnächst zu einem Neubauprojekt im Hügelland bei Karjat aufbrechen, zwei Stunden von Annawadi entfernt. Kalu hatte als Kind gelernt, wie man Rohre verlegt, und auf der Baustelle gab es bestimmt auch Arbeit für ihn.

Sunil war traurig, dass Kalu weg musste. Ohne ihn würde Annawadi viel von seiner Buntheit verlieren. Die hüftschwingende Theatralik, mit der Kalu *Om Shanti Om* nachspielte, und die so subtil unterhaltsamen, seinem jeweiligen Lieblingsfilm nachempfundenen Frisuren. In letzter Zeit hatte sich Kalu lange Strähnen wachsen lassen wie der irre

Collegestudent, gespielt von Salman Khan in dem alten Film *Tere Naam*.

Außerdem hatten Diebe wie Kalu ein Ansehen, das Müllsammler nicht hatten, und ohne Kalu war Sunil noch hoffnungsloser an sein Müllsucherdasein gebunden, so wie Sonu, der Zwinkerer – die Sorte Mensch, die ohne Hilfe leiden und auf der Straße sterben darf.

Ein paar Tage bevor er aufbrach, sagte Kalu zu Sunil: »Mein richtiger Name ist Deepak Rai. Aber sag das niemandem. Und mein Hauptgott ist Ganesha.« Er fand, auch Sunil sollte den elefantenköpfigen Gott, der die Hindernisse aus dem Weg räumt, zu seinem Hauptgott machen. Um ihn zu überzeugen, nahm er ihn mit auf einen Bußgang zum Siddhivinayak-Tempel, fünfzehn Kilometer auf bloßen Füßen bis in die Altstadt von Mumbai.

Welchen Heiligen und Göttern man folgen sollte, war heiß umstritten unter den Straßenjungen. Manche sagten, Sai Baba sei aber schneller als der fette Ganesha. Andere behaupteten, Shiva könne sein drittes Auge aufschlagen und die beiden anderen zum Explodieren bringen. Sunils Mutter war gestorben, bevor sie ihm die Götter hätte erklären können, und Sunil wusste nicht genug über deren jeweilige Meriten, um sich für einen Lieblingsgott zu entscheiden. Andererseits – dass ein Junge sich mit den Göttern auskannte, hieß, wie er in Annawadi beobachtet hatte, noch lange nicht, dass diese Götter auch auf ihn aufpassten.

Eines Nachmittags stand Abduls Mutter in der Jugendstrafanstalt Dongri, durchweicht vom Regen und mit mangokerndunklen Schatten unter den Augen. Abdul kam schmollend aus seiner Baracke – er ließ den Kopf hängen, kickte einen Matschklumpen vor sich her. Sie durfte ihn nach Hause holen. Ein Richter hatte entschieden, Abdul sei nicht der Typ, der vor einem Jugendgerichtsprozess davonlief, und ihn mit strengen Auflagen entlassen: Bis zum Prozess meldest du dich jeden Montag, Mittwoch und Freitag in Dongri, zum Beweis, dass du dich dem Verfahren nicht entziehst.

Abdul trottete hinter seiner Mutter her durch einen langen stinkenden Flur, in dem es von Kindern wimmelte, dann durch den Innenhof und hinaus auf die Straße. Der Regen fiel nur noch in Tröpfchen, die matte Sonne stand schon tief und verblasste langsam. »Wann ist denn mein Prozess?«, fragte er. »Und wann ist mein Vater dran?«

»Das weiß kein Mensch, aber hab keine Bange«, sagte Zehrunisa, »überlass alles Gott, und vergiss nie zu beten. Wir haben jetzt einen Anwalt, der findet die richtigen Worte, und dann hat das alles ein Ende, denn der Richter wird die Wahrheit sehen.«

»Die Wahrheit sehen«, wiederholte Abdul skeptisch. Als wäre die Wahrheit eine Münze auf einem Gehweg. Er wechselte das Thema. »Wie geht's meinem Vater?«

»Die kriegen keine Medikamente in der Arthur Road, und Platz zum Schlafen haben sie auch nicht. Ach, es ist furchtbar, dass er da drin ist – er ist ganz schmal im Gesicht geworden. Aber Kehkashan sagt, in ihrem Knast ist es nicht so schlimm. Sie betet viel, für uns alle. Sie sagt, das ist Allahs Wunsch, wenn der Ärger aus allen vier Himmelsrichtungen kommt.«

»Warum hast du nicht meinen Vater zuerst rausgeholt?«, fragte er. »Es ist nicht richtig, dass ich vor ihm raus darf.«

Zehrunisa seufzte und erzählte ihm, wie sämtliche Verwandten und Freunde jede Unterstützung für eine Kaution verweigert hatten und wie sie von der Familie seiner vermeintlichen Verlobten gedemütigt worden war.

»Für die andern Leute hat das bloß Unterhaltungswert, was uns passiert ist – Stoff zum Tratschen, wenn sie Langeweile haben«, sagte Abdul grimmig. »Jetzt wissen wir's genau, um uns schert sich kein Mensch.«

Ein langes tiefes Schweigen folgte. Dann fragte er seine Mutter nach dem Müllgeschäft.
Es war unter Mirchis Kuratel zusammengebrochen. Die Müllsucher verkauften alle nur noch an den Tamilen mit der Spielbude.
Abdul gab einen Laut von sich, der wie ein verstärkter Schluckauf klang. Er hätte es sich denken können. Seine Eltern hatten Mirchi zu etwas Besserem als Müllarbeit erzogen. Auch er selbst hatte Mirchi etwas Besseres gewünscht.
»Na gut«, sagte er nach einer Weile und bohrte einen Finger in seine zuckende Unterlippe. Es sei ja nicht völlig hoffnungslos. Er würde wieder von vorn anfangen, noch härter arbeiten und versuchen, nicht übelzunehmen, dass er mit der Fahrerei nach Dongri und zurück drei Tage in der Woche verlor. Extraeinnahmen würde er sich verkneifen, denn er sei entschlossen, auf dem Pfad der Tugend zu wandeln, den der Master in Dongri empfohlen hatte, und sich für den Rest seines Lebens fernzuhalten von polizeilichen Verhörräumen. Er würde keinerlei Diebesgut mehr kaufen.
Seine Mutter schien mit der Entscheidung einverstanden zu sein. Hoffentlich hatte sie überhaupt zugehört. Sie wirkte wie abwesend vor lauter Erschöpfung, und sie hatte definitiv nicht zugehört, als er sie etwas später gefragt hatte, ob seine Leiden nicht mit einem iPod belohnt werden könnten.

Die Müllsucher fanden Abdul seit seiner Rückkehr aus Dongri erstaunlich gesprächig. Jetzt fragte er sie an der Waage immer aus, ob sie ihre Ware ehrlich erworben hatten. Zwischen seine neuen, inquisitorischen Verhandlungsrunden streute er bizarre kleine Vorbemerkungen: »Soll ich dir mal was sagen?« Oder: »Eins muss ich dir mal sagen.« Um danach endlos über einen Lehrer in Dongri zu plaudern, der in seinem, Abduls, Charakter den feinen, anständigen Zug entdeckt habe, *taufeez* nämlich.

Er behauptete auch, ständig mit dem Master zu sprechen – der Mann sei so hingerissen von ihm gewesen, dass er ihm seine Handynummer gegeben habe. Alle wussten, dass Abdul log. Die Straßenjungen hatten nichts gegen Schwindeleien, überbordende Phantasie war ein guter Zeitvertreib. Sie fanden es nur ziemlich komisch, dass Abdul ihnen ausgerechnet etwas über eine Freundschaft mit einem Lehrer vorlog. Der einzige andere Junge, der solche Verlierermärchen erzählte, war Sunil, der tat gegenüber neuen Jungen immer gern, als sei er im fünften Schuljahr und Klassenprimus.

Das Publikum für Abduls Storys über den Master bekam Zuwachs, als sein Halb-Freund Kalu Mitte September von der Baustelle in Karjat zurückkehrte. Kalu hatte zugenommen, Erase-X war außerhalb von Mumbai Mangelware.

Zehrunisa war überrascht, dass Kalu so schnell wieder da war. Sie rief ihn in die Hütte und servierte ihm ein Resteessen, jetzt im Ramadanmonat blieb mehr übrig als sonst, weil die Husains fasteten. Zehrunisa hatte Kalu gern, sie fand, er brauche Bemutterung. Kalu wollte das nicht bestreiten. Seit einem Jahr nannte er sie sogar *amma,* Mutter – eine Art Zärtlichkeit, die Abdul etwas unruhig machte.

»Und dein Vater ist noch in den Bergen?«, fragte sie.

»Ja, *amma,* aber ich musste da weg. Ich will doch jetzt nicht auf dem Land sein.« Denn jetzt waren überall in Mumbai die schwindelerregenden Feierlichkeiten zu Ehren seines geliebten Ganesha in vollem Gang. Übermorgen würden Millionen Menschen aus der ganzen Stadt unter Trommelrhythmen und Jubelrufen mit Liebe gebastelte Kultbilder des Elefantengottes zum Strand tragen und im Meer versenken. Umweltschützer sahen die Zeremonie sehr kritisch, aber für Kalu war sie der Höhepunkt des Jahres.

»Du hätt'st da bleiben sollen«, mahnte Zehrunisa. »Ich erkenn dich kaum wieder, so gesund siehst du aus. Warum lässt du deinen Vater einfach so links liegen? Hier rutschst du doch bloß wieder zurück in deine alten Unarten.«

»Ich werd nicht wieder stehlen«, versprach Kalu. »Ich hab mich gebessert, ich bin jetzt gut, siehst du das nicht?«

»Na ja, jetzt vielleicht«, stimmte Zehrunisa zu. »Aber kann ein Dieb sich wirklich ändern? Falls ja, ist mir das entgangen.«

Am nächsten Tag waren Kalu und Sunil auf der Jagd nach Abfällen gemeinsam am Flughafen unterwegs. Abends verkauften sie Abdul ihre Ausbeute, danach hockten sie mit ihm zusammen vor der Spielbude herum. Zu dritt hechelten sie die üblichen Gesprächsthemen durch – Essen, Filme, Mädchen, die Müllpreise –, als Mahmoud, ein zugedröhnter behinderter Junge mit glasigen Augen, plötzlich einfach so und aus Gründen, die nur er kannte, Abdul einen Hieb auf die Brust verpasste. Noch so ein rasendes Einbein. Natürlich schlug Abdul nicht zurück. Er ging nach Hause, schlafen. Sunil auch.

Kalu hatte kein Zuhause, in das er sich zurückziehen konnte. Er machte sich auf den Weg zum Flughafen, durch den Durchgang in Richtung der leuchtenden blauen Schilder, die zum internationalen Terminal führten. Ankunft unten. Abflug oben. Glückliche Reise.

Am nächsten Morgen lag Kalu vor den rot-weißen Toren zum Air-India-Gelände: ohne Hemd, die Salman-Khan-Strähnen ausgewachsen, zusammengekrümmt hinter einer blühenden Hecke.

11. Richtig schlafen

Ein bulliger, schnauzbärtiger Constable namens Nagare fuhr mit dem Motorrad nach Annawadi, auf seinem Rücksitz schaukelte der behinderte Junkie, der Abdul am Abend vorher geboxt hatte. Das Motorrad bremste scharf vor Zehrunisa, die gerade mit einem Müllsucher feilschte. Sie fing an zu zittern, als sie das Gesicht des Constables sah. Dieser Nagare guckte nicht, wie Polizisten normalerweise guckten, wenn sie Geld wollten. Er hatte ein angespanntes, böses Gesicht, das sie nicht zu deuten wusste. Der brachte doch bestimmt irgendwelchen neuen Ärger, der konnte den Ärger nur vergrößern, den die Familie bereits hatte.

Nein, sie war wohl selbst schon so paranoid wie Abdul. Der Constable wollte einfach erfahren, wo Kalus Angehörige zu finden seien, und Mahmoud, der behinderte Junkie, hatte ihm erzählt, dass sie das wissen könnte. Zehrunisa war selig vor Erleichterung, bis Nagare den Grund für seine Frage nannte.

»Ist tot, der Junge«, sagte er stirnrunzelnd, und Zehrunisa hatte nicht mal Zeit zum Trauern, als er davonbrauste, denn das Nächste, was sie hörte, war, wie Abdul zusammenbrach. Den ganzen Monat lang hatte ihr ältester Sohn versucht zu vergessen, was ihm in der Polizeizelle zugestoßen war. Jetzt war in einem einzigen Augenblick etwas tief in ihm Versiegeltes aufgeplatzt. Er wusste nicht mehr, wie man richtig atmet, und gab wilde abgehackte Laute von sich. Kalu, sein einziger sozusagen Freund: tot. Dann würden sie ihn jetzt bestimmt wegen Mordes verhaften. Die Polizei würde ihm eine Falle stellen, genau wie Fatima. »Ich weiß es«, brabbelte er immer wieder. Der Junkie Mahmoud hatte der Polizei bestimmt schon erzählt, dass Abdul am Abend vorher mit Kalu auf der Straße gestanden hatte. Das würde dann als Beweis genommen, und auf der Grundlage würde er verurteilt werden. Es würde wieder Prügel von der Polizei hageln und danach Jahrzehnte im Knast in der Arthur Road. Abdul krümmte sich und schluckte, dann sprang er auf und rannte in die Hütte, aber nicht einmal Kehkashan, die inzwischen auf Kaution entlassen worden war, konnte ihn trösten. Er spürte deutlich, dass er sich wieder verstecken musste, aber diesmal nicht in seinem Müllhaufen.

»Kalu 's ermordet! Rausgerissene Augen! Sichel im Arsch!« Ein paar andere, noch nicht ganz so vom Leben traumatisierte Jungen waren losgerannt und hatten sich die Leiche angeguckt, und jetzt schwirrten ihre Berichte durch die Slumgassen.

Sunil wollte das alles nicht glauben, er musste selbst nachsehen. Er lief los, im Zickzack durch den dichten Verkehr auf der Airport Road.

Die anderen Jungen hatten erzählt, Kalu liege in einem Garten, aber in was denn für einem Garten? Nach zwei Jahren ästhetischer Generalüberholung strotzte doch die ganze Flughafengegend unter Führung des Konzerns GVK überall nur so von Blumen. Und auch am Hotel Leela waren doch Gärten, oder? Vor lauter Verzweiflung rutschte ihm im Kopf der Plan seines Flughafengeländes durcheinander.

Als er endlich den richtigen Garten fand, standen dort überall Air-India- und GVK-Manager herum, alle anderen Leute wurden von der Polizei weit abgedrängt. Einer der Jungen hatte erzählt, dass Krähen Kalu die Augen ausgehackt und in die Kokospalmen fallen lassen hatten.

Sunil sah von weitem zu, wie Kalus halbnackte Leiche in einen Polizeitransporter geladen wurde. Und wie der danach wegfuhr. Zum Gaffen war nur noch die Polizeiabsperrung

übrig – ein blödes gelbes Plastikband, das sich durch einen Stamm Helikonien zwirbelte, die orangeroten Blüten sahen aus wie aufgerissene Schnäbel von Vogeljungen.
Sunil wandte sich ab und ging nach Hause, vorbei an den mächtigen Stützpfeilern der halbfertigen Hochstraße mitten auf der Airport Road, vorbei an einer Reihe Schilder, auf der die GVK versprach: Wir kümmern uns Wir kümmern uns Wir kümmern uns, vorbei an der langen Betonwand mit der Reklame für unverwüstlich schöne Fußbodenfliesen. Er fühlte sich klein und traurig und unnütz. Wer hatte seinem Freund so etwas angetan? Aber sosehr ihm Schock und Trauer das Hirn vernebelten, so klar sah Sunil die soziale Hierarchie, in der er lebte. Für die Jungen von Annawadi war Kalu ein Star gewesen. Für die Behörden der Oberstadt war er ein zu beseitigender Störfall.

Offiziell galt das Revier, das die Polizei von Sahar bearbeitete, als eins der sichersten im ganzen Großraum von Mumbai. In den letzten zwei Jahren hatte es hier nur zwei Morde gegeben, und dabei gehörten der Flughafen, Hotels, Bürogebäude sowie Dutzende von Baustellenlagern und Slums zu ihrem Revier. Beide Morde waren auch rasch aufgeklärt worden. »Unsere Mordermittlungen sind hundert Prozent erfolgreich«, wie Senior Inspector Patil, der Leiter der Polizeiwache Sahar, gern verkündete. Solche Aufklärungsraten hatten einen kleinen Haken: Bei Morden an irrelevanten Menschen fand so etwas wie Ermittlung nicht statt.
Einer »unheilbaren Erkrankung« erlegen, hieß der Schlussstrich, mit dem Ermittlungsleiter Inspector Maruti Jadhav den Fall Kalu kurzerhand abhakte. Welcher Art die »unheilbare Erkrankung« war, entschied die Pathologie des Cooper Hospitals. Deepak Rai alias Kalu, fünfzehn Jahre alt, war an seiner Tuberkulose gestorben – dieselbe Todesursache wie auf dem Fußanhänger des blutüberströmten Müllsuchers,

der auf der Airport Road langsam sein Leben ausgehaucht hatte.
Lebhafte, über jeden Zaun kletternde Jungen werden aber nicht plötzlich von der Tuberkulose hingerafft. Denn eins wussten Annawadier ebenso gut wie Pathologen: An Tuberkulose stirbt man qualvoll langsam. Kalus Leichnam jedoch, der etwas anderes hätte beweisen können, wurde in Windeseile auf einem Scheiterhaufen des Parlswada Krematoriums auf der Airport Road in Asche verwandelt, die falsche Todesursache korrekt in eine Dienstakte eingetragen. Auf der Akte war anscheinend eine Zigarette abgelegt worden, ein Brandloch ging mitten durch. Danach verschwanden die gemäß Dienstvorschrift zunächst gefertigten Fotos von der Leiche des Jungen aus dem Vorgangsarchiv der Polizeiwache Sahar.
Diese Polizeiwache war, wie schon Abdul und seine Familie hatten erfahren müssen, kein Ort, an dem man Opfern zu ihrem Recht verhalf und sich der öffentlichen Sicherheit herzlich verpflichtet fühlte. Sie war ein hektischer Bazar, und Ermittlungen zum Tod eines Kalu waren kein profitables Unterfangen. Sein Tod verschaffte der Polizei jedoch einen guten Vorwand, das Flughafengelände von anderen annawadischen Straßenjungen zu säubern.

Nach Kalus Tod wurden fünf Straßenjungen aufgegriffen und in die »inoffizielle Zelle« der Polizeiwache Sahar gebracht. Sie wurden im Namen einer angeblichen Ermittlung geschlagen und wieder freigelassen mit dem Hinweis, wenn sie sich nicht vom immer eleganteren Flughafen fernhielten, könnte auch ihnen eine Mordanzeige drohen. Sie hatten keine Ahnung, dass die Polizei den Mord an Kalu längst als natürlichen Todesfall abgeheftet hatte.
Einer der Jungen, Karan, floh sofort nach der Freilassung aus Annawadi und überhaupt aus Mumbai und kehrte nie

wieder. Ein anderer, Sanjay Shetty, sammelte sofort wie besessen Müll und brachte ihn zu den Husains, um seine eigene Flucht zu finanzieren.

Zehrunisa stockte der Atem, als sie ihn sah. »Was ist mit deinem Gesicht?«, fragte sie. »Warum weinst du denn?«

Sanjay war sechzehn und eine Ausnahmeerscheinung unter den Straßenjungen wegen seiner ungewöhnlichen Größe, seiner Schönheit und seines gedehnten südindischen Akzents. »Jedes Wort von dir klingt wie eine Liebeserklärung«, hatte Zehrunisa ihn einmal aufgezogen. »Da schmilzt man ja dahin, so wie du redest.« Jetzt brachte Sanjay kaum ein Wort heraus.

»Beruhig dich erst mal«, sagte sie. »Komm, was ist passiert.«

Unter Schluchzen erzählte Sanjay, dass er gesehen hatte, wie eine Bande Männer im Dunkeln vor dem Air-India-Tor über Kalu hergefallen war. Dann erzählte er ihr, wie er selbst zusammengeschlagen worden war, auf der Polizeiwache. Er wusste nicht, wovor er mehr Angst hatte: dass die, die Kalu überfallen hatten, rauskriegten, dass er Zeuge gewesen war, und jetzt auch hinter ihm her waren oder dass die Polizei ihn zur nächsten Runde gewalttätiger Verhöre abholte.

Auf der buckeligen Straße von Annawadi konnte er nicht mehr schlafen, er wollte zu seiner Mutter, er wusste niemanden, zu dem er sonst hätte gehen können. Die Hütte der Familie am Flughafen war abgebrannt, danach war sie acht Kilometer weiter südlich nach Dharavi gezogen, in Mumbais größten Slum.

Zehrunisa fand auch, dass Dharavi für einen Jungen, der verschwinden musste, sicherer war als Annawadi. Sie drückte ihm das Geld in die Hand und sah ihm nach, als er davonrannte.

Als Sanjay in Dharavi ankam, kochte seine vierzehnjährige Schwester gerade Tomatenchutney fürs Abendessen. Anandi fiel fast die Schüssel aus der Hand, als sie sein angsterfülltes

Gesicht sah. Die Geschwister waren einander sehr zugetan, Sanjay hatte sich erst vor kurzem, als er ausnahmsweise mal über etwas Geld verfügte, den Anfangsbuchstaben ihres Namens neben seinen auf den Unterarm tätowieren lassen. Anandi schimpfte oft mit ihm, ein Bruder, der seine Schwester so liebe, wie er von sich behauptete, komme öfter nach Hause. Aber die Hütte war nur gut fünf Quadratmeter groß, zu klein für drei Personen, und Sanjay war gern am Flughafen – das gebe ihm so ein Gefühl, dass er eine Chance hatte wegzukommen.

Er nahm seine Schwester bei der Hand, hockte sich Knie an Knie mit ihr auf den Boden und erzählte ihr, dass er gesehen hatte, wie sich plötzlich eine ganze Gruppe von Männern auf Kalu gestürzt hatte. »Die haben meinen Freund umgebracht«, sagte er immer wieder. »Und dann einfach weggeschmissen.« Als sei er Müll.

Als Sanjay sich wieder gefasst hatte, hielt er Anandi einen Vortrag: dass sie ihrer Mutter, die noch bei der Arbeit war – sie pflegte eine ältere Dame in einem Mittelschichtviertel –, keinen Kummer machen solle und dass sie ernsthafter lernen solle.

Seine Schwester sah ihn verblüfft an. »Was redest du denn, Sanjay? Lernen? Ich muss arbeiten und Geld verdienen, genau wie du. Und deinetwegen hat Mutter Stress, nicht meinetwegen.«

»Du musst auch richtig schlafen.« Er schien sie nicht gehört zu haben. »Ich finde, du schläfst nicht genug.«

Anandi wusste nicht, was sie vom väterlichen Gerede ihres Bruders halten sollte. Kam so was von Erase-X? Sie stand auf, sie hatte keine Ruhe. Natürlich tat es ihr auch leid, dass dieser Kalu ermordet worden war. Sie hatte ihn in Annawadi mal gesehen, er hatte ihre Kochkünste gelobt und sie zum Lachen gebracht. Aber sie konnte doch hier nicht rumsitzen und Sanjays Hand halten, sie musste sich noch um das Gemüse und den Reis kümmern. Sie ging wieder an den Herd, und Sanjay streckte sich auf dem Boden aus und schloss die Augen, vielleicht um ihr vorzumachen, was er sich unter richtig schlafen vorstellte.

Als die Mutter eine Stunde später heimkam, war Sanjay schon wieder auf den Beinen, zappelig, und hörte sich ein Stück vom Album *Phir Bewafaai – Deceived in Love* an. »Sanjays Herzschmerz-Musik«, nannte seine Mutter das Duett gern und rollte die Augen.

»Nur ein einziger Fehltritt«, beteuerte singend der schuldige Ehemann, und seine betrogene Frau schmetterte ihren Racheplan zurück. Plötzlich wurden beide übertönt von Sanjays und Anandis Mutter: »Mir wird schlecht! Äh, das Mittagessen war verdorben!«

Sie stürzte zum Klo und rief noch: »Warte, Sanjay. Lauf nicht weg.«

»Tu ich nicht«, versprach er.

Als die Mutter zurückkam, war Anandi völlig außer sich, und Sanjay wand sich in Krämpfen auf dem Boden. Sie zog ihn hoch, sie vermutete einen Krampfanfall, dann roch sie etwas Chemisches in seinem Atem. Anandi fand eine weiße Plastikflasche in einer Ecke. Sie hatte Sanjay vorher damit herumspielen sehen und gedacht, da sei Seifenlauge drin – Sanjay war verrückt nach Seifenblasen. Aber in der leeren Flasche war Rattengift gewesen.

Sanjay rollte sich mit dem Gesicht zur Wand, verweigerte das Salzwasser, das seine Mutter angerührt hatte, um ihn zum Erbrechen zu zwingen. Er überlebte die Einlieferung ins öffentliche Krankenhaus nur um zwei Stunden. Als seine Mutter nach Mitternacht nach Hause kam, vor Kummer um Jahre gealtert, warf sie die Rezepte, die der Arzt für Sanjay ausgestellt hatte, in den Gully. Die Zeit hatte nicht mal gereicht, um auf die Straße zu gehen und sie einzulösen.

Die Nachforschungen zum Tod ihres Sohnes wurden ebenso

rasch eingestellt wie in Kalus Fall. Für die Polizeiakten war Sanjay Shetty weder ein gefährdeter Mordzeuge noch ein Opfer der Drohungen und Schläge von Polizisten. Für die war er schlicht ein Heroinjunkie, der sich umgebracht hatte, weil ihm das Geld für den nächsten Schuss fehlte.

In Delhi klagen Politiker und Intellektuelle privatim gern über die »Irrationalität« der ungebildeten Massen in Indien, aber wenn der Staat selbst nur falsche Antworten auf die dringenden Anliegen seiner Bürger gibt, schießen Gerüchte und Verschwörungstheorien aus dem Boden. Und manchmal können Verschwörungstheorien über einen Verlust hinwegtrösten.

Sunil und Abdul rückten näher zusammen und versuchten zu begreifen, was der Tod von Kalu und von Sanjay zu bedeuten hatte. Es war keine richtige Freundschaft – eher eine nicht benennbare, nicht ganz gewollte Art Beziehung, durch die sich zwei Jungen verbunden fühlten mit zwei anderen Jungen, die nun tot waren. Sunil und Abdul saßen jetzt öfter als sonst zusammen, aber wenn sie redeten, dann klang es seltsam förmlich, wie bei Menschen, denen klar ist, dass viel von dem Gesagten keine Bedeutung hat und viel von dem, was eine Bedeutung hat, nicht sagbar ist.

Sunil war sich ziemlich sicher, dass die Wachleute von Air India seinen Freund Kalu bei ihren Recyclinghaufen erwischt und ermordet hatten. Abdul hatte eher den Verdacht, dass ihn die Drogendealer umgebracht hatten, die er bespitzeln musste. »Jedenfalls ist er krepiert wie ein Hund«, sagte Abdul oft, und Sunil musste dann immer an die erwürgte Hündin in dem Film mit Will Smith denken, den er mit Kalu im Pinky Talkie Town gesehen hatte.

Mirchi fand, sie sollten alle beide aufhören mit dem Thema. »Klar, der hat bloß Müll geklaut, aber das war der Müll von denen. Der musste ja mal so sterben.«

Die Straßenjungen verdächtigten sich gegenseitig. »Mahmoud – ist mein Tipp, total.« – »Ich glaub, das war Karan, und dann ist er abgehauen.« Allseitiges Misstrauen zog ätzend durch die Slumgassen. Vielleicht hatte Fatimas Geist damit zu tun, vielleicht auch nicht.

Für Kalus Vater war die Frau mit dem Imbiss auf der Airport Road schuld, wo Kalu sich oft Chili-Huhn-Reis gekauft hatte. Die hatte doch ihre Ohren überall, und er hatte gehofft, dass sie ihm erzählte, was wirklich passiert war. Aber sie hatte nur zurückgefragt: »Kalu was? Kalu wer?« Und in ihren Kochtopf gestarrt. Nachdem ihm die Polizei und die Pathologie die Wahrheit über den Tod seines Sohnes verweigerten, gab er vor allem der Chili-Huhn-Reis-Frau die Schuld.

Sanjays Mutter wusste nicht, wem sie die Schuld geben sollte. Nach dem Selbstmord ihres Sohnes ging sie wochenlang auf wackeligen Beinen durch Annawadi und fragte alle Leute, an denen sie vorbeikam, ob sie ihr erklären könnten, warum ihr Sohn sich das Leben genommen hatte. »Wie soll ich denn schlafen, solange ich das nicht weiß«, fragte sie ihre Tochter. »Mir dreht sich die ganze Welt im Kopf, aber ich finde nirgendwo einen Sinn.«

Sunil und die anderen Straßenjungen waren erschüttert, als sie sie so sahen. Sie kannten sie noch aus der Zeit, bevor sie nach Dharavi gezogen war. Dass sie jetzt aussah wie dreihundert Jahre alt, zeigte doch nur, dass sie ihren Sohn sehr geliebt hatte. Aber wie sollten sie ihr Sanjays Tod erklären, ohne über Kalus Tod zu reden, ohne über die Polizei von Sahar zu reden? Selbst der Tamile mit der Spielbude, der innigen Kontakt mit der Polizei pflegte, hatte Angst, Kalus Namen auszusprechen. Und so erfuhr Sanjays Mutter nur das, was eine andere auf der Straße lebende Mutter ihr zuzuflüstern wagte: »Dein Junge ist an Angst im Herzen gestorben.«

Es war guter Lehmboden vor dem rot-weißen Air-India-Tor. Und dank der liebevollen Fürsorge des flughafeneigenen Gärtnerteams wuchs nach und nach die jungengroße Lücke in dem Blumenbeet wieder zu. Eines Nachmittags ging Sunil davor in die Hocke und sah sich die Erdschicht genauer an. Er fand keine Spur von Beschädigung.

TEIL VIER

Nichts wie weg

Mach dich nicht verrückt mit
dem Gegrübel über irgendwelche Horrorleben.

Zehrunisa Husain

12. Neun Nächte Tanz

Ende September 2008 hatte Asha ganz Annawadi unter ihrer Kontrolle. Es war ohne besondere Zeremonie, ohne Krönung zum Slumboss vor sich gegangen. Es hatte sich eher entwickelt aus lauter kleinen Geländegewinnen, bis eines Tages die Bittsteller sogar draußen vor ihrer Hütte Schlange standen, Polizisten sofort zurückriefen und Bezirksrat Subhash Sawant, wenn er mal wieder eine Rede an die Bürger hielt, ihr den Plastikgartenstuhl direkt neben seinem anbot. Ihr Chef hatte sein Selbstbewusstsein zurückgewonnen, nachdem der Fall mit seinem gefälschten Kastennachweis anscheinend bei Gericht versandet war. Neben ihm auf dem Betonplafond am Klärteich zu thronen machte Asha ihm beinah ebenbürtig, sie trug auch eine sehr ähnliche Goldkette zur Schau. Das Geld für ihre stammte aus ihrer Selbsthilfegruppe und den Krediten, die sie ärmeren Frauen zu hohen Zinsen gewährte.

Dank der neuen Machtposition war Asha so gelassen, dass sie sich gegenüber ihrer Familie gar nicht mehr um schlaue Ausreden bemühte, wenn sie sich spätabends mit Männern traf. Als ihr Mann mit Selbstmord drohte, redete sie ihm zwar gut zu, aber sich anders zu benehmen, versprach sie nicht. Sie gönnte sich zehn Kilo Gewichtszunahme, und so wurden die scharfen Linien unter den Augen – eine letzte Spur der jahrelangen Feldarbeit – weicher.

Richtig bedauerlich fand sie eigentlich nur, dass sie keine Vertraute hatte, mit der sie diesen jüngsten Triumph gemeinsam auskosten konnte. Ihre Geheimniskrämerei isolierte sie von anderen Frauen, gewisse Türen hatte sie sogar von sich aus zuschlagen müssen. »Wer ist denn hier wirklich meine Freundin?«, fragte sie Manju manchmal. Aber sogar ihre Tochter schien sich von ihr entfernt zu haben. Und wenn sich, selten genug, doch einmal ihre Blicke kreuzten, brachte Manju stets ein Thema auf, das Asha am wenigsten mochte, Einbein.

Während Kalus und Sanjays Tod die Jungen, die auf der Straße lebten, erschütterte, spukte Fatimas Tod den Frauen von Annawadi im Kopf herum. In den zwei Monaten seit ihrer spektakulären öffentlichen Selbstverbrennung hatte er sich in unzähligen privaten Erzählungen eingenistet. Dass Fatima noch bereut hatte, was sie getan hatte, war inzwischen vergessen, ihre Tat zum glühenden Protestakt umgewidmet worden.

Wogegen sie genau protestiert hatte, war Gegenstand unterschiedlicher Interpretationen. Für die ärmsten Frauen war ihre Selbstanzündung eine Reaktion auf die nervenzehrende Armut. Für die behinderten Frauen war sie eine Antwort auf den Mangel an Respekt gegenüber körperlich versehrten Menschen. Für die unglücklich verheirateten Frauen, und deren Zahl war Legion, war sie eine heldenmutige Anklage gegen repressive Beziehungen. Von Neid, einer Steinplatte, einer hingepfuschten Wand oder in Reis gefallenen Putzbrocken war fast nie die Rede.

Eines Abends begoss sich die Frau des Puffbesitzers auf dem Maidan mit Petroleum, rief laut Fatimas Namen und drohte, ein Streichholz anzureißen. Eines anderen Abends tat eine andere von ihrem Mann verprügelte Frau es tatsächlich. Sie überlebte, aber in einem so schlimmen Zustand, dass Manju und ihre Freundin Meena bei ihren heimlichen abendlichen Treffen an der öffentlichen Toilette narrensicherere Selbstmordmethoden erörterten.

Nur Meena wusste, dass auch Manju schon daran gedacht

hatte, sich das Leben zu nehmen, nicht nur an jenem Abend, als ihre Mutter einfach von der Feier ihres vierzigsten Geburtstags weggelaufen war, sondern auch danach. Manju verzehrte sich vor Scham und Sorgen über Ashas Affären, aber Meena konnte ihr nichts anbieten als einen anderen Blickwinkel. Sie selbst wurde ständig und mit aller Gewalt von ihren Eltern und ihren älteren Brüdern geschlagen, und die einzigen großen Ausflüge, bei denen sie der täglichen Haushaltsfron entrinnen durfte, waren der Gang zur Wasserpumpe und zum Klo. Meena fand, dass man einer Mutter, die der Tochter eine Collegeausbildung bezahlt, sie nur selten schlägt und nicht schon mit fünfzehn zwangsverheiratet, andere Schwächen nachsehen konnte.

Sie redete Manju zu, alles auszusprechen, auch die schlimmsten Gedanken. Angeblich war das die moderne, gesunde Methode, damit fertig zu werden. »Du sagst doch immer, dass bei mir die Blumen im Haar nie glibberig und braun werden«, erklärte sie ihr eines Abends bei der Toilette, »bei mir halten sich die Blumen einfach, weil ich nichts Dunkles im Herzen behalte. Ich lasse alles Schlimme raus an die Luft.«

Manju zuckte zusammen. Sie wollte lieber nicht, dass noch mehr vom schlimmen Benehmen ihrer Mutter in der Luft herumschwirrte als jetzt schon. »Dann hab ich wohl ein schwarzes Herz«, erwiderte sie ausweichend. »Bei mir im Haar sind die nach zwei Stunden hin.«

Manju fand die Methode Verleugnung klüger, von der sie im Psychologiekurs erfahren hatte – einfach Schluss mit den Grübeleien über ihre Mutter. »Wenn ich nicht schaffe, das abzublocken, kann ich nicht mehr lernen«, sagte sie. Bis zu den Prüfungen, die darüber entschieden, ob sie Annawadis erste Collegeabsolventin wurde, waren es nur noch ein paar Monate.

Auf der Grundlage seiner Theorie des Unbewussten erklärt uns Freud, dass eine Phantasie ein unbefriedigter Wunsch ist, der sich in der Imagination erfüllt. Er unterteilt Phantasien in zwei Hauptgruppen:

a. ehrgeizige Wünsche
b. erotische Wünsche

Junge Männer haben zumeist ehrgeizige Wünsche. Junge Frauen haben zumeist erotische. Normale Menschen empfinden Scham wegen ihrer Phantasien und halten sie verborgen.

Während sie auswendig lernte, was die Psychologielehrerin zusammengefasst hatte, wurde ihr bewusst, dass sie noch ein anderes schmerzhaftes Thema abblocken musste: Vijay, den Mittelschicht-Helden vom Zivilschutzkorps, der einmal ihre Hand genommen hatte. »In meinem nächsten Leben kannst du meine Frau werden«, hatte er ihr kürzlich mitgeteilt. »In diesem nicht.«

Ende September war für viele junge Frauen in Annawadi die Saison der romantischen Schwärmerei. Die Navratri-Feiertage, das alljährliche Festival des Flirts, standen vor der Tür.

Die Jungen des Slums freuten sich am meisten auf andere Feiertage, den Holi und den Haandi. Am Holi bewarfen sie sich mit Luftballons, die mit gefärbtem Wasser gefüllt waren, und am Haandi stiegen sie sich gegenseitig auf die Schultern und warfen sich per Bauchklatscher in den Matsch. Die Mädchen des Slums durften sich nicht im Matsch wälzen. Für sie war Navratri – die neun Nächte Tanz – *das* Fest, da waren sie den Jungen ebenbürtig oder sogar überlegen. In diesen Nächten am Ende der Monsunzeit, so hieß es, zog die Göttin Durga in die Schlacht gegen das Böse im ganzen Uni-

versum und triumphierte am Ende. Navratri war die Feier des Weiblich-Göttlichen, und sogar Meena durfte mit elterlicher Genehmigung tanzen und glänzen.
Letztes Jahr hatten Meena und Manju sich am ersten Abend stundenlang schön gemacht. Ein dunkelblauer Sari für Manju, den sie sich gut erlauben konnte, seitdem sie Brüste und Hüften hatte wie ihre Mutter. Eine schicke rote Salwar Kamiz für Meena, die immer noch ein Hälmchen war, egal wie viele Good-Day-Kekse sie wegfutterte.
Meena musste sich sehr anstrengen, von Manju nicht geblendet zu sein: diese Figur, diese helle Haut, diese Fähigkeit, aufrecht und mit eingezogenem Po vollkommen ruhig dazustehen. Sie selbst hielt sich eher krumm und zappelte herum. Nur wenn sie den Kopf in den Nacken warf und ihre Zähne beim Lachen strahlten, war sie schön, aber von einer eindringlicheren Art. Dann sah sie aus wie diese Mädchen, mit denen man die aufregendsten Dinge erleben kann. Aber aufregende Dinge passierten dann doch nie – schon gar nicht beim Navratri 2007. Manju und Meena waren am ersten Tanzabend zusammen zum Maidan spaziert und beim letzten Wolkenbruch dieser Monsunsaison sofort klitschnass geworden. Der einzige Ort ohne Matsch war der Betonplafond am Klärteich. Direkt daneben campierten die streunenden Schweine und schwitzten den viel zu langen Monsun aus.
Navratri 2008 konnte nur besser werden, denn diesmal hatte Asha die Choreographie übernommen. Sie wusste, was die neun Nächte den Mädchen bedeuteten. Sie wollte eine Band, einen DJ mit richtig lauten Boxen, einen riesigen Pandal für ein Abbild der Göttin Durga und Lichterketten kreuz und quer über dem Maidan, unter denen getanzt werden sollte. Die Anführer sowohl der Shiv-Sena- als auch der Kongresspartei hatten Geld springen lassen für das extravagante Spektakel. Wieder mal rückte eine Wahl näher, und

Millionen Slumwähler, die man für sich einnehmen konnte, sorgten für Spendierlaune in der politischen Klasse der Stadt. Die Annawadier ihrerseits brauchten dringend etwas Ausgelassenheit und Zerstreuung, denn die Rezession, die im Westen begonnen hatte, kam langsam auch in Indien an. Die einst so profitable Anbindung an die globalen Märkte bescherte plötzlich auch Slumbewohnern heftige Einbrüche. Die Preise für Recyclinggüter sanken. Die Zeitjobs auf den Baustellen versiegten, weil die während des Monsuns unterbrochenen Projekte mangels ausländischer Investoren weiter brachlagen. Gleichzeitig schossen infolge schlechter Ernten wegen der Dürren in Vidarbha und anderen wichtigen Landwirtschaftsregionen die Preise für Nahrungsmittel in die Höhe.

Die Antwort von Politikern auf solche Nöte – DJs und bunte Lämpchen – war in Mumbai altehrwürdige Tradition. An Feiertagen vor Wahlen leuchteten die Slums der Stadt plötzlich so hell wie die Viertel der Wohlhabenden mit ihren *pucca*-Gebäuden aus solidem Stein, machten aber zehnmal so viel Lärm. Meena freute sich unbändig auf Bands, Boxen und blinkende Lichter. Dies war ihr letztes Navratri-Fest, bevor sie in ein Leben aufbrechen musste, vor dem ihr graute, als Teenagerbraut in einem Dorf in Tamil Nadu.

Meena war einmal stolz darauf gewesen, das erste in Annawadi geborene Mädchen zu sein. Jetzt bereitete sie sich darauf vor, aus Mumbai wegzugehen, und stellte verärgert fest, dass Hausarbeit in einem Slum das Einzige war, was sie in ihrer Stadt kennengelernt hatte. In Annawadi konnte ein Mädchen putzen, soviel es wollte, nichts blieb sauber. Warum hatte dann immer das Mädchen angeblich versagt? Warum schrie ihre Mutter sie an, dass sie zwei Stunden vergeudete, wenn sie wie alle anderen morgens vor der tröpfelnden Wasserpumpe Schlange stehen musste?

Im Fernsehen zeigten sie doch dauernd ein neues, besseres Indien für Frauen. Meenas tamilsprachige Lieblingssoap handelte von einer jungen Frau, die Schulbildung hatte und in einem Büro arbeitete. In ihren Lieblingsspots machte Asin, eine Filmsirene aus Südindien, außer für Mirinda Orange auch Reklame für mehr Spaß im Leben, ein kleines bisschen Wildheit.

Aber für Meena schien der Weg zu diesem neuen Indien der quirligen, auf Konventionen pfeifenden Frauen versperrt zu sein. Vielleicht schaffte es Manju dorthin, mit ihrem Collegediplom. Meena wusste es nicht genau, sie kannte keine einzige Frau, die einen Collegeabschluss hatte. Aber wenn sie die Seifenopern und die Mirinda-Werbung so ansah, hatte sie manchmal das Gefühl, ihr ganzes Dasein sei bloß eine Art Spreu vom Lebensweizen. Über sie wurden Dinge einfach verhängt – die regelmäßigen Prügel, jetzt diese Verlobung und baldige Heirat. Was durfte sie eigentlich je selbst bestimmen?

Vor kurzem hatte sich ein Junge, nicht ihr Verlobter, in sie verliebt. In Seifenopern war so etwas hochdramatisch. In Meenas engem Leben bedeutete es eine kleine, aber willkommene Ablenkung. Der junge Mann war ein Freund ihres älteren Bruders. Er wohnte in einem Nachbarslum, war Fabrikarbeiter und wollte sich demnächst irgendwo am Persischen Golf als Putzmann verdingen – seiner Meinung nach die einzige Möglichkeit, genug Geld zu verdienen, um später mal Frau und Kinder ernähren zu können. Eines Abends, als er ihren Bruder besuchte, steckte er Meena seine Telefonnummer zu. Ein paar Abende später ging sie in die Telefonzelle und rief ihn an. Bei ihrem siebten oder achten verbotenen Telefongespräch sagte er, sie sei seine Zukünftige, für die er die Mühen auf sich nehme.

Das war zu viel des Flirts. Meena reagierte mit Anstand, wie sie fand: »Dass du mich liebst, ist in Ordnung. Darüber freue

ich mich auch. Aber ich werde bald mit jemand anderem verheiratet, du darfst mich nur als Freundin sehen.«
Manju war erleichtert, als sie es erfuhr, denn Meena war leicht durchschaubar und ziemlich untalentiert für Heimlichkeiten. Zweimal hatten ihre Brüder sie schon beim Telefonieren erwischt und geohrfeigt.
»Und außerdem«, erinnerte Manju sie, »hast du letzten Monat noch behauptet, du magst den Dorfjungen.«
Meena mochte den Jungen durchaus, er rief sonntags immer an. Er wusch sogar seinen Teller selbst ab – zu Meenas und Manjus Erstaunen, denn er hätte es seiner Schwester auftragen können. Der Junge war nicht das Problem. Das Problem war eine arrangierte Heirat mit fünfzehn.
Meenas Vater schwärmte von dem Gefühl, das sie doch jetzt als Verlobte haben müsse: »Wenn sich eure Herzen zum ersten Mal treffen, wird alles andere unwichtig.«
Manjus Vater sah die Sache zynischer: »Keine Ehe ist glücklich, wenn sie erst mal vollzogen ist. Glücklich ist man nur vorher, wenn man an sie denkt.«
Aber Meena verspürte keinerlei Vorfreude. Sie konnte sich nicht vorstellen, wie die Liebe ihre Alltagsroutine verändern sollte. Und wenn nun nach der Heirat nur ein endloses, noch beengteres Erwachsenenleben kam, als ihre Kindheit schon gewesen war?
In eine Dorffamilie hineinzuheiraten kam sowohl Meena wie Manju vor wie eine Zeitreise rückwärts. Die Kunbis in Ashas Dorf hielten Dalits wie Meena noch immer für verseucht: unhygienische Menschen, die an den Ortsrand verbannt und bei Kunbis zu Hause nur als Müllabholer oder Abflüssereiniger geduldet wurden. Wenn ein Dalit eine Tasse in ihrem Hause berührte, musste sie vernichtet werden. Sie wären entsetzt, wenn sie sähen, wie Manju sich an ihre Freundin schmiegte, oder mitbekämen, dass die beiden sich einen himmelblauen Sari teilten.

Manju hatte ihn beim maharashtrianischen Neujahrsfest im letzten Frühjahr angehabt. Meena hatte ihn, mit fast plisseeartigen Falten, zum tamilischen Neujahrsfest getragen. »Wenn ich ihn wickele wie du, fühl ich mich zu flauschig und bauschig«, hatte sie Manju erklärt. Auch bei ihrem letzten Navratri-Fest in Mumbai würde sie ihn anlegen dürfen.

»Ich fürchte, meine Mutter will mich mit diesem Dorfsoldaten verheiraten«, erzählte Manju eines Abends bei der Toilette, wo die beiden dem Slum demonstrativ den Rücken zukehrten. Seit der Reise in Ashas Heimat Vidarbha stichelte Rahul, Manju werde ihre Zukunft auf dem Land verbringen. »Da musst du immer den Kopf bedecken und für deine Schwiegermutter putzen und kochen, und dein Mann ist weg bei der Armee, und du bist ganz einsam.«

»Was machst du denn, wenn deine Mutter wirklich so 'ne Heirat arrangiert?«, fragte Meena.

»Ich glaub, dann hau ich ab zu meiner Tante. Die würde mich beschützen. Wie soll ich denn mein ganzes Leben so verbringen?«

»Vielleicht wär's wirklich besser, man macht es so wie Fatima«, sagte Meena. »Einfach aus allem fliehen, wenn man weiß, dass nur noch Elend kommt. Aber ich würd's mit Gift machen, nicht mit Feuer. Wenn man sich verbrennt, bleibt man bei den Leuten nur noch als was Gruseliges mit verschrumpelter Haut in Erinnerung.«

»Hör doch mal auf, an so was zu denken« mahnte Manju. »Als du Fatima da liegen sehen hast, war dir 'ne Woche lang übel. Das wird's dir auch wieder, wenn du dir solche Gedanken nicht aus dem Kopf schlägst, so wie ich.«

Sie sprachen im Flüsterton und sahen sich trotzdem immer wieder um, als wollten sie sich vergewissern, dass Einbein nicht irgendwo herumspukte. Ihre Verwünschungen schwirrten noch immer durch ganz Annawadi und richteten in etlichen Hütten Chaos an, und ihr Geist hauste angeblich

genau hier in der öffentlichen Toilette. Alle Slumbewohner erinnerten sich gut, wie sie immer hingewackelt war, *tink-tink-tink,* aufgebrezelt und mit dick bemalten Lippen. Viele fanden es sicherer, im Freien zu scheißen.
Meena war abergläubisch, und zwar unbeirrbar. Neulich hatte ihre Mutter erzählt, sie habe eine Schlange über eine Monatsbinde gleiten sehen, die Meena nicht richtig entsorgt hatte. Die Mutter war außer sich gewesen – das sei ein Vorzeichen, Meena würde der Unterleib verdorren.
Manju hatte den Verdacht, dass Meenas Mutter gar keine Schlange gesehen hatte, sondern nur immer erfinderischer wurde bei ihren Versuchen, Meena die richtige Gefügigkeit vor der Hochzeit beizubringen. Meena dagegen war in heller Panik. »Ich werde vertrocknen und sterben«, weinte sie eines Abends. Verheiratete Frauen ohne Kinder waren ja schon in Mumbai irgendwie verdächtig. Aber unfruchtbar auf dem Dorf?
Meena fühlte sich langsam unbehaglich bei der Toilette, dieser Schlangenfluch und Fatimas Geist und beides auf einmal, das war doch beängstigend riskant. Trotzdem blieb sie da, sie konnte gar nicht anders. Der Freiheit so nah wie in den paar Abendminuten mit Manju mitten im Gestank war sie nie.

Am Tag vor Ashas großer Navratri-Show wurde der Maidan einer rasanten Verschönerung unterzogen. Abdul wurde samt seinen Müllstapeln verbannt, und Frauen fegten wie wild den ganzen Platz. Ein Junge flitzte den Fahnenmast hoch und befestigte oben die Lichterketten, andere kletterten auf Hüttendächer und hängten die anderen Enden an die Wellblechtraufen. An diesem Abend sollten Manju und Asha aus einer Nachbarsiedlung die Durga-Figur abholen, ihre Ankunft markierte den Abschluss der Festvorbereitungen. Manju kam am frühen Nachmittag aus dem College, lief über den Maidan und grübelte, wie sie eigentlich ihre Brückenschule und die Hausarbeit erledigen und irgendeine Kurzfassung für Englisch auswendig lernen sollte, wenn dann noch mindestens eine Stunde mit Göttin-Abholen draufging.

»Bin kurz vorm Abendessen wieder da!«, rief sie zurück, als Meena ihr von der Tür ihrer Hütte aus zuwinkte. Manju wollte sich lieber nicht ausgerechnet heute mit unerledigter Wäsche erwischen lassen, die Tanzerlaubnis konnte schließlich auch entzogen werden.

Vier Stunden später, die Wäsche war aufgehängt, die Schüler hatten die letzte Runde *Head and shoulders, knees and toes* gespielt, ging Manju hinüber zu ihrer Freundin. Meena saß auf der Türschwelle und sah hinaus auf den geleckten Maidan. Merkwürdig. Eigentlich durfte sie da nicht sitzen – ihre Eltern behaupteten, davon bekomme ein Mädchen einen lockeren Ruf.

Manju setzte sich neben sie. Am späten Nachmittag machten viele Mädchen und Frauen in Annawadi eine kleine Pause von der Hausarbeit, bevor sie das Abendessen vorbereiten mussten. Als kleine Mädchen hatten Meena und Manju in ihrer kurzen Freizeit vor der Hütte Hinkelkasten gespielt, aber Mädchen im heiratsfähigen Alter durften nicht mehr herumhüpfen. Meena sah fahl aus und war nicht so zappelig wie sonst, aber sie fastete ja auch, wie vor jedem Navratri-Fest, zum Wohlgefallen der Göttin Durga.

Ab und zu beugte sie sich vor und spuckte in den Staub.

»Wird dir wieder übel?«, fragte Manju nach einer Weile.

Meena schüttelte den Kopf und spuckte noch einmal.

»Was denn dann?«, fragte Manju etwas leiser, plötzlich argwöhnisch. »Kaust du Tabak?« Obwohl ihre Mutter gleich hinter ihr in der Hütte war?

»Ich spuck bloß so«, sagte Meena achselzuckend.

Leicht gekränkt, dass Meena nichts Unterhaltsameres zu bieten hatte, stand Manju auf und wollte wieder an die Arbeit.

»Hier«, sagte Meena und streckte ihr eine Hand entgegen. Darin lag eine leere Tube Rattengiftpaste.
Sie sah Manju in die Augen, und Manju stürzte in die Hütte, wo Meenas Mutter gerade den Reis für Idlis stampfte. Die Worte brachen wie ein reißender Strom aus ihrem Mund – *Rattengift, Meena, töricht, muss sterben.*
Meenas Mutter stampfte weiter Reis. »Beruhig dich. Ist bloß Schau«, sagte sie. »Vor'n paar Wochen hat sie schon mal erzählt, sie hat Gift geschluckt, aber nichts ist passiert.«
Meenas Mutter hatte die Nase voll. Offenbar brachte die Aussicht auf Tanz ihre Tochter um den Verstand. Sie war nachts um zwei beim Telefonieren mit diesem Stadtjungen erwischt worden und hatte eine Tracht Prügel bekommen. Sie hatte mittags ihrem kleinen Bruder einfach kein Omelette gemacht, sondern erklärt, sie faste und wolle nicht in Versuchung geführt werden. Die nächste Tracht Prügel. Ihr Bruder wollte ihr gerade die dritte Tracht Prügel des Tages verpassen, weil sie außerhalb der Hütte herumsaß, da hatte sie ihnen die Geschichte mit dem Gift aufgetischt.
Einen Moment lang war Manju beruhigt. Andererseits, wenn Meena tatsächlich eine Schau abzog, hätte sie Manju nicht eingeweiht? Sie ging wieder nach draußen, beugte sich hinunter und schnupperte am Gesicht ihrer Freundin.
Feuerspuckende und rauchende Drachen aus Comics fielen ihr ein. Später dachte sie, dass sie vielleicht wirklich Rauch aus Meenas Mund und Nase steigen sehen hatte – so als hätte Meena sich von innen angezündet. Nein, unmöglich. Es war bloß Rattengift. Manju schwirrte der Kopf. Wenn sie um Hilfe rief, bekam der ganze Slum mit, dass Meena einen Selbstmordversuch gemacht hatte, und dann war ihr Ruf ruiniert. Ruhe bewahren schien das einzig Richtige. Sie lief zu einer Telefonzelle und rief Asha an.

»Mummy«, flüsterte sie, »Meena hat Rattengift geschluckt, ihre Mutter glaubt das nicht, und ich weiß nicht, was ich machen soll.«

»Ach du Scheiße!«, sagte Asha. »Du musst sie sofort zwingen, Tabak zu essen. Davon kotzt sie alles wieder raus.«

Aber was würden die Leute sagen, wenn sie sie Tabak kaufen sahen? Manju rannte zu ein paar tamilischen Frauen in Meenas Slumgasse und hoffte, dass denen etwas Besseres einfiel. »Sie hat sich vergiftet!«, zischte sie. »Helft mir! Ich weiß nicht, was ich machen soll!«

Sie schüttelten die Köpfe. »So viel Geprügel in der Familie in letzter Zeit«, sagte eine.

»Nein!«, schrie Manju, sie dachte nicht mehr daran, leise zu sein. »Jetzt steht hier nicht still rum! Ihr müsst was machen!«

Meena war herübergekommen und stellte sich zu Manju.

»Hast du wirklich was geschluckt?«, fragte eine der Tamilinnen.

»Ja«, sagte Meena sanft.

»Hast du *alles* geschluckt?«, fragte Manju. Eine Frau in dieser Slumgasse hatte neulich eine halbe Tube von demselben Gift Ratol genommen und überlebt.

»Ja, alles«, sagte Meena, beugte sich vor, würgte etwas aus, und dabei rutschten ihr ein paar Haarspiralen ins Gesicht. Als es nichts mehr auszuwürgen gab, fing sie hastig an zu reden. Dass das Ratol auf dem Marol-Markt vierzig Rupien gekostet hatte. Dass sie ihren Brüdern und ihrem Vater Kleingeld geklaut hatte. Irgendwas über ständige Prügel. Irgendwas über ihren Bruder und ein Omelette, aber nicht nur darüber. Sie hatte nicht aus einem Wutanfall heraus gehandelt, so wie Fatima. Sie hatte sich alles genau überlegt – hatte schon einmal zwei Tuben Ratol geschluckt, an zwei anderen Tagen, aber danach sofort alles erbrochen, und deshalb hatte sie die Paste diesmal mit Milch verrührt. Mit der

Milch würde das Gift hoffentlich lange genug in ihrem Magen bleiben, um sie zu töten.

Es war die erste eigene Entscheidung über ihr Leben, und sie musste sie treffen, ganz allein. So etwas kann man nicht so einfach mit der besten Freundin besprechen.

Meena setzte sich wieder hin, schwerfällig, aber das hatte nichts mit ihrem Gewicht zu tun. Eine Frau tauchte mit einer Schüssel Salzwasser auf. »Davon muss sie kotzen«, sagte sie und drückte Meena vorsichtig den Kopf nach hinten.

Meena schluckte das Salzwasser. Alle warteten. Trockenes Würgen. Sonst nichts.

Wasser und Kernseife, schlug eine andere Frau vor. Sie lief nach Hause, hackte Brocken aus einem stinkigen Stück Madhumati-Seife und kam mit der Lauge zurück. Meena hielt sich die Nase zu, als ihr das zweite Gebräu die Kehle hinunterlief. Und endlich erbrach sie einen hellgrünen Schaumschwall.

»Jetzt geht's mir besser«, sagte sie schließlich. »Es ist alles raus.« Mit schweißverklebtem Gesicht und auf wackeligen Beinen ließ sie sich von ihrer Mutter in die Hütte bringen, damit sie dort die Wirkung des Gifts wegschlafen konnte.

Als die Tür hinter ihnen zugefallen war, atmeten die Frauen der Slumgasse auf. Weibliche Diskretion hatte eine Szene verhindert und womöglich eine Hochzeit gerettet. Meenas zukünftige Schwiegereltern bekamen vielleicht gar nicht mit, dass sie eine widerspenstige Braut ausgesucht hatten.

Der Mann zwei Hütten entfernt jedenfalls verkaufte ahnungslos weiter Milch und Zucker. Die Bauarbeiter kamen von der Arbeit und latschten durch seifiges grünes Erbrochenes. Wie durch einen Vorhang aus Erschöpfung fiel Manju wieder ein, dass es inzwischen Abend wurde und sie nicht aufgelöst vor der Hütte ihrer Freundin herumstehen sollte.

Sie musste sich das Gesicht waschen und die Göttin herbeischaffen.

Manju zog mit Asha los, um Durga zu holen, im selben Moment kam Meenas älterer Bruder nach Hause. Als er erfuhr, dass sie Rattengift genommen hatte, verprügelte er sie. Meena legte sich weinend schlafen. Kurz vor Mitternacht fing sie wieder an zu weinen. Irgendwann fiel ihrem Vater auf, dass das Weinen nicht mehr traurig klang.

An diesem ersten Navratri-Abend tanzten alle jungen Leute von Annawadi außer Manju auf dem illuminierten Maidan, während Meena in einem Bett im Cooper Hospital die Fragen eines Polizisten beantwortete. Hatte irgendjemand sie zu dem Selbstmordversuch angestiftet? »Ich werfe niemandem etwas vor«, sagte Meena. »Es war meine eigene Entscheidung.«

Am dritten Navratri-Abend stellte Meena das Sprechen ein, daraufhin knöpften die Ärzte ihren Eltern fünftausend Rupien für angeblich »importierte Spritzen« ab.

Am sechsten Tag des Navratri-Fests war Meena tot.

»Sie hatte die Nase voll von dem, was die Welt ihr zu bieten hatte«, lautete das Fazit der Tamilinnen. Meenas Familie beschloss nach einiger Überlegung, dass der Einfluss von Manju und ihrem modernen Zeug schuld war.

Die Lichterketten vom Navratri-Fest wurden abgenommen. Rahul versuchte, Manju wieder zum Lachen zu bringen, und fand, dass sie immerhin ein bisschen gelächelt hatte, als er ihr erklärte, Meenas kleiner Bruder habe auch etwas verloren: »Der Junge will garantiert nie wieder 'n Omelette.«

Morgens, in einem bestimmten Licht, konnte Manju den Namen MEENA sehen, als schwache Spur auf einem Zementbrocken gleich neben der öffentlichen Toilette. »Nur in dem Licht«, sagte sie, »und selbst dann ist er kaum zu erkennen.« In Annawadi lebte eine zweite, nicht so bedeutende Meena, und ein Mann, der jene Meena liebte, hatte sich einmal ihren Namen in den Unterarm geritzt. Manju vermutete, dass er es war, der MEENA in den feuchten Zement geschrieben hatte. Das wäre einleuchtend. Aber noch etwas anderes glaubte sie lieber, nämlich dass Meena die Buchstaben mit ihren eigenen Fingern geformt und dass das erste in Annawadi geborene Mädchen eine kleine Spur von sich an diesem Ort hinterlassen hatte.

13. Etwas Glänzendes

Im November befand sich der Müllmarkt im freien Fall, der tamilische Spielbudenbesitzer versuchte, den Müllsuchern begreiflich zu machen, warum ihr Krempel nur noch so wenig wert war. »In Amerika haben die Banken Verluste gemacht, dann haben die oberen Zehntausend Verluste gemacht, und dann ist der Schrottmarkt in den Slumgegenden auch eingebrochen.« Das war seine Erklärung der globalen Wirtschaftskrise. Das Kilo leere Wasserflaschen, das früher fünfundzwanzig Rupien gebracht hatte, war jetzt nur noch zehn wert, das Kilo Zeitungspapier für früher fünf Rupien brachte jetzt nur noch zwei: so viel zur globalen Krise.

In den Zeitungen, die Sunil sammelte, stand, dass jetzt schon viele Amerikaner im Auto oder im Zelt unter den Brücken lebten. Selbst Mukesh Ambani, der reichste Inder, hatte Geld eingebüßt – Milliarden –, allerdings nicht so viel, dass er die Bauarbeiten an seinem berühmten, siebenundzwanzig Stockwerke hohen Wohnhaus im Mumbai eingestellt hätte. Die unteren Etagen waren seinen Autos und den sechshundert Dienstboten vorbehalten, die seine fünfköpfige Familie unbedingt brauchte. Für junge Slumbewohner entschieden spannender war, dass Ambanis Hubschrauber auf dem Dach landen sollten.

»Wird bald wieder besser«, erklärte Abdul Sunil und den anderen Müllsuchern, das hatte sein Vater gesagt. Sicher, die globalen Märkte waren volatil, aber das Verhalten von Touristen war berechenbar. Im Winter wurde Mumbai geradezu überschwemmt. Im Ausland lebende Inder kamen ab November zum Diwali-Fest. Europäer und Amerikaner kamen im Dezember, Chinesen und Japaner kurz danach. In den Hotels und am Flughafen war bis Ende Januar Hauptsaison. Die Reisewelle, sagten sich die Annawadier, würde die Verluste durch den Monsun und die Rezession schon wieder ausgleichen.

Eines Abends Ende November stand Sunil nach einem ertragsarmen Mülltag in der Spielbude und sah zwei Jungen zu, die an einer der roten Konsolen Metal Slug 3 spielten. Auf dem Bildschirm kämpften Guerrilleros in den Straßen einer zerbombten Stadt gegen Polizisten und Hummer-Mutanten. Draußen vor der Bude wurden die Gespräche anderer Annawadier immer lauter. Irgendwann merkte Sunil, dass die Erregung nicht vom üblichen Erase-X-Mist kam. Die Leute drängelten sich vor dem Fenster der Wohnhütte des Spielbudenbesitzers und starrten auf die Nachrichten in seinem Fernseher. Muslimische Terroristen aus Pakistan waren mit Gummibooten am Strand von Mumbai gelandet und marodierten in der Stadt herum.

Die Dschihadis hatten zwei Luxushotels gekapert, das Taj und das Oberoi, und Arbeiter und Gäste massakriert. Auch im Leopold Café waren Menschen umgebracht worden, und vom größten Bahnhof der Stadt kamen Meldungen über mehr als hundert Tote. Es dauerte nicht lange, und das Foto eines der Terroristen füllte den ganzen Bildschirm. Schwarzes T-Shirt. Rucksack. Laufschuhe. Er sah aus wie ein Collegestudent, bis auf die Maschinenpistole.

Die Überfälle fanden knapp dreißig Kilometer entfernt von Annawadi im reichen Mumbaier Süden statt – für Sunil beruhigend weit weg. Er wurde neugierig, als es im Fernsehen hieß, die Terroristen hätten womöglich auch Bomben. In Bomberman, seinem zweitliebsten Videospiel, waren Bomben immer schwarz und rund und hatten lange Lunten, die schon zischten. Und wenn die explodierten, kam Zirkusmusik.

Aber auch ein Taxi war in die Luft gejagt worden, in der

Nähe der Airport Road, und ältere Jungen sagten, der Flughafen selbst sei ein logisches Anschlagsziel. Manju grübelte, wenn die Terroristen in Fünf-Sterne-Hotels in der Mumbaier Altstadt eingedrungen waren, dann könnten sie sich auch auf den Weg zu den Fünf-Sterne-Hotels am Flughafen machen. Und kamen dabei womöglich durch Annawadi. Gnädigerweise wurde ihre Zivilschutzeinheit in derartigen Krisenlagen nicht eingesetzt. Manju ging in die Hütte und schloss die Tür.

Abduls Eltern hatten Angst, es ihr gleichzutun. Wenn die annawadischen Hindus nun auf die Idee kamen, die Muslime in ihrem Slum seien Teil irgendeines Komplotts? Karam Husain sperrte die Tür weit auf und schaltete den Fernseher an. Abdul bedeckte seinen Kopf mit einem Tuch, und einer seiner kleinen Brüder hockte sich dicht vor den Fernseher. Der Kleinere fand die Architektur des alten Mumbaier Kolonialviertels wunderschön – die roten Türmchen am Hotel Taj hinter den Reportern, die verschnörkelte Bahnhofsfassade. Hier in Annawadi sah jede Hütte ein bisschen aus wie die Familie, die sie hochgezogen hatte. Diese Altstadt von Mumbai dagegen kam ihm sogar im Belagerungszustand noch majestätisch ebenmäßig vor – »als hätte ein einziges Hirn sich das Ganze ausgedacht«.

Am nächsten Morgen brachen Sunil und Sonu, der Zwinkerer, ganz früh zur Arbeit auf und mussten feststellen, dass Müllsuchen heute nicht in Frage kam. Das Flughafengelände war weitläufig abgeriegelt, auf der Airport Road standen Trupps von Elitesoldaten mit langen schwarzen Gewehren. Die beiden Jungen liefen zurück nach Annawadi, zum Fernseher des Mannes mit der Spielbude. Im Hotel Taj hatte es gebrannt, Terroristen und Touristen waren immer noch drin, und der Nachrichtensprecher sagte, dass die dramatischen Ereignisse auf der ganzen Welt verfolgt würden. Vor dem Hotel standen gutgekleidete Leute, wischten sich Tränen aus den

Augen und erzählten Reportern, wie viel ihnen das Taj bedeutete.

Sunil begriff, dass diese reichen Leute trauerten, weil jetzt ein Ort verwüstet war, an dem sie sich hatten entspannen und sicher fühlen können. Sein eigenes Pendant dazu war diese neun Quadratmeter große Spielbude, hier weinte niemand über die Belagerung der Mumbaier Altstadt oder die Hunderten von Toten und Verletzten. Die Slumbewohner hatten ihre eigenen Sorgen. Als der Anschlag beendet war, sechzig Stunden nachdem er begonnen hatte, sahen die Annawadianer korrekt vorher, welche Kette von wirtschaftlichen Folgen er nach sich ziehen sollte.

Eine Stadt, in der ausländische Touristen von Terroristen ermordet werden, ist kein Ort, an dem andere ausländische Touristen gern Winterurlaub machen. Für Annawadi würde dieser Winter keine Spitzensaison werden. Am Flughafen würde Ruhe herrschen und in den Hotels Leere. Nur sehr wenige Partygäste würden in den 1. Januar hinein feiern und »glückliches neues Jahr« rufen.

In der Tat hielt das Jahr 2009 stattdessen in einen dichten Armutsschleier gehüllt Einzug in Annawadi, und die globale Rezession war überlagert von einer Angstkrise. Immer mehr Bewohner mussten wieder lernen, sich von Ratten zu ernähren. Sonu beauftragte Sunil, im Slum Naupada Frösche zu fangen, die Frösche aus Naupada schmeckten besser als die aus dem annawadischen Klärteich. Der gestörte Müllsucher, der mit den Luxushotels redete, bezichtigte das Hyatt nicht mehr, Mordpläne gegen ihn zu schmieden, sondern flehte jetzt die blaue Mattglasfassade an: »Ich arbeite so viel, Hyatt, und ich verdiene so wenig. Willst du nicht für mich sorgen?«

Eines Januarnachmittags ging Sunil in einer aufgegebenen Grube bei der Zementmischfabrik baden. Er schob die Algen beiseite und betrachtete ausführlich sein Spiegelbild. Er war

jetzt doch ein Dieb geworden, und laut Sonu sah man ihm das am Gesicht an.
Sunil wusste genau, was sein Freund meinte. Er hatte selbst gesehen, wie sich bei anderen Jungen die Gesichter verändert hatten, nachdem sie sich aufs Stehlen verlegt hatten – und Security-Leute erkannten so was in Sekundenschnelle. Er fand, dass er aussah wie immer: derselbe große Kindermund, die breite Nase, der eingefallene Brustkorb. Dieselben dichten Haare, die in alle Richtungen standen, aber wenn er an seine Schwester dachte, gab es daran nichts auszusetzen. Sie waren beide immer wieder im Schlaf von Ratten gebissen worden, und aus den Bissen waren Beulen geworden. Aber Sunita hatte neuerdings eine Glatze, denn bei ihr waren die Beulen voller Würmer gewesen und aufgeplatzt.
Sonu wollte Sunil noch immer von seiner neuen Erwerbsmethode abbringen und hatte ihm deshalb schon vier saftige Ohrfeigen verpasst. Sunil schlug nicht zurück, aber er ließ sich auch nicht umstimmen. Sonu war bestimmt der tugendhafteste Junge in ganz Annawadi, er hatte allerdings auch eine Mutter und jüngere Geschwister, die mit Jobs die Haushaltskasse aufbesserten. Sunil konnte mit Müllsuchen auf seinem Flughafenterrain nicht mal sich selbst ernähren, er musste neue Wege gehen, und dabei waren ortsansässige Hehler gern behilflich. Für seinen ersten Soloeinsatz beschaffte ihm einer der Diebe, ein streitsüchtiger Teenager, der selbst eine wurmglatzige Schwester hatte, ein Fahrrad für eine eventuell nötige Hochgeschwindigkeitsflucht. Am nächsten Morgen war die Flughafenfeuerwehr die Kupferventile ihrer Wasserschläuche los. Der Spielbudenmann lieh ihm seine Schneidwerkzeuge, und unter Dutzenden Betongullydeckeln verschwanden die eisernen Halterungen. Als die Bauarbeiter ein verzweigtes Parkhaus im Flughafen fast fertig zur Eröffnung hatten, montierte Sunil alles Mögliche ab, Schraube für Schraube.

Er war bestens gerüstet für seine Tätigkeit als New-Economy-Mikrosaboteur. Sein Klettergeschick hatte auf den Kokospalmen der Airport Raod den letzten Schliff bekommen, seine geringe Körpergröße eignete sich gut, um Argwohn zu zerstreuen, und er scheute kein Risiko, solange es sich berechnen ließ, so wie damals, als er den Sprung auf den müllübersäten Betonsims über dem Mithi gewagt hatte. Das einzige Problem war, dass ihm jedes Mal, wenn er ein Stück Metall aufhob, die Hände und die Beine zitterten – ein nervöser Tic, den die anderen Diebe zum Schreien komisch fanden.

Einer von ihnen, Taufeeq, quengelte seit einem Monat ständig: »Geh'n wir heut Nacht endlich zum Taj?« Taj war für Annawadi-Jungen nicht das Hotel, auf das die Terroristen den Anschlag gemacht hatten. Ihr Taj war der gleichnamige Catering-Betrieb in einem geduckten Gebäude auf dem Flughafengelände, der allerdings zur Hotelkette gehörte. Hinter seinen hohen, mit Stacheldrahtrollen belegten Steinmauern wurden die Menüs produziert, die die Fluggäste später serviert bekamen. Erst vor kurzem hatte Sunil orangefarbene Netze und Eisengerüste entdeckt, sie wuchsen langsam höher als die Mauer: ein Indiz, dass da drin gebaut wurde, also Metall herumlag, das man mitgehen lassen konnte.

Kalu war früher immer über den Stacheldraht geklettert, um die Container zu plündern. Sunil durchsuchte lieber das Taj-Gelände nach einem bequemeren Zugang und entdeckte ein kleines Loch unter Gestrüpp ganz unten in einer Mauer. Dass das Loch außerdem am Ende eines unbeleuchteten Schotterwegs lag, machte eine diebische Exkursion geradezu zwingend. Trotzdem schob er sie immer wieder auf.

Sein klauender Kollege Taufeeq schimpfte, wenn sie noch lange zögerten, würden andere Jungen das Loch auch finden. Aber dieses Taj Catering erinnerte Sunil an Kalu und an den Tod, genauso wie diese Soldaten mit den blauen Baretten, die neuerdings hinter Bunkermauern hockten, und wie die Polizei von Sahar, die in den Monaten seit dem Terrorangriff noch bösartiger geworden zu sein schien. Neulich hatte ihn ein Wachmann auf dem Gelände von Indian Oil beim Herumstöbern nach Metall erwischt und einem angetrunkenen Constable namens Sawant übergeben. Der hatte auf der Wache auf Sunils Rücken herumgetrampelt und ihn so brutal geschlagen, dass ein anderer Polizist sich bei ihm entschuldigt und ihm eine Decke zum Umhängen gebracht hatte.

Angesichts solcher Risiken wollte Sunil lieber die Taj-Wächter noch ein paar Nächte lang durch das Loch beobachten und das Risiko, geschnappt zu werden, genauer abschätzen. Bis dahin beschaffte er sich ein bisschen Essensgeld in dem fast fertigen vierstöckigen Parkhaus am internationalen Terminal.

Den besten Weg auf das Gelände kannte er inzwischen: vorbei an hellroten und gelben Barrikadenreihen, vorbei an Bulldozern und einem Generator, der über Nacht zugehängt war, vorbei an einem Checkpoint, an dem mit Taschenlampen bewaffnete Wachleute Kofferräume öffnen ließen, vorbei an einem irre hohen Kieshaufen, vorbei an einem Bittermandelbaum, dessen Blätter schon rot waren, also waren die Mandeln nicht mehr sauer, sondern süß, und schließlich vorbei an zwei Security-Bunkern.

Im Januar hatte er sich einmal um Mitternacht die dunkle Garage angesehen und gegrübelt, was ihm zwischen den Füßen herumhuschte. Ratten oder Bandikuts vielleicht, aber hier im Parkhaus hatte er noch nie Tiere gesehen. Wächter schon oft, aber die konnte er in dieser Nacht nirgends ausmachen. Vorsichtig schlich er zu einem Treppenschacht an einer Außenwand aus Stahllamellen. Durch die Lamellen gleißte etwas von der blauweißen Lichtflut des internationalen Terminals, wo sich noch immer Flugpassagiere und Angehörige zum Abschied umarmten. Nah am Licht war es zwar riskanter, von einem Wächter gesehen zu werden, aber man sah auch besser.

Sunil suchte nach etwas, dem Annawadier den Namen »deutsches Silber« verpasst hatten – Aluminium oder Zink oder Nickel. Neuerdings wurde er mit Hochachtung ausgesprochen. Zwar war auch der Preis für deutsches Silber in letzter Zeit gefallen, von hundert auf sechzig Rupien pro Kilo, aber alle anderen Preise waren noch tiefer gestürzt.

Sunil arbeitete sich den Treppenschacht hinauf und spähte auf jedem Absatz vorsichtig durch ein kleines Loch im Boden. Wahrscheinlich liefen da bald Wasserrohre durch, dachte er, aber im Augenblick konnte er sich dank der Löcher vergewissern, dass kein Wächter hinter ihm hergeschlichen kam. Vor den Nepalis hatte er die meiste Angst, die waren so eine Art Chinesen, wie Bruce Lee.

Auf dem dritten Absatz lagen zwei lange Alu-Bleche in einer Ecke. Er flitzte hin, schnappte sie sich und wunderte sich, dass die noch kein anderer Dieb gefunden hatte. Vielleicht gehörten sie zu einem Fensterrahmen, dachte er, obwohl das Parkhaus gar keine Fenster hatte. Wozu die Sachen, die er stahl, gedacht waren, war ihm eigentlich egal, aber er wunderte sich trotzdem.

Er nahm die Blechstreifen mit aufs Dach, da oben gab es deutsches Silber, das einzige, das er bisher gefunden hatte, in einem roten Spind mit der Aufschrift Feuerwehrschläuche – ein wackeliger Feuerlöscherhalter, ziemlich wertlos. Auf dem Dach stieß man allerdings auch am ehesten auf Wachleute, sie kamen zum Rauchen hinauf. Trotzdem versuchte Sunil jedes Mal, die vier Stockwerke hoch bis auf das Dach zu gelangen. Es war das höchste Dach, auf dem er je gestanden hatte, und das Beglückendste daran war der Ausblick in den weiten Raum, eine Seltenheit in der Stadt.

Eigentlich waren es zwei verschiedene Räume auf dem Dach. Der eine war der Raum, in dem er sich genau in die

Mitte stellen und um die eigene Achse drehen konnte und genau wusste, selbst mit dreißigmal so langen Armen würde er nirgends anstoßen. Dieser Raum würde verschwinden, wenn erst mal das Parkhaus in Betrieb und mit Autos vollgestellt wäre, in einem Monat. Aber der andere Raum würde bleiben, das war der, in den er sich begab, wenn er sich über das Geländer beugte.

Er sah gern zu, wie die Air-India-Maschinen mit dem roten Heck abhoben. Er mochte den zwiebelförmigen städtischen Wasserturm. Er mochte die Baustelle für das gewaltige neue Terminal. Der Schornstein des Parsiwada-Krematoriums, wo Kalus Leichnam eingeäschert worden war, interessierte ihn nicht weiter. Lieber Ausschau halten nach dem leuchtenden Hyatt-Schild und zu erkennen versuchen, welcher der dunklen Flecken darunter Annawadi war. Am schönsten aber war es, den reichen Leuten zuzusehen, wie sie beim Terminal aus- und eingingen.

Andere Jungen, die auf das Dach kamen, beobachteten das Gewimmel gern, weil die Leute so winzig aussahen. Sunil dagegen fühlte sich den Leuten nahe, wenn er sie von oben betrachtete. Hier hatte er die Freiheit, sie so zu beobachten, wie er es am Boden nie gekonnt hätte. Wenn er sie unten anstarrte, würden sie merken, dass er starrte.

Er war von Monat zu Monat weniger sicher, wo eigentlich sein Platz in dem ganzen menschlichen Treiben der Stadt da unten war. Er hatte mal geglaubt, er sei schlau, aus ihm könne noch was werden – nicht so was Großes wie die Leute, die beim Flughafen ein- und ausgingen, eher so was Mittleres. Solange er hier oben auf dem Dach war, wenn auch nur auf der Suche nach was zum Stehlen, war er wenigstens eine Zeitlang ein anderer als der, der in Annawadi aus ihm geworden war.

Genug Zeit vertrödelt: Er musste nach Hause mit seinem deutschen Silber. Er stieg die Treppe wieder hinunter, zog, bevor er das Gebäude verließ, den Reißverschluss seiner Hose auf und schob sich die Alu-Bleche in die Unterhose. Deutsches Silber direkt auf der Haut fühlte sich zwar nicht gut an, aber über der Unterhose verrutschte es ständig.

Etwas steifbeinig humpelte er an den Security-Checkpoints und der Polizeiwache vorbei. Bald war er wieder in Annawadi, rollte sich auf einem LKW zusammen und schlief. Am nächsten Nachmittag lieh er sich Werkzeug vom Spielbudenmann und klaute Wegfahrsperren, die die Parkplatzpolizei des Flughafens Autorikschas um die Reifen klemmte.

Als er nach Einbruch der Dunkelheit in die Spielbude zurückkam, redeten alle über eine Frau, die gerade vergeblich versucht hatte, sich zu erhängen. Ihr Mann war verschuldet und hatte die gemeinsame Hütte verkauft, und sie wollte nicht auf dem Asphalt leben.

Zu viele Annawadierinnen wollten lieber tot sein, fand Sunil. Meena machte ihn besonders traurig, sie war immer nett zu ihm gewesen. Und alles bloß wegen einem Ei, sagten die Leute.

Abdul nannte es verwegen, was Meena getan hatte. Auch Kalu hatten die Leute immer als verwegen bezeichnet. Und neuerdings sagte der Tamile mit der Spielbude, er, Sunil, sei der verwegenste Junge von Annawadi. »Der Dieb Nummer eins!« Sunil durchschaute das Motiv hinter dem Spruch. Der Tamile wollte Sunils Selbstvertrauen päppeln, damit er endlich den Raubzug bei Taj Catering machte und ihm die Ware verkaufte. Aber das Selbstvertrauen hatte Sunil auch an diesem Abend nicht.

Draußen auf dem Weg torkelte gerade sein Vater vorbei, und Abdul redete erregt auf einen anderen Jungen ein, der aber nicht zuhörte. Beim Reden schlenkerte er die ganze Zeit den Kopf nach vorn und nach hinten, genau wie ein Wasserbüffel hinter ihm. Sunil ging lachend zu ihm. Kalu hätte das tolpatschige Gehampel sofort nachgeäfft. Aber wahrscheinlich verscheuchte Abdul bloß gerade dieselben Killer-Moskitos wie der Büffel.

»Fragst du dich nicht auch manchmal, wenn du jemanden anguckst, wenn du jemandem zuhörst, ob das eigentlich ein Leben ist, was der hat?«, fragte Abdul den Jungen, der nicht zuhörte. Anscheinend hatte er wieder mal einen dieser Anfälle, die ihn ab und an überkamen, seit er in Dongri eingesessen hatte.

»Zum Beispiel die Frau da, die sich einfach aufhängt, oder der Mann, der sie bestimmt vorher verprügelt hat? Ich möchte mal wissen, was für ein Leben das sein soll«, fuhr er fort. »Ich krieg die Krise, wenn ich so was sehe. Aber ein Leben ist es. Auch einer, der lebt wie 'n Hund, hat 'ne Art Leben. Ist mir eingefallen, als meine Mutter mich mal verprügelt hat. Ich hab zu ihr gesagt: ›Wenn das, was mir hier grad passiert, dass du mich schlägst, mein Leben lang so weitergehen würde, dann wär das 'n mieses Leben, aber es wär auch Leben.‹ Meine Mutter war total schockiert. Sie hat gesagt: ›Mach dich nicht verrückt mit Gegrübel über irgendwelche Horrorleben.‹«

Sunil fand, dass auch er ein Leben hatte. Ein mieses Leben, gewiss – die Art, die enden konnte wie Kalus Leben und dann vergessen wurde, weil es für Leute, die in der Oberstadt lebten, keine Bedeutung hatte. Aber da oben auf dem Dach, als er sich übers Geländer gebeugt und überlegt hatte, was wohl wäre, wenn er sich zu weit hinüberbeugen würde, war ihm klargeworden, dass ein Jungsleben zumindest für den Jungen selbst etwas bedeutete.

Im Februar verlor Taufeeq die Geduld, schlug Sunil zusammen und riss die Operation Taj-Catering-Raub an sich. Sunil war erleichtert, zu einem seiner vier Fußsoldaten degradiert worden zu sein. Drei Wochen lang schlüpften die Jungen jeweils in einer Nacht durch das Loch in der Steinmauer und schafften zweiundzwanzig kleine Eisenstücke heraus. Einmal kamen Security-Leute angerannt, doch die Jungen bombardierten sie mit Steinen. Sunil hatte jetzt genug zu essen und sogar noch zehn Rupien übrig für einen versilberten Ohrring in Totenkopfform, den er bei einem Händler vor dem Andheri-Bahnhof gesehen hatte. Er wollte schon immer etwas Glänzendes besitzen.

Im Parkhaus und in den Industriedepots am anderen Flussufer gab es noch mehr deutsches Silber. Eine aus einem Security-Häuschen geklaute Leiter brachte tausend Rupien, geteilt durch fünf. So vergingen Wochen, in denen Sunil fast nie mehr Hunger hatte und in denen ein Wunsch in Erfüllung ging, der viel größer war als ein silbriger Ohrring.

Anfangs traute er seinen Augen nicht – das da auf der Hüttenwand war doch bestimmt bloß ein Schatten wegen des Winkels, in dem das Licht fiel. Aber als er sich mit Sunita Rücken an Rücken stellte, stimmte es. Er war größer geworden. Als Dieb hatte Sunil Sharma endlich wieder angefangen zu wachsen.

14. Der Prozess

Insgeheim war Abduls Vater überzeugt, dass in Indien nur Leute vor Gericht kamen, die zu arm waren, um Polizisten zu bestechen, trotzdem hatte er seine Kinder zu Respekt gegenüber der indischen Justiz erzogen. Gerichte schienen Karam Husain von allen staatlichen Institutionen am ehesten gewillt zu sein, sich für die Rechte von Muslimen und anderen Minderheiten einzusetzen. Als im Februar sein eigener Prozess näher rückte, fing er an, in Urdu-Zeitungen alle Prozessberichte aus ganz Indien zu lesen, so wie manche anderen Annawadier sämtliche Fernseh-Soaps sahen. Er war zwar nicht mit jedem Urteil einverstanden und bekam durchaus mit, dass auch manche Richter korrupt waren, aber sein Glaube an die Justiz blieb relativ unerschüttert.

»Bei der Polizei heißt es immer, wir sollen den Mund halten«, erklärte er seinem Sohn, dem er das nicht sagen musste, weil er sich nur zu gut erinnerte. »Bei Gericht kann das, was wir sagen, Gehör finden.« Karams Hoffnung wuchs, als er erfuhr, dass sein Fall vor einem der neuen Gerichte für Eilverfahren verhandelt werden sollte.

In normalen Gerichten vergingen oft fünf oder acht, manchmal sogar elf Jahre zwischen Anklageerhebung und Prozesseröffnung. Menschen ohne feste Anstellung – bei weitem die Mehrheit in Indien – kostete jeder Termin, zu dem sie erscheinen mussten, einen Tageslohn. Lange Verfahren führten in den finanziellen Ruin. Aber seit einem Erlass der Zentralregierung gab es inzwischen vierzehnhundert Schnellgerichte überall im Land, die den massiven Überhang unbearbeiteter Fälle abbauen sollten. In Mumbai flatterten die Eilgerichtsurteile so schnell, dass die noch anhängigen Prozesse innerhalb von drei Jahren stadtweit um ein Drittel geschrumpft waren. Auch die meisten öffentlichkeitswirksamen Fälle, sogar organisierte Kriminalität, gingen direkt ins Eilverfahren, denn gerade bei denen erwartete die Öffentlichkeit schnelle Urteile. Aber zu solchen medienträchtigen Prozessen, bei denen Fernseh-Ü-Wagen vor den Gerichtsgebäuden auffuhren, kamen noch Tausende kleiner ohne Nachrichtenwert, zum Beispiel der gegen die Husains.

Jemand namens P. M. Chauhan war zum Richter bestellt, also zuständig für die Entscheidung, ob Karam und Kehkashan ihre Nachbarin genötigt hatten, sich selbst anzuzünden. Abduls Verfahren war abgetrennt worden und sollte später vor einem Jugendgericht stattfinden, er sah den Saal, wo Karams und Kehkashans Prozess stattfand, nie von innen. Deshalb kam ihm ihr Prozess vor wie ozeanweit entfernt, und wenn seine Schwester ihm noch so viel erzählte über die Stunde Fahrt mit Bus und Bahn in das Sewri-Viertel in der Altstadt von Mumbai. Es war einfach eine dieser Angelegenheiten in seinem Leben, die er ohnehin nicht in der Hand hatte. Er verließ sich einfach darauf, dass Kehkashans Berichte verlässlicher waren als die seines Vaters und sie ihn schon auf dem Laufenden halten würde, wie viel Sorgen er sich tatsächlich machen musste.

Das Gerichtsgebäude in Sewri hatte früher eine Pharmafirma beherbergt. »Sieht hier ja nicht sehr nach Gericht aus«, sagte Kehkashan am ersten Prozesstag besorgt zu ihrem Vater. Keine Teakholztäfelung, überhaupt nichts Imposantes. In den Fluren kampierten scharenweise Angehörige von anderen Angeklagten – aßen, beteten, schliefen oder lehnten einfach an der schmierigen Kachelwand, unter Schildern, die zwölfhundert Rupien Bußgeld für Spucken androhten. Dem Gebäude fehlte ganz offensichtlich ein hauseigenes Müllsucher-Team. Im Verhandlungssaal türmten sich leere Plastikflaschen und Dosen vor dem Podest mit dem Richtertisch.

Dann betrat Richterin Chauhan den Saal. »Die Dame ist sehr streng«, hatte ein Polizist gesagt, »die lässt keinen Angeklagten frei.« Dass die Richterin ungeduldig war, sah Kehkashan sofort. Mit gespitzten dunkelroten Lippen schnauzte sie Karam Husain an, weil er am ersten Prozesstag ohne Anwalt erschienen war. »Das hier ist *bhaari*, ein schwerer Fall! Halten Sie mich hier ja nicht auf, fangen Sie an und ziehen Sie's schnell durch!«

Ihre Ungeduld hatte strukturelle Gründe. Wie die meisten Schnellrichter führte auch Richterin Chauhan gleichzeitig fünfunddreißig Verfahren und mehr. Es gab keine durchgehenden kompletten Anhörungen zu jedem Fall, wie Kehkashan es aus Fernsehserien kannte. Die Verhandlungen waren in Dutzende kurzer Vernehmungen zerstückelt, mit einer oder zwei Wochen Pause dazwischen. Im Schnitt bekamen Schnellrichter pro Tag Häppchen aus neun verschiedenen Prozessen zu hören, entsprechendes Gedränge herrschte auf der Bank, auf der auch Kehkashan und ihr Vater unter Polizeibewachung sitzen mussten. Neben Männern, die wegen Mordes, bewaffneten Raubs und Stromdiebstahls angeklagt und oft gefesselt waren. Auf der Anklagebank war Karam der Älteste und Kehkashan das einzige weibliche Wesen. Sie saßen mit dem Rücken zur Wand, vor sich eine Ansammlung weißer Plastikstühle für Zeugen und Zuschauer und zwei Reihen Metalltische, an denen jede Menge Gerichtsschreiber, Staatsanwälte und Verteidiger in Akten blätterten. Der Zeugenstand und die Richterin mit den dunkelroten Lippen lagen für Kehkashan in weiter Ferne.

Bei der nächsten Blitzanhörung tauchte plötzlich der Anwalt der Husains auf, und ein Pathologe des Cooper Hospital sagte – falsch – aus, Fatimas Körper sei zu 95 Prozent verbrannt gewesen. Ende der Anhörung. »Und? Was kommt jetzt?«, fragte die Richterin, zog eine neue Akte aus dem Stapel und wandte sich dem nächsten Fall zu.

Eine Woche später sagte ein Polizist der Wache in Sahar aus, zu welchem Ergebnis die Ermittlungen gekommen seien: Die Husains hatten Fatima geschlagen und in den Selbstmord getrieben. »Und? Was kommt jetzt?«, fragte die Richterin.

Dann folgte der Teil des Prozesses, vor dem es Karam und Kehkashan Husain graute. An einem Tag im März und ab da in kurzen, über unzählige Wochen gestreckten Anhörungen folgten die Zeugenaussagen der Nachbarn aus Annawadi, die die Polizei für ihre Vernehmungen und die Staatsanwaltschaft für die Anklagebegründung ausgewählt hatte.

Seltsamerweise waren die meisten dieser »Zeugen« bei dem Streit, der der Verbrennung vorausgegangen war, gar nicht dabei gewesen. Zum Beispiel Fatimas Mann und ihre beiden engsten Freundinnen.

Kehkashan war froh über die Burka, hinter der gut verborgen blieb, dass sie Blut und Wasser schwitzte. Sie hatte sich im Gefängnis mit Gelbsucht angesteckt, und das Fieber war plötzlich rasant gestiegen, was sie auf ihre Angst zurückführte. Sie fand ja selbst, dass ihre Familie sich an jenem entscheidenden Tag lumpig und schändlich benommen hatte. Hätte sie Fatima bei dem Streit doch bloß nicht angeschrien, sie würde ihr das andere Bein auch noch ausrenken. Und hätte ihr Vater Fatima doch nur nicht angedroht, sie zusammenzuschlagen. Aber wegen der hässlichen Worte würden sie wohl nicht ins Gefängnis kommen. Sie würden ins Gefängnis kommen, wenn sich genügend sogenannte Zeugen für Fatimas im Krankenhaus umformulierte Anzeige fanden, laut der sie angeblich gewürgt und geschlagen worden war.

Poornima Paikrao, die Opferbeauftragte der Bundesstaates Maharashtra, hatte erst Fatima zu dieser neuen Aussage verholfen und dann Zehrunisa erzählt, die anderen Zeugenaussagen würden genauso nachteilig für die Husains ausfallen, wenn sie nicht zahlte. Erst an diesem Morgen hatte sie den zweiten Erpressungsversuch gestartet, direkt vor dem Gerichtsgebäude.

Es könne gut sein, dass sich die Zeugen aus Annawadi an neue, verheerende Einzelheiten jenes Abends erinnern, hatte die Opferbeauftragte Karam Husain erklärt. Es könne auch gut sein, dass sie persönlich ihre Aussage bezüglich Fatimas Anzeige auf dem Sterbebett so gestalte, dass das Urteil garantiert auf schuldig lauten würde. Nicht dass sie das wolle. Sie wolle ja helfen. »Aber was soll ich sonst machen?«, fragte sie wie üblich mit einer wegwerfenden Handbewegung. »Überlegen Sie mal, was dann womöglich passiert. Sie und ihre Kinder gehen in den Knast. Also, was schlagen Sie vor?«

»Ich zahle nicht«, hatte Karam sie angeschnauzt. »Mein Sohn und meine Tochter kennen den Knast inzwischen von innen – was Sie uns da Schreckliches androhen, ist längst passiert. Wir bezahlen einen Anwalt, nicht Sie, um das in Ordnung zu bringen. Der Anwalt wird dafür sorgen, dass die Richterin die Wahrheit sieht. Und wenn die Richterin hier die Wahrheit nicht sehen will«, hatte er lauthals verkündet, »dann geh ich bis zum Supreme Court!«

Jetzt warteten Vater und Tochter im zugemüllten Saal auf die Zeugen aus Annawadi und hofften inständig, dass ihr Vertrauen in die indische Justiz eine reale Basis hatte.

Eine von Fatimas zwei engsten Vertrauten musste als Erste in den hölzernen Zeugenstand, eine bettelarme junge Frau namens Priya. Priya war der wohl traurigste Mensch in Annawadi, Kehkashan kannte sie seit Jahren. Die beiden hatten sich morgens eine Autorikscha geteilt und die Fahrt bis zum Bahnhof Hüfte an Hüfte gesessen, schweißdampfend, jede in ihr eigenes Unglück gehüllt. Priya hatte Blickkontakte vermieden, sich regelrecht in die eigenen Arme verkrochen und immer wieder gesagt: »Ich will da nicht hin, ich will da nicht hin.« Priya hatte seit dem Brand überhaupt fast jeden Blickkontakt in Annawadi vermieden. »Fatima war der einzige Mensch, der mein Herzleid kannte«, hatte sie einmal gesagt. Eine robustere junge Frau hätte vielleicht längst vergessen, wie ihre Freundin um Hilfe geschrien und um sich geschlagen hatte. Priya dagegen stand die eigene Kaputtheit ins Gesicht geschrieben wie eine Schnittwunde – in Annawadi und auch jetzt im Zeugenstand.

Es war nicht die Art Kaputtheit, die junge Frauen zu Märchentanten werden lässt. Priya gab gegenüber dem Staatsanwalt zitternd zu, dass sie während der Streiterei gar nicht auf dem Maidan gewesen war, sondern Fatima erst gesehen hatte, als die schon verbrannt war. Und ja, Fatima hatte immer gern Streit provoziert, räumte sie gegenüber dem Verteidiger ein, bevor sie aus dem Zeugenstand entlassen wurde.

Nach ihr kam ein gutaussehender, wortgewandter Mann namens Dinesh dran, er arbeitete als Gepäckträger auf dem internationalen Teil des Flughafens. Kehkashan hatte nie ein Wort mit dem Mann gewechselt, aber gerüchteweise gehört, er werde etwas sehr Negatives aussagen. Ihr war hundeübel, als sie ihn mit zusammengebissenen Zähnen und zornrotem Kopf in den Zeugenstand treten sah. Er sprach Marathi, deshalb brauchte sie ein paar Minuten, bis sie begriff, dass sich sein Zorn gar nicht gegen ihre Familie richtete, sondern gegen die Polizei von Sahar.

Kurz nach dem Brand hatte ein Polizist dort eine Beschreibung des Streits protokolliert und Dineshs Namen als Zeugen daruntergesetzt. Die Aussage sei eine Fälschung, erklärte Dinesh der Richterin. Er sei zu Hause gewesen, in einer ganz anderen Gasse des Slums, habe von dem Streit überhaupt nichts mitbekommen und wisse gar nicht, wieso er hier als Hauptzeuge der Anklage aufgerufen worden war.

Die Husains waren ihm egal, auch ob die im Gefängnis landeten. Aber dass er wegen unkorrekter Polizeiarbeit einen ganzen Tageslohn einbüßte, das war ihm alles andere als egal.

Der verblüffte Staatsanwalt wickelte den Rest der Vernehmung in aller Eile ab, damit war auch diese Anhörung beendet, und Kehkashan und ihrem Vater war fast schwindelig vor Freude bei ihrer Rückfahrt nach Annawadi.

Allen Andeutungen dieser Opferbeauftragten zum Trotz hatten die ersten Zeugen keineswegs gelogen, um die Husains zu ruinieren. Kehkashan wusste auch später noch genau, wie sich an jenem Nachmittag der optimistische Schock angefühlt hatte, bevor das so hochgelobte Eilgericht die ersten Bruchstellen zeigte.

Im April kleckerte der Prozess gegen die Husains noch immer vor sich hin, mit häppchenweisen Anhörungen und einer gereizten Richterin P.M. Chauhan. Die Gerichtsschreiberin beherrschte nur Marathi gut und kam mit der Übersetzung des Slum-Hindis der Zeugen aus Annawadi in das für die amtliche Mitschrift vorgeschriebene Englisch überhaupt nicht klar. Vor lauter Ungeduld fing die Richterin an, ihr in den Computer zu diktieren, was sie schreiben sollte. Und so wurde aus nuancenreichen Schilderungen der Slumbewohner ein einsilbiges Frage-Antwort-Spiel mit dem Staatsanwalt – wodurch die Verhandlung auch schneller vorankam. Am Ende einer besonders weitschweifigen Vernehmung verkündete die Richterin die Mittagspause, stand auf und seufzte in Richtung Staatsanwalt und Verteidiger: »Oh nein, alles bloß Gezänk um dämlichen persönlichen Kleinkram – diese *Frauen*. Sonst gar nichts, aber so aufgeblasen, dass es am Ende ein Fall wird.« Allmählich war überdeutlich, dass der Ausgang dieses Prozesses nur Annawadier interessierte.

Für Kehkashan und ihren Vater ging es um zehn Jahre Haft. Doch je mehr Wochen verstrichen, desto weniger begriffen sie, ob das, was in diesem Gerichtssaal gesagt wurde, zu ihren Gunsten oder Ungunsten war. Es war schon April, und wegen der Hitze standen die Fenster offen, so dass sie statt einer Zeugenaussage, von der womöglich ihre Freiheit abhing, nur noch die Kakophonie einer Geschäftsstraße hören konnten. Hupende Autos. Tutende Züge. Röhrende Motoren. Das Warnpiepen von zurücksetzenden LKWs. Es war, als würde der Lärm von draußen vom Deckenventilator angesaugt, von den Metallblättern verwirbelt und wieder nach draußen geschleudert. Ende der Befragung. Nächste Befragung. Jetzt war auch noch irgendwas kaputt an dem Ventilator, er surrte nicht mehr, er schepperte.
Was sagte der Polizist da gerade zu der Richterin? Was sagte die Richterin zum Staatsanwalt? Der Staatsanwalt hatte sich seine orangeroten Haare auf der Glatze festgeklebt, sie waren bretthart vor lauter Haarspray, aber sobald er heftig nickte, löste sich eine Strähne und stellte sich auf. Noch ein heftiges Nicken und sie stand senkrecht in der Luft wie ein Fingerzeig in Richtung Himmel. Ende der Anhörung. Nächster Termin in einer Woche. Kehkashan setzte sich schon gar nicht mehr gerade hin, sondern blieb einfach schlaff auf dem Stuhl hängen. So saß sie auch an dem Tag bereit, als Fatimas Witwer in den Zeugenstand trat.

Abdul Shaikh war erst vor ein paar Monaten mit seinen beiden Töchter bei den Husains zu Gast gewesen, zum Eidfest, dem heiligsten Feiertag des muslimischen Jahrs. Abdul der Jüngere hatte auf dem Maidan eine Opferziege geschächtet, und Schulter an Schulter mit ihm hatte Abdul der Ältere das Fleisch für das Festmahl von den Knochen geschnitten. So wie sie es jedes Jahr zum Eid gemacht hatten. Die Ziege war gut dies Jahr, das Fest auch. Aber jetzt beim Prozess ging es

für Fatimas Witwer um die Ehre, genauso wie für die Husains.
Der alte Müllsortierer saß in der Saalmitte und hatte akustisch mehr mitbekommen als Karam und Kehkashan. Im Lauf der Anhörungen dämmerte ihm, dass das, was Fatima auf dem Totenbett über Schläge und Würgereien erzählt hatte, immer fadenscheiniger wurde. Alle Zeugen sagten, es habe nur einen Kampf mit heißen Worten gegeben. Abdul Shaikh war auch irritiert über den Widerspruch zwischen Fatimas erster und letzter amtlicher Aussage.
Er und seine Frau waren nach dem ersten warmen Jahr nicht glücklich gewesen. Sie hatten regelmäßig Krach wegen ihrer Liebhaber, wegen der Brutalität, mit der sie die Kinder schlug, der Brutalität, mit der er sie schlug, wenn er betrunken war. Es lag ihm fern, die Geschichte ihrer Ehe zu beschönigen. Aber er lebte seit Fatimas Tod tagein, tagaus neben den Husains und musste mit anhören, wie Zehrunisa ihren Töchtern vorsang, musste mit anhören, wie Mirchi alle zum Lachen brachte. Fatimas Selbstmord hatte ihm jede, auch die fernste Chance gestohlen, mit seiner Frau ein Auskommen zu finden und seinen geliebten Töchtern ein glückliches Zuhause zu schaffen.
Er wollte, dass jemand anders als Fatima am Verlust aller Zukunftschancen schuld war. Er wollte, dass die Richterin die Husains verurteilte. Das Problem war nur, dass er keine Ahnung hatte, was die Husains Fatima angetan hatten und ob überhaupt etwas, und dass er das bei der Polizei ursprünglich auch so ausgesagt hatte. Er war woanders gewesen, bei der Arbeit, und erst nach Hause gekommen, als seine Frau schon diese grotesken Verletzungen hatte. Seine Töchter hatten den ganzen Streit mitgekriegt und ihm berichtet, dass niemand irgendjemanden geschlagen hatte. Aber wie standen die beiden Mädchen denn jetzt da? Er wollte nicht, dass sie in dem Bewusstsein aufwuchsen, dass ihre Mutter sich

selbst angezündet und obendrein vor ihrem Tod gelogen hatte.

Die Töchter lebten inzwischen wieder in Annawadi. Abdul Shaikh hatte sie, nachdem er Blutergüsse an ihren Armen und Beinen entdeckt hatte, Schwester Paulettes Obhut entzogen. Sie waren selig gewesen, da wegzukommen. »Dauernd mussten wir zu einem Bild von einem weißen Mann ›Danke, Herr Jesus‹ sagen«, erzählte die jüngere Tochter. »Das war so langweilig!« Sie hatten noch kein einziges Mal nach ihrer Mutter gefragt, seit sie wieder zu Hause waren, aber Noori, die ältere, die den Brand durch das kleine Fenster mit angesehen hatte, war sehr verändert. Sie blieb manchmal mitten auf der Straße stehen, als ob sie sich am liebsten von den heranrasenden Autos überfahren lassen würde, und sie hatte eine nervöse Marotte, auf ihrem Kopftuch herumzukauen.

Heute war sie dagegen freudig erregt, weil sie mit dem Zug durch die halbe Stadt fahren durfte, und hatte besonders begeistert die Fernsehkameras vor dem Gericht entdeckt. »Da läuft heute sicher irgendein großer Prozess«, hatte Abdul Shaikh erklärt, als beide Mädchen lächelnd und winkend auf eine Kamera zugelaufen waren. Heena, die kleinere, hatte dasselbe Lächeln wie ihre Mutter, sagten andere Annawadier. Abdul Shaikh fand, das stimmte, obwohl er selbst von Fatimas Lächeln kaum genug abbekommen hatte, um vergleichen zu können.

»Kommen wir jetzt ins Fernsehen?«, fragte Noori, als sie alle drei ein niedriges eisernes Sicherheitstor passierten. Abdul drehte sich um, wollte antworten und knallte mit dem Kopf dagegen. Er war noch immer leicht benommen, als er eine Stunde später in dem hölzernen Zeugenkasten stand.

Er hielt mit der rechten Hand eine zerknautschte Plastiktüte umklammert, darin waren der Totenschein seiner Frau, zwei Fotos von ihr, für die sie sich schön angezogen hatte – einmal ganz in Rosarot, das andere Mal ganz in Blau –, und die amtliche Bescheinigung, dass sie behindert war und Anspruch auf die kostenlosen Metallkrücken hatte. Die Überreste ihres einstigen Daseins rochen schimmelig, es standen auch Dinge darin, die Abdul Shaikh nicht lesen konnte, aber er wollte sie unbedingt in der Hand halten, wenn er seine Zeugenaussage machte, die hoffentlich die Husains ins Gefängnis brachte.

Die Richterin sah ihn während der Vereidigung freundlich an, aber als der Staatsanwalt sich räusperte, bekam Abdul Shaikh weiche Knie. Er musste sich an der Umrandung festhalten, um auf den Beinen zu bleiben. Er war noch nie an so einem Ort gewesen, hatte nie mit so ehrfurchtgebietenden Menschen geredet. Schon bei der banalsten Frage des Staatsanwalts – von dem er doch gedacht hatte, der sei auf seiner Seite – geriet er aus dem Konzept.

»Mit wem leben Sie?«, wollte der Staatsanwalt wissen.

Mit seiner Frau, antwortete Abdul Shaikh, als wäre sie gar nicht tot. Bei der nächsten Frage behauptete er steif und fest, er sei fünfunddreißig. Die Namen seiner Töchter bekam er richtig heraus, aber wo er wohnte, war ihm entfallen. Er war unsicher, wen er beim Antworten angucken sollte. Die Richterin, die ihn von ihrem Hochsitz herab freundlich musterte, oder den Staatsanwalt, der ihm auf Augenhöhe gegenüberstand? Wenn er zum Verteidiger guckte, geriet er noch mehr durcheinander, denn der grinste die ganze Zeit ohne erkennbaren Grund die Richterin an.

Er beschloss, nur noch die Richterin anzusehen. Ihr schilderte er umständlich, wie er Fatima zu Hause gefunden und ins Krankenhaus gebracht hatte.

»War Ihre Frau an dem Abend in der Lage, mit Ihnen zu sprechen?«

Es war die erste Frage von Bedeutung, und Abdul Shaikh musste sie beantworten. Er musste sich zusammenreißen, und er tat es. »Ja, sie konnte sprechen«, sagte er mit Nachdruck. Er wirkte erleichtert, dass er den Satz korrekt herausgebracht hatte.

»Was hat Ihnen Ihre Frau denn auf dem Weg ins Cooper Hospital erzählt?«

»Sie hat erzählt, die haben sie Prostituierte genannt und die wollten ihr das andere Bein wegnehmen«, fing er an. Dasselbe hatte er vor neun Monaten in seiner ersten Aussage bei der Polizei angegeben, aber vielleicht klang das hier im Gerichtssaal ja gar nicht schrecklich genug – bloß wie normales Annawadi-Gerede. Er machte eine lange Pause, dann fuhr er fort: »Die haben sie geschlagen, hat sie mir erzählt.« Noch eine lange Denkpause, dann sagte er: »Die haben sie am Hals gepackt und geschlagen, hat sie mir erzählt, mit einem großen Stein.«

So. Die Worte einer Sterbenden, die dem Fall hoffentlich die richtige Wende gaben.

Der Staatsanwalt schien entzückt, auch die Sahar-Polizisten im Zuhörerraum waren glücklich. Als der Anwalt der Husains mit der Handfeger-Frisur und dem Nadelstreifenanzug zum Kreuzverhör ansetzte, wurde Abdul Shaikh immer sicherer. Nein, seine Frau sei nicht depressiv gewesen, nachdem ihre Tochter Medina im Eimer ertunken war. Nein, seine Frau habe sich nicht schon zweimal zuvor mit Petroleum übergossen. Als er aus dem Zeugenstand schwankte und entkräftet auf den weißen Plastikstuhl sackte, war er überzeugt, seine Kinder und ihren Verlust gerächt zu haben.

»Und? Was kommt jetzt?«, fragte Richterin Chauhan und rief die letzte Zeugin aus Annawadi auf.

Cynthia Ali, Fatimas beste Freundin, konnte die Husains nicht leiden, seit das Müllgeschäft ihres Mannes den Bach runtergegangen war. Sie hatte sich nachts nach dem Brand, als Abdul Husain sich in seinem Lagerverschlag versteckt hielt, auf den Maidan gestellt und ihre Nachbarn aufgerufen,

gemeinsam zur Polizeiwache zu marschieren und die Verhaftung der gesamten Familie Husain zu verlangen.
Cynthia hatte von dem ganzen Streit zwischen Fatima und den Husains gar nichts mitbekommen, aber am nächsten Tag in ihrer Zeugenvernehmung bei der Polizei das Gegenteil behauptet. Dann hatte sie, durch die Frau der Puffbesitzers, die Husains wissen lassen, ihre Aussage würde sie in den Knast bringen, es sei denn, sie zahlten ihr zwanzigtausend Rupien vor ihrem Auftritt als Zeugin vor Gericht. Die Husains hatten das abgelehnt und Monate in banger Erwartung auf ihre Rache verbracht.
»Ich glaub, ich werd bald verrückt«, hatte Zehrunisa gestern zu Abdul gesagt, als sie an der Waage auf die Müllsucher warteten. Sie hatte etwas Wildes im Blick gehabt, etwas, das Abdul zuletzt an ihr gesehen hatte, als sie am Fenster der nichtoffiziellen Zelle der Polizeiwache Sahar gestanden hatte. »Wenn die das Gericht anlügt, was will die denn noch für 'ne Ehre haben?«, hatte Zehrunisa gefragt. »Wenn einer keine Ehre mehr hat, kann der sich in Annawadi noch blicken lassen?«
Abdul fand ihre Fragen absurd.
Cynthia hatte sich für den Gerichtstermin extra die Haare gewaschen und ihren besten Sari angelegt, purpurrot, blaugolden gesäumt. Bei den Zähnen war Hopfen und Malz verloren. In den vergangenen Tagen hatte sie sich ihre Zeugenaussage als den entscheidenden Moment der Gerichtsverhandlung ausgemalt, als den imaginären Höhepunkt, so wie bei den Gerichtsszenen in Hindi-Filmen.
Es hatte weh getan, das Husainsche Einkommen wachsen und gleichzeitig das ihrer Familie wegbrechen zu sehen. Sie fand, dass Zehrunisa bloß Glück gehabt hatte, dass aus ihrem Bauch so eine Sortiermaschine wie Abdul gekommen war, aber Zehrunisa führte sich auf, als ob sie selbst so schlau wäre. Außerdem tratschte Zehrunisa überall herum, dass

sie, die christliche Cynthia, früher in einer Exotikbar getanzt hatte – für Cynthia ein längst abgeschlossenes Kapitel ihres Lebens. Sie bezeichnete sich neuerdings als Sozialarbeiterin und versuchte, in das Geschäft mit der Armutsbekämpfung einzusteigen, so wie Asha. Da war ein Haufen staatliches und ausländisches Geld in Umlauf.

Als Richterin Chauhan sie aufrief, stand sie kerzengerade im Zeugenstand und verkündete selbstbewusst ihren Namen und ihre neue Berufstätigkeit in der Sozialarbeit. Erst als der Staatsanwalt mit seinen Fragen begann, sackte ihr Kopf zur Seite.

Dieser Staatsanwalt hatte so gar nichts von den Staatsanwälten im Film. Er sah sie auch nicht eindringlich an, trotz ihres sensationellen Saris. Er schien sich bei der ganzen Verhandlung genauso zu langweilen wie die Richterin.

Cynthias Augenbrauen zogen sich zusammen. Sie hatte das Gefühl, der Staatsanwalt versuchte, sie zu scheuchen. Wollte die Richterin etwa keine Einzelheiten über den Streit hören, den sie angeblich mit angesehen hatte? Auch nicht ihre Geschichte, wie sie geholfen hatte, die Tür einzutreten, um ihre schwelende Freundin zu retten? Sie hatte sich ja kaum warmgeredet, da hatte der Staatsanwalt schon keine Fragen mehr, sondern der Verteidiger der Husains stand auf, um sie ins Kreuzverhör zu nehmen.

Der Typ sah tatsächlich mal so aus wie die Anwälte im Film. Ungewöhnlich hellwach angesichts einer fragwürdigen Zeugin – der letzten eines quälend langen Prozesses –, sprang er sie regelrecht an.

Ja, räumte sie ihm gegenüber ein, das Geschäft ihrer Familie war pleitegegangen, als das der Husains aufgeblüht war.

Ja, sagte sie, sie wohnte in einer Hütte in einiger Entfernung von den Husains, in einer anderen Slumgasse.

Ja, ihre Hütte war weit weg von der Stelle, wo der Streit

stattgefunden hatte. Ja, sie hatte zu der Zeit Gemüse fürs Abendessen geputzt.

Wie sie dann gesehen haben konnte, was passiert war, wollte der Verteidiger wissen.

»Ich hab's aber gesehen«, beharrte sie und sah ihn grimmig an. »Sie war meine Nachbarin!«

»Das sehe ich nicht so«, sagte der Verteidiger. »Sie haben uns eben erzählt, Sie hätten den Streit mit angesehen, aber das ist nicht wahr. Sie haben gelogen.«

Die Richterin diktierte ihrer unfähigen Schreiberin eine absurde Zusammenfassung dieser Frage-und-Antwort-Runde: »Ich habe gelogen, und ich habe den Streit gesehen.« Cynthias Augen wurden immer größer.

Ihr Sohn hatte in einer katholischen Schule Englisch gelernt, und sie hatte ihm bei den Hausaufgaben geholfen und ein paar Brocken aufgeschnappt. Sie begriff, dass die Richterin der Schreiberin diktiert hatte, sie, Cynthia, habe zugegeben, eine Lügnerin zu sein. Sie wollte das korrigiert haben. Sie brauchte Zeit, um nachzudenken und sich wieder zu sammeln. »Warten Sie«, rief sie so laut, dass auch Kehkashan und Karam Husain es, trotz des Straßenlärms, hörten. Aber das hier war ein Eilgericht – eine Nullnummer von Fall vor einem Eilgericht. Kein Mensch hier hatte Zeit zu warten.

Die Zeugin Cynthia wurde nicht länger gebraucht. Richterin Chauhan rief den nächsten Fall auf. Ein Polizist gab Zeichen in Richtung Saaltür. Sie sollte den Zeugenstand verlassen, nachdem sie so missverstanden worden war? Wie konnte sie diese falsche Variation auf ihre eigene Falschaussage bloß wieder aus diesem Computer da kriegen? Sie bebte vor Wut. Aber auf wen eigentlich? Auf die Richterin? Die Anwälte? Das Justizsystem? Sie beschloss, die Schuld auf Karam und Kehkashan Husain zu schieben, die zusammengesunken hinten auf der Anklagebank saßen.

»Euch werd ich's zeigen!«, kreischte sie und verließ den Gerichtssaal mit geballter Faust, ganz großer *filmi*-Stil. Dann fuhren missdeutete Zeugen und verwirrte Angeklagte gemeinsam im selben Zug zurück in das streitlustige Alltagsleben in Annawadi, wo sie weiter darüber brüteten, was da vor Gericht nun eigentlich passiert war. Die Schlussplädoyers waren für zwei Wochen später anberaumt.

15. Eis

Eines Nachmittags standen Abdul, Mirchi und die Eltern grübelnd, die Hände hinter dem Rücken, vor dem Lagerverschlag mit dem Sammelsurium aus Müll. Bisher hatten sie eine Tour zu den Recyclingfabriken immer aufgeschoben, weil die Preise derzeit so niedrig waren, aber jetzt ging das nicht mehr. Sie hatten den Verschlag verkauft, um den Anwalt bezahlen zu können. Abdul hatte zwar an den Tagen, an denen er sich nicht in Dongri melden musste, geschuftet wie ein Berserker, aber trotzdem nicht viel eingenommen. Die Polizei von Sahar hatte das Geschäft der Husains erfolgreich zerschlagen.

Während der Prozess lief, hatte sich die gesamte Familie bemüht, auf dem Tugendpfad von Abduls Gefängnislehrer zu wandeln und nichts anzukaufen, was eventuell gestohlen war. Dadurch war das Familieneinkommen um fünfzehn Prozent geschrumpft, aber die Aufmerksamkeit der Polizei ließ trotzdem nicht nach. Inzwischen kamen täglich irgendwelche Polizisten vorbei und verlangten Geld – »die schlabbern uns ab wie Hunde, lutschen uns das letzte Blut raus«, heulte Zehrunisa eines Nachmittags auf. Und da sie keine heiße Ware fanden, für deren Besitz sie die Familie drankriegen konnten, drohten sie, Abdul einzusperren, weil er den Müll auf dem Maidan sortierte. Das sei ordnungswidrige Nutzung öffentlichen Raums! Ein Verbrechen gegen die Lebensqualität der Bürger von Annawadi!

Die Polizisten machten Andeutungen, eine neue Strafanzeige könnte der Richterin nahelegen, dass die ganze Familie über kriminelle Energie verfügte. Also zahlte Zehrunisa

Schmiergeld um Schmiergeld, während Karam nach einem neuen Lagerraum in einem anderen Bezirk suchte, wo die Polizei von dem laufenden Prozess vielleicht nichts wusste.
Karam versuchte sich in Optimismus, was den Erlös aus den letzten recycelbaren Sachen betraf. »Hier liegen doch bestimmt fünf Kilo deutsches Silber«, sagte er, »und circa zwei Kilo Kupfer.«
»Scheißdreck«, blaffte Zehrunisa. »Das ist viel weniger. Wie der Vater, so der Sohn – Mirchi ist schon genauso. Hat keine Lust zu arbeiten, will bloß essen. Ihr beiden wollt immer alles umsonst.«
Mirchi zuckte zusammen. Er hatte wirklich von früh an keinen Hehl aus seiner Faulheit gemacht. Hatte seinen Freunden gern ein verblichenes Foto von sich und Abdul als Babys gezeigt. »Guckt mal, wie Abdul rumrennt, während ich stillsitze. War schon damals so!« Aber die Familienkatastrophe hatte ihn verändert. Inzwischen konnte er Müll schnell und kompetent sortieren und hatte auch jeden anderen Job angenommen, den er finden konnte.
Er hatte mit seinem besten Freund Rahul auf dem Bau gearbeitet und zwei Swimmingpools in einem neuen kleinen Edelhotel auf der Airport Road fertiggestellt. Dann hatte er seinen Traumjob erwischt, befristet: im Intercontinental-Hotel Partykulissen aufbauen. Einem Subunternehmer hatte sein Aussehen gefallen, er hatte ihm eine Fliege zum Anklemmen und eine Uniformjacke gegeben. Die Jacke war aus schwarzem Stoff und schimmerte wie Krähenflügel, seine Mutter war ganz still geworden, als sie ihn befühlt hatte. Am Ende der Arbeitswoche hatte der Subunternehmer allerdings die Jacke zurückverlangt und ihm nur ein Fünftel des zugesagten Lohns ausbezahlt. Mirchi war durch die halbe Stadt zur Firma gefahren, um den Rest abzuholen, doch die Security-Leute hatten ihn weggeschickt.
Sein nächster Zeitjob war bei Skygourmet, wo Essen für

Flugzeuge produziert wurde. Dort musste er sich zunächst unter ein Gebläse stellen, das ihm mit Wucht den Stadtdreck vom Körper pustete, und dann in einem grottigen Kühlraum Menüpackungen auf Paletten laden. Es war eine elende Schufterei, in der Kälte, in der er kaum die Glieder richtig bewegen konnte, schwere Container zu schleppen. Er hatte Eiszapfen in der Nase, weil die ständig lief, und wenn er mit der nackten Haut an Metall kam, klebte sie fest. Aber immerhin verdiente er zweihundert Rupien am Tag, bis die Geschäftsleitung die Zeitstellen kürzte.

Viele vom Flughafen abhängige Firmen reduzierten ihre Belegschaft, solange die Auswirkungen der Terroranschläge und der Rezession anhielten. Ashas Shiv-Sena-Partei organisierte teilweise gewaltsame Proteste gegen den Stellenabbau. Als das Intercontinental Leute entließ, zertrümmerte eine Shiv-Sena-Gang die elegante Hotellobby und forderte mehr Arbeitsplätze für gebürtige Maharashtrianer – Rahul war einer der Nutznießer der Krawalle. Er ergatterte einen sechsmonatigen Werkvertrag für die Reinigung der Aircondition-Schächte. Mirchi freute sich für Rahul und ärgerte sich nur ein kleines bisschen, dass seine Eltern allenfalls zu Müllsuchern einträgliche Beziehungen hatten.

»Da ist so 'n Typ, der zählt die Autos auf 'm Parkplatz, der hat gesagt, ich hab Talent, das sieht er«, berichtete er eines Abends zu Hause, außer Atem vor lauter Hoffnung, dass ihm sein neuer Kontakt einen festen Job einbringen könnte. Aber in Mumbai gab es Millionen intelligenter, sympathischer, ungelernter junger Männer.

Während die Husains auf das Urteil warteten, verfolgte der Rest der Mumbaier einen Prozess vor einem anderen Schnellgericht. Ajmal Kasab, der einundzwanzigjährige Pakistani, der als einziger der Terroristen den Anschlag überlebt hatte, stand in einem eigens eingerichteten Hochsicherheitssaal im Gefängnis in der Arthur Road vor dem Richter.

Abduls Vater erklärte, was Kasab getan hatte, war unrecht – der Koran erlaubte keinem Muslim, unschuldige Zivilisten zu töten, von denen einige selbst Muslime waren. Abdul fand trotzdem, dass Kasab es gut hatte. »Auch wenn die den im Knast wahrscheinlich grün und blau schlagen«, sagte er eines Tages, »dieser Kasab weiß wenigstens tief im Herzen, dass er das getan hat, was die ihm vorwerfen.« Das war bestimmt nicht so bedrückend, wie wenn man verprügelt wurde und völlig unschuldig war.

Aber anscheinend sprang der Volkszorn gegen Kasab nicht auf die anderen Muslime in Mumbai über, stellte Abdul während seiner drei wöchentlichen Zugfahrten nach Dongri erleichtert fest. In den brütend heißen, überbuchten Abteilen nahm ihn jedenfalls niemand stellvertretend ins Visier. Die Hindus fuhren einfach genauso ihrer Wege wie er. Sie husteten und aßen ihr Mittagessen genau wie er und sahen aus dem Fenster auf Reklametafeln, die mit Hilfe von Bollywood-Stars Zement und Coca-Cola verhökerten. Sie beugten sich auch schützend über kostbare Dokumente in kostbaren Plastiktüten, auf denen genau wie auf seiner stand: HAVE A BREAK, HAVE A KIT KAT. Es war alles wie immer, also durchaus hoffnungsvoll.

Hoffnungsvoll waren auch Mumbais reiche Leute in den Monaten nach dem Terroranschlag. Viele hatten sich zum ersten Mal im Leben entschlossen, sich politisch zu engagieren, um staatliche Reformen mit voranzubringen. Wohlhabende Inder versuchten normalerweise, alles, was staatlicherseits nicht funktionierte, selbst in die Hand zu nehmen. Sie stellten eigene Security-Leute ein und bezahlten für gefiltertes Wasser und Privatschulen. Diese Praxis hatte sich mit den Jahren zu einem Prinzip ausgewachsen: Die beste Regierung ist die, die einem aus dem Weg bleibt.

Die Anschläge auf das Taj und das Oberoi, bei denen auch Wirtschaftsbosse und Prominente ums Leben gekommen waren, hatten das Prinzip drastisch konterkariert. Die Reichen hatten erkennen müssen, dass ihre Sicherheit privat gar nicht zu garantieren war. Auch sie waren angewiesen auf öffentliche Sicherheit, auf genau das System also, das den Armen so schlechte Dienste leistete.

Zehn junge Männer hatten drei Tage lang eine der größten Städte der Welt mit Terror überzogen – das war eine Tatsache, die einerseits sicher aus der Raffinesse eines Angriffs an mehreren Fronten gleichzeitig resultierte, aber andererseits auch daraus, dass sich die staatlichen Behörden nicht wie Hüter der öffentlichen Sicherheit aufgeführt hatten, sondern wie private Marktbudenbetreiber. Die schnellen Einsatzeinheiten der Mumbaier Polizei hatten nicht genug Waffen. Viele Polizisten auf dem Bahnhof hatten zwar Waffen, aber keine Ahnung, wie man damit umgeht, und rannten weg, während zwei der Terroristen über fünfzig Passagiere erschossen. Andere Polizisten hatten den Auftrag, Menschen aus einer belagerten Entbindungsklinik zu retten, rührten sich aber nicht aus dem nur vier Blocks entfernten Präsidium. Rettungssanitäter behandelten Verwundete nicht. Militärspezialkräfte brauchten acht Stunden, um ins Herz der Finanzmetropole zu kommen – Grund waren unter anderem ein ungünstig geparkter Düsenjet, eine Tankpause und eine endlose Busfahrt vom Flughafen Mumbai. Als sie endlich in der Altstadt eintrafen, war das Morden praktisch beendet.

Ende April standen Parlamentswahlen an, und Leute aus der Mittel- und der Oberschicht, vor allem junge Leute, beantragten Wahlunterlagen in Rekordzahl. Es gab diesmal wohlhabende und gebildete Kandidaten, die mit Forderungen nach einer radikalen Wende für sich warben: Die Regierung muss zur Rechenschaft gezogen werden können, es muss Transparenz herrschen, Bürokratie muss durch e-Governance abgebaut werden. Indien als unabhängiger Staat war einst von hochgeborenen und hochgebildeten Männern gegründet worden, jetzt im einundzwanzigsten Jahrhundert stellte sich kaum noch jemand aus solchen Kreisen zur Wahl oder ging wählen. Wer heute Geld hatte, konnte seine gesellschaftlichen und wirtschaftlichen Interessen außerhalb demokratischer Regelwerke durchsetzen. Heutzutage waren überall in Indien die Armen die Einzigen, die Wahlen noch ernst nahmen. Ihre Stimme abzugeben war die einzige wirkliche Macht, die sie besaßen.

Ein neuer Müllhändler hatte sein Gewerbe in Annawadi aufgezogen und füllte die Lücke, die der Niedergang der Husainschen Geschäfte gerissen hatte. Abdul verbrachte die Tage jetzt in einer winzigen gemieteten Bude am Rand der Slums von Saki Naka. Aber sosehr er sich anstrengte, einträglicher Handel war das kaum. Die Müllsucher von Saki Naka hatten ihre angestammten Geschäftspartner. Trotzdem fühlte er sich irgendwie leicht, wenn er müßig in der Tür der neuen Hütte saß und über einen fremden Maidan blickte. Hier hatten die Tragödien von Annawadi kein Gewicht. Hier wusste kein Mensch etwas von Fatima oder von den Prozessen gegen seine Familie oder von Kalus Tod oder davon, dass Sanjay und Meena Rattengift genommen hatten. Nachmittags ließ ein Mann mit der Handkurbel ein kleines Karussell kreisen und Kinder für eine Rupie ein paar Runden drehen. Die Polizei kam zwar wegen Schmiergeld zu Abduls Kollegen, aber nicht zu ihm, wahrscheinlich weil jeder Trottel sah, dass er nichts verdiente. Er hatte hier fast so viel Zeit zum Nachdenken wie in Dongri und machte sich, vielleicht wegen der sengenden Aprilsonne, Gedanken über Wasser und Eis.

Wasser und Eis bestanden doch aus demselben Stoff. Und die

meisten Menschen, dachte Abdul, bestanden doch auch aus demselben Stoff. Er selbst war vermutlich, von der ganzen Konstitution her, etwas anders als die zynischen, korrupten Leute um ihn herum – die Polizisten und diese Opferbeauftragte und der Doktor in der Pathologie, der Kalus Todesursache verfügt hatte. Wenn er die ganze Menschheit allein nach der stofflichen Substanz sortieren müsste, hätte er am Ende bestimmt nur einen einzigen gigantischen Stapel. Aber jetzt kam die interessante Entdeckung. Eis war anders – und seiner Meinung besser – als der Stoff, aus dem es bestand.

Auch er wollte etwas Besseres sein als der Stoff, aus dem er bestand. Er wollte das Eis in Mumbais Dreckwasser sein. Er wollte Ideale haben. Das Ideal, das er aus ganz eigennützigen Gründen am liebsten gehabt hätte, war der Glaube, dass Gerechtigkeit möglich war.

Im Augenblick fiel ihm dieser Glaube allerdings nicht ganz leicht. Der Verteidiger war zuversichtlich gewesen, dass Cynthias schäbiger Auftritt als Zeugin der Anklage Karam und Kehkashan entlastet hatte. Aber dann war Richterin Chauhan kurz vor den Schlussplädoyers plötzlich an ein Gericht am anderen Ende von Maharashtra versetzt worden. Ein neuer Richter musste den Fall übernehmen und nur anhand der verqueren Protokolle versuchen, da weiterzumachen, wo seine Vorgängerin aufgehört hatte.

Karam und Kehkashan waren am Boden zerstört, was auch der Opferbeauftragten nicht entging. Sie kam zum dritten Mal, um Geld zu erpressen, diesmal in Begleitung von Fatimas Witwer.

Der neue Richter sei sehr streng und halte die beiden Husains sehr wahrscheinlich für schuldig, erklärte die Dame mit der Goldrandbrille. Zum Glück sei Fatimas Witwer jedoch bereit, einen Rückzieher zu machen. Er würde seine Aussage und die seiner verstorbenen Frau zurücknehmen, und damit wäre das Verfahren beendet. Zum Preis von zwei Lakhs – fast dreitausend Euro.

Die Opferbeauftragte schien davon auszugehen, dass Slumbewohner dumm sind: Die Husains hatten sicher keine Ahnung, dass Karam und Kehkashan wegen eines Offizialdelikts vor Gericht standen, also im Namen des Staats Maharashtra, und es gar nicht in der Macht von Fatimas Witwer stand, irgendetwas zurückzuziehen, egal wie viel Geld die Husains zahlten.

Abduls Vater fragte sicherheitshalber bei seinem Anwalt nach, bevor er der Frau eine Abfuhr erteilte. Er wollte wissen, ob das, was er sich aus Urdu-Zeitungen über das Rechtssystem zusammengestoppelt hatte, auch wirklich stimmte. Es stimmte. Endlich ein kleiner Triumph des Wissens über die Korruption.

Jedes Land hat seine Mythen, und erfolgreiche Inder gaben sich gern dem Mythos hin, in ihrem Land seien Instabilität und Anpassungsfähigkeit eine romantische Affäre eingegangen – also der Idee, der rasante Aufstieg sei zumindest teilweise der chaotischen Unvorhersehbarkeit des täglichen Lebens zu verdanken. In Amerika und Europa, sagten sie, wisse jeder, was kommt, wenn man den Wasserhahn auf- oder den Lichtschalter andreht. In Indien könne man dagegen von kaum etwas sicher ausgehen, aber gerade wegen der chronischen Unsicherheit sei Indien zur Nation der kreativen Problemlöser mit den fixen Köpfen geworden.

Auch arme Leute wollten nicht generell bezweifeln, dass unsichere Verhältnisse den Erfindergeist nähren können, nur zehrte die Tatsache, dass Anstrengung und Erfolg nicht richtig aneinander gekoppelt waren, mit der Zeit ganz schön an den Kräften. »Wir probieren so viel aus«, beschrieb es ein Mädchen in Annawadi, »aber nie dreht sich die Welt in unsere Richtung.«

Dreimal in der Woche bückte sich Abdul durch das für Kinder formatierte Sicherheitstor von Dongri, jedes Mal suchte er den Innenhof nach dem Master ab. Er wollte ihm von dieser Regierungsbeamtin erzählen, die dauernd versuchte, seine Familie über den Tisch zu ziehen, und davon, wie gut der Prozess lief, bis die Richterin versetzt worden war, und wie die Polizei ihm sein Geschäft in Annawadi kaputt gemacht hatte. Zu Hause im Slum hatte er so viele Märchen über den Master erzählt, dass er inzwischen selbst glaubte, den Mann interessiere tatsächlich, wie es ihm so ging.

Aber Abdul fand den Master nie. Wenn er sich in die Meldeliste eingetragen hatte und wieder auf der Straße stand, überlegte er, wie er die Rückkehr noch ein bisschen hinauszögern konnte, in der Bude da in Saki Naka schaffte er doch sowieso nicht, das Geld für seine Familie zusammenzubringen. Eines Tages ging er, um wieder Kräfte zu sammeln, eine Stunde lang zu Fuß vom Jugendknast bis zum Haji Ali Dargah, dem geschichtenumwobenen Treffpunkt der Mumbaier Muslime.

»Ich bleib nicht lange«, hatte er seiner Mutter versprochen, »nur so lange, bis mein Herz wieder voll ist.«

Die Moschee und das Grabmal des Haji Ali standen auf einer kleinen, durch einen zementierten Dammweg mit dem Festland verbundenen Insel im Arabischen Meer. Salzige Böen machten aus Burkas Hunderte schwarze Luftballons, die langsam vor Abdul über den Dammweg auf die glitzernde Kuppel der Moschee zuschwebten. An beiden Straßenrändern standen Händler mit Klapptischen und verkauften Schmuck aus Strass und Wasserpistolen aus Plastik. Der Himmel über ihm war ein einziges Flügelschlagen von Möwen. Es war wunderschön – so, als ob er direkt in einen Urdu-Kalender hineinschlenderte. Plötzlich bemerkte er etwas, das in keinem Kalender zu sehen war.

Der schmale Weg zum Haji Ali Dargah war gesäumt von Einbeinen. Und Keinbeinen. Hunderte Meter lang nur hingekauerte, bettelnde Invaliden, die Totenklagen sangen und sich die Kleider zerrissen. Es war wie Fatima in irrwitziger Vervielfachung.

Hastig drehte er um. Gegen die Verwirrtheit, in der er steckte, kam selbst eine erhabene Augenweide wie der Haji Ali Dargah nicht an. Die würde nur weggehen, wenn ein Gericht ihn freisprach von dem Vorwurf, eine behinderte Frau angegriffen, gewürgt und in einen brutalen Selbstmord getrieben zu haben.

Abdul konnte viele seiner Begierden unterdrücken, aber nicht diese. Er wollte unbedingt anerkannt werden als jemand, der besser ist als das Dreckwasser, in dem er lebt. Er wollte das Urteil: Eis.

16. Schwarz und Weiß

Asha hatte schon hundert Routen für eine Flucht aus Annawadi ausgebrütet, aber in den ersten Monaten des Jahres 2009 führten noch immer alle nur in Sackgassen, und langsam fühlte sie sich ausgelaugt und traurig. Möglicherweise war ein Elektroschock schuld, hatte ihre normalen optimistischen Hirnschaltkreise unterbrochen. Möglicherweise hatte Mr. Kamble einen Fluch hinterlassen, als er endlich an seiner fehlenden Herzklappe gestorben war. Denn kurz nach seiner Einäscherung machte ihr seine bei einem Kredithai verschuldete hübsche Witwe einen ihrer nützlichsten männlichen Gefährten abspenstig.

Es war wirklich nicht das erste Mal, dass Asha ohne Vorwarnung von einem Mann sitzengelassen wurde. Aber in früheren Jahren hatte sie immer geschafft, ihre Enttäuschung in eine aufgeräumte innere Schublade zu sperren und sofort irgendein neues Ziel anzustreben. Die Frage, was und wen sie als Nächstes ausprobieren könnte, hatte ihr sogar Spaß gemacht. Inzwischen warf die Frage höchstens noch Licht auf die Tatsache, dass ihre früheren Antworten alle falsch gewesen waren. Wenn die Goldsplitter aus der Schüssel gewaschen sind, sieht man den Schlamm.

Dass sie sich so sklavisch an den Bezirksrat Subhash Sawant gehalten hatte, war die Schüssel mit dem meisten Schlamm. Kurz nach Ashas spektakulärem Navratri-Festival hatte ein Richter ihren politischen Gönner aus dem Amt gejagt, wegen Vortäuschung der Zugehörigkeit zu einer niederen Kaste. Aber auf Ashas langer Liste der Frustrationen stand noch mehr. Der Gemüseladen, für den sie ein staatliches Darlehen bekommen und von dem sie gehofft hatte, ihr Mann würde ihn von zu Hause aus betreiben. Die mühselige, aber noch immer nicht einträgliche Arbeit als Slumlord. Die Pläne, Manju als Braut zur Einkommensquelle zu machen. Der vermeintliche warme Regen aus der Beschaffung von Wohnungen für ein paar Polizisten der Wache Sahar, in denen die ihre Nebengeschäfte abwickeln konnten. Sonstige Projekte, die Monate ihrer Zeit gefressen und sich dann doch zerschlagen hatten.

Die Parlamentswahlen rückten näher, und eigentlich hätte sie Flugblätter im Slum verteilen sollen. Fünfmal am Tag riefen Parteigenossen von der Shiv Sena an und erinnerten sie daran. Auch der neue Bezirksrat rief an. Er kam von der Kongresspartei und hatte, um sich bei den Slumbewohnern beliebt zu machen, dem Maidan schmucke Pflastersteine spendiert, außerdem ein Denkmal aus schwarzem Marmor für seine Partei. Jetzt brauchte er jemanden wie Asha. Sie hatte Macht in Annawadi, und die war wichtiger als Parteizugehörigkeiten.

Aber Asha hatte genauso wenig Lust, einem anderen Politiker die Treue zu schwören, wie Flugblätter zu verteilen. Sie wollte einfach nur in ihrer Hütte hocken und heulen. Wenn sie aus der Vorschule zurückkam, verkroch sie sich in eine Decke und murmelte ein Gedicht in Marathi, das sie von einer Pinnwand in Mankhurd abgeschrieben hatte.

Was du nicht willst, ist immer bei dir,
Was du willst, ist niemals bei dir,
Wo du nicht hin willst, musst du hin,
Und just, wenn du denkst: endlich mehr Leben,
Musst du bald sterben.

Manju war erschüttert, ihre Mutter so zu sehen, zusammengerollt, aus sich selbst eine Höhle bauend, fragte aber wohlweislich nicht nach dem Grund. Sie sagte nur: »Sieht dir gar nicht ähnlich, Mummy, so still zu sitzen.«

Sagte am nächsten Tag: »Ich bin auch müde, von den Prüfungen.« Und reichte ihr eine dampfende Tasse Tee.

Sagte noch einen Tag später: »Ich schreibe das Gedicht noch mal ab und ganz sauber.« Ashas Tränen hatten die Tinte verschmiert.

Als Asha an dem Abend den Kopf aus der Decke steckte, hing ihre Ode an die niedrigen Erwartungen säuberlich gedruckt und laminiert mit einer Reißzwecke an der Wand.

Manju schob den Kummer ihrer Mutter auf einen geheimen Herzschmerz, aber Ashas Herz war vierzig Jahre alt und stur und erfahren. Das Problem war ihr Kopf. Wenn sie mal nicht über die Ursachen ihrer Misserfolge in der Vergangenheit grübelte, brütete sie über winzigste Kränkungen: Ein Polizist rief neuerdings nicht mehr zurück, ihre Parteigenossin Reena veranstaltete eine *puja* und lud sie weder zur Zeremonie noch zur Party danach. Normalerweise wäre Asha froh gewesen, die miesepetrige Reena mit ihrem Kuhgesicht nicht sehen zu müssen. Aber in ihrem jetzigen Gemütszustand verklumpten sich solche kleinen Affronts mit größeren Enttäuschungen und wurden zu einem erdrückenden Beweisbündel. Etwas Helles in ihr hatte sich plötzlich verfinstert.

Asha war immer stolz auf ihre Konkurrenzfähigkeit gewesen, eine Eigenschaft, die sie ihren Kindern nicht weiterzugeben vermocht hatte. Vielleicht schätzte sie sie an sich besonders, weil sie ihren Kindern abging. Vielleicht verführte der Zwang, immer Sieger zu sein, mit der Zeit aber auch dazu, sich selbst zu täuschen. Statt sich einzugestehen, dass sie kaum Fortschritte machte, hatte sie sich ständig neue Erfolgsdefinitionen ausgedacht. Wenn jemand anders scheiterte, hatte sie sich jedes Mal gefühlt, als sei sie einen kleinen Schritt vorangekommen. Sie hatte die Husains übertrumpft oder auch Mr. Kamble, in gewisser Weise. Trotzdem hatten ihre eigenen Lebensumstände sich kaum verbessert. Noch immer lebte sie mit einem versoffenen Ehemann in einer beengten Hütte neben einem Klärteich. Das nagte schwer an ihrer Eitelkeit – einer Eigenschaft, die sie allerdings allen drei Kindern weitergegeben hatte. Doch noch immer hatte sie es nicht geschafft, den Zugangscode zur großen weiten Stadt zu knacken, und hier zu Hause empfanden viele Leute nur noch Abscheu für sie.

In Annawadi herrschte Einigkeit darüber, wann die skeptische Ehrerbietung ihr gegenüber in heftige Abneigung umgeschlagen war. Es war passiert, als Asha versucht hatte, aus etwas Kapital zu schlagen, das alle fürchteten: dass ab 2010 oder 2011 die Slums am Flughafen geschleift werden würden.

Es stand gerade wieder eine Wahl an, und auch die Slumbewohner beim Flughafen waren bekanntlich Wähler, und so schwadronierten manche Politiker noch immer vom Kampf gegen den Abriss. Dabei waren die Abrisspläne längst gemacht. Ein kleiner Teil der freigeräumten Fläche sollte für den Ausbau des Flughafens genutzt, der große Rest auf dem freien Markt verpachtet werden. Statt gut dreißig Slums sollte es noch mehr Hotels, Einkaufscenter und Bürotürme geben, vielleicht auch einen Vergnügungspark.

Der Flächennutzungsplan für die Flughafengegend entsprach in etwa den staatlichen Vorgaben für die Slumsanierung. Danach bekamen private Investoren Baurechte auf Slumgebiet nur, wenn sie sich bereit erklärten, auch Wohnhäuser für alle Vertriebenen zu bauen, die nachweisen konnten, schon seit dem Jahr 2000 in ihren Hütten zu wohnen. Die ganze Planung bot idealen Nährboden für Korruption, mittlerweile waren etliche Kartelle des organisierten Verbrechens zu *major players* geworden. Obendrein wies sie eindeutige Mängel auf. So waren in den letzten zwei Jahren zwar mehr als 122 000 Hütten abgerissen worden, aber von den

betroffenen Familien hatten zwei Drittel nicht lange genug darin gelebt, um Anspruch auf eine Neubauwohnung zu haben. Sie waren entweder in andere Slums geströmt oder hatten etwas weiter außerhalb neue Slums hochgezogen.
Dass die Anstrengungen, Mumbai zu »entslummen«, auf ganzer Linie gescheitert waren, machte die Räumung der Flughafen-Slums umso dringlicher. Obendrein hatte dieses Projekt überschaubare Dimensionen bei gleichzeitig überdimensionaler Resonanz. Es würde der Welt zeigen, dass Indiens Führung dem Ziel eines »Mumbai ohne Slums« einen großen Schritt näher kam.
Asha war empört, dass die Behördenmenschen Slums bloß als Mahnmale für Rückständigkeit erachteten. »Wenn die am Flughafen so dringend Platz brauchen«, sagte sie eines Tages, »dann sollen sie doch ihre Bulldozer auf die Hotels loslassen!« Aber Luxushotels galten nicht als Problem, Swimmingpools und Rasen waren schützenswert. Und was blieb ihr dann noch zu tun, als Führungsfigur eines angeblich dem Glück der ganzen Nation im Wege stehenden Schandflecks? Die Mitbewohner zu gemeinsamen, aber aussichtslosen Widerstandsaktionen aufzurufen? Asha fand es realistischer, weiter ihre privaten Ambitionen zu verfolgen und ein bisschen Geld zu verdienen.
Sie hatte eine Chance im System der Grundstücksspekulation entdeckt, die in letzter Zeit in Annawadi um sich griff. Die Wohnungen, die man den vertriebenen Bewohnern der Flughafenslums versprach, waren zwar winzig klein – 25 Quadratmeter –, hatten aber fließendes Wasser, und das machte sie zum wertvollen Spekulationsobjekt, denn in ganz Mumbai war bezahlbarer richtiger Wohnraum knapp. Folglich hatten Leute aus der Oberstadt alle möglichen Verschläge in den Slums aufgekauft und sich Urkunden fabriziert, die sie selbst als langjährige Bewohner von Annawadi auswiesen.

Die meisten Spekulanten planten, die Wohnungen der Umsiedler für Mieteinnahmen oder als Investitionskapital zu nutzen. »Die Wohnung, die ich damit kriege, ist bald zehnmal so viel wert wie das, was mich das Ding hier kostet«, sagte der Geschäftsmann, der Abduls Lagerverschlag gekauft hatte. Ein Schmalspurpolitiker namens Papa Panchal brachte gleich eine ganze lange Reihe Hütten am Klärteich an sich, gegen Provision im Auftrag eines Großinvestors, und hatte in dessen Namen auch einen Schlägertrupp angeheuert, um die Bewohner zum Verkauf zu überreden.

Asha hatte im Vorgriff auf eine eigene Provision von einem Hotelzulieferer in den mittleren Jahren einer jungen Frau die Hütte abgeschwatzt. Geeta war Mutter von drei Kindern und Analphabetin. Die Papiere, die den Geschäftsmann als Slumveteranen auswiesen, waren gut gefälscht. Aber dann hatte Geeta angefangen nachzudenken, und zwar lauthals.

Wüstes Geschrei, die Slumgassen rauf und runter! Asha habe sie über den Tisch gezogen! Ihre Kinder müssten auf der Straße aufwachsen! Geeta weigerte sich, aus der Hütte auszuziehen, und lief zur Polizei, um Anzeige zu erstatten.

Die Sache mit der Polizei hatte Asha natürlich regeln können. Der wirkliche Ärger ging los, als der Geschäftsmann eine Bande besoffener Kerle schickte, um Geetas Auszug zu beschleunigen – ausgerechnet an einem Sonntagnachmittag, wenn in Annawadi alle zu Hause sind und zugucken.

Asha schickte Rahul zur Kontrolle zu der Hütte, wo die Männer die wild um sich schlagende, zierliche Geeta an den Haaren auf den Slumweg zerrten, ihre Habseligkeiten in den Klärteich schmissen, sie als Hure beschimpften und ihre letzte Tüte Reis mit Petroleum übergossen. Geetas kleine Kinder hockten sich hin und lasen schluchzend die verdreckten Reiskörner einzeln wieder auf.

Ein schlimmes Bild. Verheerend für das Ansehen eines Slumlords, erst recht wenn der eine Frau war und für alle sichtbar mit versteinerter Miene zu Hause gesessen hatte, während draußen auf den Slumgassen die Gewalt tobte. Seit diesem Sonntag fegte das Getuschel der Nachbarn hinter Asha her wie eine Windhose.

»Die ist schon wie so 'n Tier vor lauter Gier«, sagte eine Nepali-Frau hinter vorgehaltener Hand.

»Die war ja immer schon verschlagen, aber jetzt wissen wir, wenn die Geld riecht, geht die über Leichen«, sagte eine Tamilin.

»Die hat da bestimmt zehntausend Rupien rausgeholt«, sagte Zehrunisa. Das kam Asha zu Ohren und tat am meisten weh. Zehntausend wären phantastisch gewesen – ein Ausgleich für den ramponierten Ruf. Aber dieser Hotelzulieferer hatte sie bei der Provision beschissen.

Das Ganze war eine so niederschmetternde Erfahrung, dass Asha zunächst skeptisch blieb, als eine andere korrupte Machtfigur mit dem Versprechen auf sie zukam, diesmal würden ihre Bemühungen mit einer Gewinnbeteiligung belohnt.

Und just, wenn du denkst: endlich mehr Leben, musst du bald sterben. An dieser pessimistischen Einstellung hielt sie fest bis zu dem Tag, an dem sie tatsächlich mehr Leben sah, und das war der Tag, an dem das Regierungsgeld auf ihrem Konto einging.

Auf die Idee, die die Zukunft ihrer Familie sichern sollte, war sie nicht selbst gekommen. Sie stammte von Bhimrao Gaikwad, einem Beamten im Bildungsministerium des Bundesstaates Maharashtra. Er sollte eine ehrgeizige und mit ausländischen Mitteln geförderte Maßnahme der Zentralregierung namens Sarva Shiksha Abhiyan in Mumbai umsetzen. Das Projekt zielte auf Grundschulbildung für alle und sollte über dreihundert Millionen Kinderarbeiter, Mädchen und behinderte Kinder zum ersten Mal in Klassenzimmer bringen.

In Zeitungsinterviews erzählte Gaikwad gern, wie emsig er nach unbeschulten Kindern suche und wie sehr er hoffe, ihnen die Art Bildung zu bieten, mit der sie aus der Armut aufsteigen konnten. Nicht ganz so öffentlich bekannt war sein Plan, die staatlichen Gelder in die eigene Tasche umzulenken. Durch Zusammenarbeit mit Behörden für Stadtentwicklung in ganz Mumbai kam er an Strohleute, die berechtigt waren, für den vermeintlichen Unterricht von Kindern staatliche Gelder zu beziehen. Die Fördertöpfe sollten zwischen ihm und seinen Komplizen aufgeteilt werden.

Im Nachhinein wäre Asha lieber gewesen, sie hätte Gaikwads Aufmerksamkeit mit ihrer Intelligenz erregt, sogar mit ihrem Aussehen. Aber sein Interesse hatte einen banaleren Grund: den Umstand, dass Asha einem gemeinnützigen Verein vorsaß. Den Stempel »gemeinnützig« hatte ihr 2003 ein anderer Mann für ein anderes Projekt verschafft, er hatte ihr einen Auftrag im Rahmen der Stadtsanierung versprochen, der aber nie zustandegekommen war.

»Korrekt eingetragen?«, wollte Gaikward nur wissen.

»Ja, korrekt.« Und damit war Asha auserwählt, ihm Beihilfe zum Betrug am bedeutendsten Regierungsprogramm für bessere Lebensbedingungen von Kindern zu leisten.

Regierungsbeamte stellten Urkunden aus, laut denen Ashas gemeinnütziger Verein bereits seit etlichen Jahren vierundzwanzig Vorschulen für arme Kinder betrieb. Für die fiktive Trägerschaft bekam sie von der Regierung 470 000 Rupien, also über 7000 Euro. Im selben Jahr sollte noch mehr Geld für neun Brückenschulen für ehemalige Kinderarbeiter fließen, die sie angeblich auch führte. Den Geldregen sollte Asha in Form von Schecks an Leute auf einer von Gaikwad zusammengestellten langen Liste weiterverteilen – theoretisch allesamt Lehrer und Hilfslehrer an ihren Schulen. Wer die Leute waren, hatte sie nichts anzugehen. Alles, was sie anging, war, Bhimrao Gaikwad sofort zwanzigtausend Rupien und dem Mann bei der Stadtentwicklung, der die Verträge mit aufgesetzt hatte, fünftausend in bar auszuhändigen. Wegen all der Abfindungen würde Asha im ersten Jahr noch nicht das große Geld verdienen. Aber Gaikwad hatte ihr versichert, dass in den folgenden Jahren mehr bei ihr ankommen würde.

Es gab einen kleinen Haken, als die erste Tranche Regierungsgeld 429 000 Rupien, fast 6500 Euro auf dem Konto ihres eigentlich dahinsiechenden eigennützigen Vereins einging. Die Schecks, die Asha auszustellen hatte, brauchten zwei Zeichnungsberechtigte, und die Nachbarin, die Asha schon vor langer Zeit zur Vereinssekretärin ernannt hatte, war hoffnungslos unbrauchbar. »Sind wir bald reich?«, fragte sie zuerst und dann, weinerlich: »Und wenn die uns erwischen?« Sie weigerte sich, die Schecks gegenzuzeichnen, also warf Asha sie raus und heuerte eine gefügigere Sekretärin an. Die Schecks gingen raus, die Regierungsbeamten bekamen ihr Geld.

Asha spürte einen leisen Triumph, denn ein Verdacht, den sie in all den Jahren ihrer vielfältigen, aber nur marginal einträglichen Betriebsamkeit gehegt hatte, schien sich zu bestätigen. Für den Erfolg auf dem großen grauen Markt der Oberstadt brauchte es weniger Mühe und Intelligenz als für das alltägliche Durchkommen in den Slums. Denn dabei kam es nur auf Glück und die Fähigkeit an, sich zwei Dinge fest einzubilden: dass das, was man tat, im großen Ganzen nicht so furchtbar unrecht und die Wahrscheinlichkeit, erwischt zu werden, nicht allzu groß war.

»Natürlich ist das Korruption«, erklärte sie ihrer dienstbeflissenen neuen Vereinssekretärin, »aber ist das *meine* Korruption? Kann irgendwer behaupten, dass ich was Unrechtes tue, wenn die ganzen Dokumente von oberen Leuten kommen – wenn obere Leute sagen, dass das alles rechtens ist?«

Die neue Sekretärin nickte Ashas Analyse nur ab, sie war überhaupt etwas zugeknöpft, seit sie die Schecks mit unterschrieben hatte. Wie hätte sie auch argumentieren sollen? Asha war ihre Mutter.

»Jetzt brauchst du keine richtige Stelle mehr zu suchen, wenn du das College beendet hast«, erklärte Asha Manju bezüglich des Schulimperiums, das sie angeblich leiteten. »Du übernimmst meine. Ich muss sowieso dich als Geschäftsführerin angeben, die Schulen müssen alle von ausgebildeten Leuten geleitet werden.«

Manju war nicht gerade glücklich über das Vermächtnis, aber auch durchaus nicht unglücklich über den gebrauchten Computer, der bald ins Haus kam. Meena hatte auf töchterliche Pflichten immer mit glühendem Widerstand reagiert, Manju nie. Asha organisierte auch einen Internetzugang per Modem, Rahul registrierte sich gleich bei Facebook, sein Interesse an sozialen Netzwerken erlahmte allerdings, sobald er seine rote Honda hatte.

Manju liebte ihren Computer, genau wie ihre ehemaligen Slumschulkinder. Sie kreuzten regelmäßig auf, nur um die Pracht zu bestaunen. Sie sagten noch immer »Frau Lehrerin« zu Manju und sahen sie erwartungsvoll an, als wollten sie einfach nicht glauben, dass mit ihrer Ausbildung Schluss war. Aber die Schulen, die Asha und Manju angeblich leiteten, machten Einnahmen aus einer wirklichen Schule überflüssig.

Manju hatte vor kurzem eine Zusammenfassung von *Faust* auswendig gelernt, es ging um eine Art letzte Abrechnung – den Moment, in dem jemand, »der nach dem höchsten Wesen strebte«, entdeckt, dass der Preis für ein mit bösen Mitteln erworbenes gutes Leben fällig wurde. Diese christliche Hölle konnte sie sich zwar nicht so ganz vorstellen, aber dass irgendeine Strafe im Anzug war, das spürte sie.

Eines ruhigen Abends kurz vor ihrer Abschlussprüfung im

College sah sie vom Keyboard hoch und erschrak. Vor der Tür standen zwei, nein: fünf Eunuchen! Kein Vergleich mit dem schönen geschmeidigen Eunuchen, der sie damals im rosa Tempel beim Klärteich so verzaubert hatte. Diese Transen hatten behaarte Hände und Schnauzbartstoppeln, und sie standen mit Vorliebe plötzlich bei Leuten vor der Tür, die gerade eine Glückssträhne hatten, und stießen einen Fluch aus, um die zu kappen.

Manju war hell entsetzt, und die Eunuchen bekamen ein schlechtes Gewissen, weil sie so zitterte. Sie waren aus einem ganz anderen Grund da. Sie kannten niemanden, der mehr Macht hatte als Asha, und sie hofften auf ihre Unterstützung, um sich in die Listen für die Wahlen in einer Woche einzutragen. Sie wollten wie viele Annawadier auch an dem belustigenden Schauspiel teilhaben, wenn die Politik mal gezwungen war, nicht in geheimen Hinterzimmern, sondern auf offener Bühne zu agieren.

Diese Parlamentswahl würde das größte demokratische Manöver der Weltgeschichte werden: Fast eine halbe Milliarde Menschen würden Schlange stehen, um ihre Vertreter für das Parlament in Delhi zu wählen, die dann ihrerseits über den Premierminister entschieden. Darüber, wen die Annawadier nach Delhi schicken würden, bestanden kaum Zweifel. Das war Priya Dutt, die freundliche und bescheidene Kandidatin der Kongresspartei. Sie vereinte zwei traditionelle Faibles des indischen Wahlvolks in sich: das für *filmi*-Menschen und das für Erbhöfe. Ihre Eltern waren Bollywood-Superstars gewesen, und ihr Vater hatte schon denselben Parlamentssitz innegehabt.

Eine Woche zuvor war ein LKW der Kongresspartei in Annawadi vorgefahren, und Arbeiter hatten acht verpackte Kanalisationsdeckel aus Beton abgeladen. Sofort lief eine Menschenmenge zusammen, freudig erregt über das Vor-

wahlgeschenk. Dank Priya Dutts Partei gab es demnächst in den Slumgassen keine offene Kanalisation mehr.
Ein paar Tage später kam der LKW mit den Kongresspartei-Arbeitern wieder. Nicht etwa, um die Deckel auszupacken und anzubringen, sondern um sie wieder abzuholen. Sie wurden in einem der größeren Slums des Wahlbezirks gebraucht, wo mehr Wähler lebten, die man mit derlei Requisiten beeinflussen konnte. Die alteingesessenen Annawadier sahen den davonfahrenden LKWs lachend hinterher. So viel Unverfrorenheit war doch erfrischend.
Die Eunuchen, Migranten aus Tamil Nadu, fanden zwar keine großen Unterschiede zwischen den Parteien, aber sie wollten unbedingt auch wählen gehen. Das Problem war nur, dass die Anträge von Migranten und anderen verachteten Minderheiten manchmal von den örtlichen Wahlamtsmitarbeitern nicht bearbeitet wurden. Während Asha und ihr Mann sogar zwei Wahlscheine und ID-Nummern hatten, also je zwei Stimmen für verschiedene Wahlbezirke, mussten viele nicht in Maharashtra gebürtige Annawadier zusehen, wie sie an ihre eine kamen. Zehrunisa und Karam Husain hielten den Rekord im Slum, was den faktischen Entzug des Wahlrechts betraf, sie versuchten seit sieben Jahren vergeblich, sich in die Wählerlisten eintragen zu lassen.
Die ausgeschlossenen Bürger von Annawadi schätzten politische Teilhabe nicht etwa, weil sie sie für ein wirksames Instrument für soziale Gleichheit hielten. Für sie war der Akt der Stimmabgabe die Hauptsache. In diesem Augenblick nämlich waren Slumbewohner, die oft nur wegen des Ortes kriminalisiert wurden, an dem sie lebten, und der Arbeit, die sie taten, weil sie dort lebten, mit jedem Bürger Indiens gleichgestellt. Wenn sie es auf die Wählerlisten schafften, waren auch sie Staatsbürger mit allen Rechten.
Der größte Eunuch verbeugte sich und hockte sich zu Ashas Füßen. »Frau Lehrerin«, sagte er, »wir haben uns vor einem

Jahr auf dem Amt eintragen lassen, aber wir haben noch immer keinen Wahlschein. Wir haben alles Nötige getan, aber bisher nichts. Und die Wahl ist doch bald. Könnten Sie unsere Anträge an die richtigen Leute weiterleiten und denen sagen, sie sollen uns unsere Stimmzettel geben?«

Asha nahm einen Spiegel zur Hand.

Der Eunuch hustete. »Können Sie uns helfen? Frau Lehrerin?«

Manju runzelte die Stirn. Ihre Mutter führte sich auf, als ob die Eunuchen gar nicht da wären. Asha nahm eine Tube Gesichtscreme und rieb sich in aller Ruhe das Gesicht ein. Sie schüttete sich Puder in die Hände und tupfte ihn auf die Wangen. Sie machte sich fein, sie wollte anscheinend irgendwohin.

»Was denn! Die schminkt sich ja!«, zischte einer der Eunuchen etwas zu laut einem anderen zu. Aber Asha hörte es nicht, sie war offenbar längst unterwegs zu diesem Irgendwohin.

Asha hatte den Slumbossjob hingeschmissen. Sie hatte die Schnauze voll von Politik. Und von Eunuchen ohne Wahlrecht und all den anderen Bewohnern von Annawadi, kurz: »von dem ganzen Kleinkram, wegen dem ich dauernd durch die Gegend rennen soll«. Ob die Husains in den Knast wanderten oder ein ganzer Slumweg an Tuberkulose krepierte oder Fatimas Geist ihr Gespuke langsam öde fand und anfing, eigenhändig die Klos zu putzen, die es dringend nötig hatten: alles egal. Gut möglich, dass Asha selbst auch in diesem Slum leben musste, zumindest im Augenblick noch. Aber eigentlich gehörte sie jetzt zur Oberstadt, als Direktorin eines Wohltätigkeitskonzerns, eines philanthropischen Vereins mit einem städtischen Gewerbeschein und bald vielleicht mit sogar ausländischen Spendengeldern. Sie war eine Respektsperson im Land des schönen Scheins und zufällig gerade sehr in Eile wegen eines Rendezvous.

»An der Tanksäule«, hatte der Mann am Telefon gesagt. »In dem rosa Hauskleid, das ich so mag.«
Und so ging Asha lächelnd hinter den Spitzenvorhang und wickelte sich einen eleganten, schwarz-weißen Seidensari um den Körper. Das war der, den *sie* mochte. Die Frau, die sie geworden war.
»Du siehst gut aus«, sagte Manju nach eingehender Musterung. »Besser als in Pinkrosa.«
»Oho, schick«, pflichtete ihr einer der Eunuchen mürrisch bei, während die neue Asha in die Dunkelheit hinaustrat.

17. Eine Schule, ein Krankenhaus, ein Kricketfeld

Mitte Mai waren die Stimmen ausgezählt. Die reformorientierten Eliten waren am Ende doch nicht zur Wahl gegangen. Die meisten angestammten Abgeordneten waren wiedergewählt worden, sie schickten ihrerseits den alten Premierminister wieder ins Amt, und die versprochenen radikalen Reformvorhaben für Regierung und Verwaltung verschwanden still und leise in der Schublade. Ein paar Wochen später fuhren die ersten Bulldozer an den Rändern von Annawadi herum.

Die schön-unverwüstlich-schöne Wand auf der Airport Road wurde abgebaut, der Klärteich, der Denguefieber und Malaria in den Slum gebracht hatte, wurde in nur zwei Tagen zugeschüttet und die gewonnene Fläche zwecks neuer Bebauung planiert. Die Slumbewohner trösteten sich gegenseitig. »Bei uns sind sie noch nicht, nur ganz am Rand.« Die Flughafenslums sollten in mehreren Phasen innerhalb der nächsten Jahre dem Erdboden gleichgemacht werden, den Einwohnern blieb also noch eine Menge Zeit, um sich zusammenzuschließen und dafür zu sorgen, dass die Geschäftsleute und Politiker, die Hütten aufgekauft hatten, nicht als Einzige von der versprochenen Umsiedlung profitierten.

So lange hatten die Kinder dank der Planierungsarbeiten im annawadischen Grenzgebiet etwas zu tun. Sie tummelten sich am einstigen Klärteich und sahen hingerissen zu, wie die hellgelben Bagger den neuen Boden durchpflügten. Die schweren Schaufeln förderten lauter recycelbare Relikte einer früheren Stadt zutage: einen Oxford-Schnürschuh aus ehemals weißem Wildleder, verrostete Schrauben und allerlei sonstige Plastik- und Metallreste. Lauter gut verkäufliche Ware.

Eines Samstagnachmittags gesellten sich die kleinen Husain-Kinder zusammen mit Fatimas Töchtern zu den anderen Goldgräbern am Rand der Szenerie. Sie ließen die Schaufeln nicht aus den Augen, während sie erörterten, was wohl auf dem neugewonnenen Land gebaut werden würde.

»Eine Schule«, sagte jemand.

»Nein, da soll 'n Krankenhaus hin, hab ich gehört.«

»So eins, wo Babys geboren werden.«

»Quatsch, Blödmann. Die bauen da was für den Flughafen, 'n Taxistand. Und Flugzeuge sollen da auch hin.«

»Das ist doch viel zu klein für Flugzeuge. Die bauen da bloß 'n Platz, wo wir Kricket spielen können.«

Die kleinere von Fatimas Töchtern wurde plötzlich hektisch. Am Rand einer neuen Baggerfurche lag etwas Glänzendes. Sie sprang los und flitzte unter der runtersausenden Schaufel eines Baggers durch.

»Nicht!«, schrie eine Frau auf, die gerade vorbeikam. Aber Heena bückte sich, zerrte an etwas, schoss immer gerade noch rechtzeitig zurück, um nicht unter den Bagger zu geraten, ging danach sofort wieder in die Hocke und buddelte weiter. Da lag wirklich etwas richtig Tolles – ein schwerer Edelstahlkochtopf! Sie schnappte ihn, rannte strahlend und so schnell damit zurück nach Annawadi, dass ihre nackten Füße Dreckwolken aufwirbelten.

Der alte Topf war mindestens fünfzehn Rupien wert, und zwei Frauen auf dem Maidan fingen an zu lachen, als sie ihn sahen. Wenigstens *ein* Mensch in Annawadi hatte auch mal was von Fortschritt und Modernisierung. Heena hielt ihren Schatz ganz hoch, damit alle anderen neidischen Kinder ihn sehen konnten.

Ein paar Wochen später entdeckten die Kinder einen noch aufregenderen Zeitvertreib: Journalisten, die Kameras mit langen schwarzen Schnauzen trugen. Annawadi hatte plötzlich Nachrichtenwert.

Anlass war ursprünglich nur die fröhliche, aber illegale Tradition, an Junisonntagen nachmittags auf dem gleißenden Western Express Highway Trabrennen zu veranstalten. Die Wetteinsätze waren klein, und die Zuschauer standen in dichten Reihen den Highway entlang.

Der abgesetzte Slumlord Robert der Zebramann hatte zwei von seinen Pferden ins Rennen geschickt, mitsamt einem frisch rot und blau gestrichenen, aber ziemlich reparaturbedürftigen Sulky. Als das schmucke Gefährt es gegen Ende des Rennens endlich ganz nach oben auf eine Überführung geschafft hatte, rollte eins der Räder davon. Der Sulky kippte, das Geschirr ging zu Bruch, die panischen Pferde stürzten über das Geländer. Ein Zeitungsfotograf war zufällig zur Stelle und drückte ab, als sie auf grausame Art und Weise unten auf der Straße aufschlugen. So begann eine regelrechte Jagd, um den verantwortungslosen Pferdebesitzer ausfindig zu machen und seiner Strafe zuzuführen – denn Robert hatte sich unter Hinterlassung einer falschen Adresse eilends verdrückt.

Die öffentliche Empörung schwoll an, die Schlagzeilen auch: »Der Turf der toten Gäule. Unsere Reporter ermitteln« – »Tod zweier Pferde: Polizei Minuten später vor Ort. Noch immer keine Anklage!« – »Exklusiv! Wo die beiden Pferde lebten, bevor sie grauenvoll in den Tod stürzten.«

Eines Tages beobachteten Sunil, Mirchi und andere Kinder ein paar Tierschützer von der Plant & Animals Welfare Society PAWS, die gemeinsam mit Medienleuten und Vertretern der Mumbaier Tierschutz-Liga eine »Razzia« in Roberts Stall machten. Etliche Pferde wurden für mangelernährt befunden. An den gefärbten Zebras wurden Schnitte und wundgerittene Stellen entdeckt. Die bedürftigsten Tiere wurden auf Druck der Tierschutz-Liga sofort zu einer therapeutischen Pferdefarm gebracht. Die Schlagzeile am nächsten Tag lautete: »Pferde gerettet!«

Dann konzentrierten sich die hartnäckigen PAWS-Aktivisten auf die juristische Aufarbeitung. Die Polizei von Sahar, die mit dem früheren Slumlord Robert jahrelang profitable Beziehungen gepflegt hatte, hielt es für unnötig, eine Anzeige wegen Grausamkeit gegen Tiere aufzunehmen (»Täter bleibt unbehelligt!«). Also gingen die Tierschützer mit ihrer Fotodokumentation zum Polizeichef von Mumbai. Und schließlich wurde gegen den früheren Slumlord und seine Frau ein Strafverfahren eröffnet. Sie hatten gegen einen Paragraphen zum Schutz von Tieren vor Grausamkeit verstoßen, weil sie ihre vierbeinigen Schutzbefohlenen nicht artgerecht mit Futter und Wasser versorgt und gepflegt hatten.

Endlich hielt die Gerechtigkeit mal mit aller Macht Einzug in Annawadi. Dass sie ausgerechnet Pferden zugutekam, fanden Sunil und die anderen Straßenjungen allerdings erstaunlich.

Und dabei hatten sie nicht mal die nie geklärten Todesumstände von Kalu und Sanjay im Hinterkopf. Die Jungen in Annawadi hatten längst die schlichte Wahrheit geschluckt, dass ihr Leben in einer rasant modernisierten und boomenden Stadt wie Mumbai lediglich ein Störfaktor, den man am besten auf engstem Raum wegsperrte, und ihr Tod vollkommen bedeutungslos war. Sie staunten nur über das ganze Brimborium um Roberts Pferde, denn ihrer Meinung nach waren sie die Geschöpfe mit dem meisten Glück und der liebevollsten Pflege im ganzen Slum.

Die Tierschützer waren nur ein paar Leute, aber sie arbeiteten gut zusammen und hatten durchgesetzt, dass ihre Wut über die Pferdequälerei Gehör fand. Auch in Annawadi war jeder auf irgendetwas wütend, das schlecht war und behoben gehörte: auf den seit numehr drei brutalen Monaten herrschenden Wassermangel; auf die Anträge für Wahlscheine, die im Wahlbüro versandeten; auf die miesen öffentlichen Schulen; auf windige Subunternehmer, die mit dem Geld ihrer Tagelöhner verschwanden. Abdul war einer der vielen Bürger von Annawadi, die wütend auf die Polizei waren. Sein heimlicher Trost waren inzwischen nächtliche Gedankenspiele, wie man die Polizeiwache in die Luft jagen könnte. Aber Slumbewohner waren kaum je *gemeinsam* wütend – nicht einmal auf die Flughafenbetreiber.

Stattdessen gaben ohnmächtige Individuen anderen ohnmächtigen Individuen die Schuld an allem, was ihnen fehlte. Manchmal versuchten sie, sich gegenseitig aus dem Weg zu räumen. Manchmal räumten sie dabei sich selbst aus dem Weg, wie Fatima. Wenn sie Glück hatten, wie Asha, verbesserten sie ihr eigenes Los dadurch, dass sie anderen armen Leuten alle Lebenschancen zunichtemachten.

Was hier in Mumbai allmählich zutage trat, trat auch anderswo zutage. Im Zeitalter der globalen Marktwirtschaft wurden Hoffnungen und Kümmernisse nur im engen eigenen Umfeld wahrgenommen, und das trübte den Sinn dafür, dass im Grunde alle in derselben Zwickmühle steckten. Arme Leute taten sich kaum je zusammen, eher konkurrierten sie erbittert um irgendeine Beute, die ebenso mager wie schnell vergänglich war. Die Zwistigkeiten der Unterstadt machten allenfalls hauchfeine Knitter in das Gewebe der Gesamtgesellschaft. An den Toren der Reichen wurde höchstens gelegentlich mal gerüttelt, gestürmt wurden sie nie. Die Politiker richteten sich weiter an der Mittelschicht aus. Die Armen richteten sich gegenseitig zugrunde, und so marschierten die grandiosen Städte der Ungleichheit überall auf der Welt ziemlich friedlich weiter voran.

Im Juni, als die Regenzeit begann, rief der Richter, der jetzt für den Prozess gegen Vater und Tochter Husain zuständig war, weitere Zeugen auf. Er hieß C. K. Dhiran, hatte knochige Hände und schläfrige Augen hinter der Brille, und er peitschte seine Eilverfahren noch energischer durch als seine Vorgängerin. Auf dem Weg zu seinem Saal im obersten Stock des Gerichtsgebäudes blickte Kehkashan zu einem kleinen Fenster, durch das man nasse Ziegeldächer und dahinter das Arabische Meer sehen konnte.

Was sollte das denn bringen, wenn sie sich noch einmal anstrengte, die Gedanken eines Richters zu lesen? Sie war noch immer geschwächt von der Gelbsucht und der Anspannung, und je mehr Wochen vergingen, desto zweckloser schienen ihr alle Versuche zu begreifen, was da geredet wurde, oder zu erahnen, ob sie und ihr Vater ins Gefängnis mussten oder nicht. Ihre Mutter war doch schon ängstlich genug für die ganze Familie, sie träumte auch schreckliche Dinge und lief neuerdings dauernd im Halbschlaf auf dem Maidan herum. Kehkashan setzte sich lieber auf die Bank zwischen die anderen Angeklagten und murmelte Gebete, bis sie endlich wieder nach Hause fahren und mit dem Rest der Familie Pläne für neue Geldbeschaffungsmöglichkeiten schmieden durfte. Die Husains lebten inzwischen, wie Mirchi es nannte, nur noch »von der Hand in den Mund«.

Die Idee, das Müllgeschäft in Saki Naka neu aufzuziehen, hatten sie fallenlassen. Die Bude da hatte mehr Miete verschlungen, als Abdul einnahm. Deshalb fuhr er jetzt tagsüber mit der dreirädrigen Klapperkiste einen Slum nach dem anderen ab, auf der Suche nach Aufträgen für den Transport von anderer Leute Müll zu Recyclingfirmen. Mirchi nahm jeden Job an, den er kriegen konnte, und handelte nebenbei in Annawadi noch heimlich mit Müll, wenn gerade keine Polizei da war. Der jüngere Bruder Atahar schmiss die Schule, kaufte einen gefälschten Ausweis, laut dem er im arbeitsfähigen Alter war, und klopfte beim Straßenbau Steinbrocken klein. Atahar behauptete, es mache ihm nichts aus, nicht mehr zur Schule zu gehen, sondern seiner Familie zu helfen, aber Kehkashan machte es etwas aus, sehr sogar.

Am letzten Tag im Juli hielten Staatsanwalt und Verteidiger ihre Plädoyers. Der Richter sah zu Kehkashan herüber, zum ersten Mal, wie ihr schien, und machte einen dummen Spruch über ihre Burka: »Wissen wir eigentlich, ob das hier überhaupt die Angeklagte ist? Das könnte ja sonst jemand sein. Wer soll das denn erkennen bei *dem* Aufzug!« Als er zu Ende gelacht und die Anwälte von sich gegeben hatten, was immer sie von sich geben wollten, auf Englisch natürlich, schickte der Richter Karam und Kehkashan weg. In anderthalb Stunden sollten sie wiederkommen. Dann werde das Urteil gesprochen.

Beim Hinausgehen hörten sie den Richter sagen: »Ich warte jetzt noch ab, bis die Gehaltserhöhung durch ist, aber dann gehe ich wohl in Pension. Maharashtra ist dermaßen kleinkariert – kein anderer Staat verlangt von Richtern Spesenbelege und Quittungen. In Andhra Pradesh und Gujarat kriegt man eine Benzinpauschale mit dem Richtergehalt überwiesen, da muss man keine Tankquittungen vorlegen …«

Vor dem Gericht war gerade ein Hund von einem Müllwagen überrollt worden. Er starb jaulend, und Kehkashan und Karam beschlossen, zum Warten lieber in die Gerichtskantine zu gehen. Kehkashan setzte sich auf den Boden und starrte auf ihre Schuhe, sie waren neu und aus Plastik und drückten. Sie humpelte barfuß zurück in den Gerichtssaal.

»Was machen Sie?«

Es war die erste und letzte Frage, die der Richter ihr stellte.

»Hausfrau«, antwortete sie. Sie hatte nicht die Absicht, ihm etwas von einem sitzengelassenen Ehemann und Fotos von einer anderen Frau in dessen Handy zu erzählen.

»Und was für Geschäfte betreiben Sie so?«, fragte der Rich-

ter dann ihren Vater. Karam hatte ein paarmal in die Hände geklatscht, damit sie nicht so zitterten.
»Ich bin im Plastikhandel, Sir«, erwiderte Karam. Er fand, das klang besser als »leere Wasserflaschen und Einkaufstüten«.
»Nun, Ihretwegen«, hob der Richter an, »hat eine Frau das Leben verloren.«
»Nein, *sa'ab!*«, schrie Karam auf. »Was sie getan hat, hat sie ganz allein getan.«
Der Richter schwieg eine Weile, dann sah er zum Staatsanwalt mit den festgeklebten orangeroten Haaren.
»Tja, was machen wir denn nun mit den Leuten hier? Soll ich sie zu zwei oder zu drei Jahren verurteilen?«
Kehkashan erstarrte. Dann lächelte der Richter und hob die Hände.
»Lassen Sie sie gehen«, sagte er zu Staatsanwalt und Verteidiger. *»Jao, chhod do.«* Er erklärte die Husains für nicht schuldig. Es war vorbei.
Die Urteilsbegründung fiel kurz und bündig aus: »In den Akten findet sich keinerlei Nachweis, dass die Angeklagten die Verstorbene in irgendeiner Weise zum Selbstmord angestiftet hätten. Die Staatsanwaltschaft, die eine Schuld über allen vernünftigen Zweifel hinaus hätte beweisen müssen, hat folglich erbärmlich versagt.«
Und weiter im Text. Der Richter hatte andere Fälle zu bearbeiten und wollte den Zeugenstand leer kriegen, in dem Kehkashan und ihr Vater wie festgeklebt verharrten. »Sie können gehen«, sagte der Verteidiger zum zweiten Mal und mit mehr Nachdruck, und endlich stürmten Kehkashan und ihr Vater aus dem Saal.

Jetzt stand nur noch Abduls Verfahren vor dem Jugendgericht aus – das Urteil über *seine* Ehre. Im September 2009 behauptete ein Mitarbeiter im Jugendgericht: »Geht wahrscheinlich nächsten Monat los.« Im Oktober hieß es: »In den nächsten drei Monaten vielleicht.« Einer der Polizisten von der Wache Sahar, dem Abdul in Dongri ständig über den Weg lief, machte wenigstens eine klare Ansage: »Gib einfach zu, dass du Einbein das angetan hast! Dann findet sich für alles eine Lösung! Wenn du nicht gestehst, zieht dein Verfahren sich ewig hin, wenn du gestehst, lassen die dich noch heute laufen.«

Gegen Ende des Jahres 2009 ließ sich Zehrunisa eine besondere Maßnahme einfallen, um Abduls Prozess und endliche Genugtuung zu beschleunigen. Sie suchte einen Sufi-Mystiker auf der Reay Road auf, einen Spezialisten für bessere Zukunftsaussichten, gelockerte Spannungen, abgewendete Flüche und beschwichtigte Geister. Vor allem letztere Fähigkeit fand Zehrunisa attraktiv, denn sie vermutete noch immer Fatimas Geist hinter Abduls schwelender Anklage. Der Mystiker band einen roten Faden um Zehrunisas Handgelenk und schickte sie in einen Hof, wo andere Pilger zu Trommelrhythmen sangen und sich im Kreis drehten. Um einen Baum dort sollte sie einen anderen roten Faden binden. Dann würden die Geister sich beruhigen, versprach er, während er das Geld einsteckte. Trotzdem konnte es nicht schaden, dachte Zehrunisa, zusätzlich an sieben Freitagen in die Moschee zu gehen und in Abduls Namen einen Mannat-Schwur zu leisten.

Das Jahr 2010 verging, ohne dass Zehrunisas Bemühungen Früchte trugen. Nur die Opferbeauftragte der Regierung von Maharashtra tauchte wieder auf, diesmal mit der Empfehlung, Geld könne schneller zur Eröffnung des Prozesses führen als Gebete. Zehrunisa bedankte sich dafür mit ein paar der schönsten Flüche, die ihr je eingefallen waren.

Ende 2010 war sie sich mit Abdul einig, dass der Schwebezustand zwischen Schuld und Unschuld wohl auf Dauer sein Lebenszustand war.

Abdul hielt weiter jedes Mal, wenn er nach Dongri kam, nach dem Master Ausschau. Er wollte seinem Lehrer erklären, dass er sich während seiner letzten Jahre als Junge wirklich um ein ehrenhaftes Leben bemüht hatte, dass er das aber wohl nicht würde durchhalten können, da er mit ziemlicher Sicherheit inzwischen ein Mann war. Als vernünftiger Mann machte man nicht mehr so scharfe Unterschiede zwischen Gut und Böse, Wahrheit und Falschheit, Gerechtigkeit und dem anderen Ding da.

»Ich hab 'ne ganze Zeitlang versucht, das Eis in mir vorm Schmelzen zu bewahren«, so beschrieb er es. »Aber bald bin ich auch bloß noch Dreckwasser wie alle anderen. Ich sage Allah, dass ich Ihn ganz, ganz toll liebe. Aber ich sage Ihm auch, dass ich kein besserer Mensch sein kann, weil die Welt nun mal so ist.«

Inzwischen verdienten drei Söhne Geld, es ging langsam wieder bergauf mit den Husains, und als Annawadi niedergerissen wurde, machten sie sich Hoffnungen auf eine der Entschädigungswohnungen. Das waren zwar nur 25 Quadratmeter für eine elfköpfige Familie und weit weg vom Flughafen und seinem Müll, aber es war entschieden besser als Straßenpflaster. Abduls Stimmung verdüsterte sich nur, wenn er an den Anfang des Jahres 2008 zurückdachte. Damals hatten seine Geschäfte geblüht, war die erste Rate für ein kleines Stück eigenen Boden außerhalb der Stadt bezahlt. Inzwischen war das Grundstück in Vasai an eine andere Familie verkauft, und die Husains hatten nicht mal die Anzahlung zurückgekriegt.

Karam Husain hatte neuerdings die lästige Angewohnheit, über die Zukunft zu reden, als wäre sie ein Autobus: »Der kommt da angefahren, und man denkt immer, man verpasst ihn, aber dann sagt man sich, halt, vielleicht erwisch ich den doch – ich muss einfach noch schneller rennen als je zuvor. Bloß, wie schnell können wir eigentlich noch rennen, jetzt, wo wir alle müde und kaputt sind? Immer soll man zusehen, dass man nichts verpasst, selbst wenn man genau weiß, man erwischt's nicht mehr, wenn man's vielleicht lieber sausenlässt –«

Abdul wollte nichts wissen von solchen Malaisen. Zum Glück hatte er seine Lieferfahrten zu erledigen. Frühmorgens klapperte er Hütte für Hütte in den großen Industrieslums ab und fragte die Vorarbeiter bescheiden: »Gibt's hier irgendwas, das zu einer Recyclingfabrik muss?« Er lernte sämtliche Nebenstraßen und Holperwege kennen, denn viele der glatten neuen Durchgangsstraßen von Mumbai waren für dreirädrige Gefährte wie seins verboten.

An manchen Tagen kostete das Benzin für die Sucherei nach Aufträgen mehr, als er an Provisionen einfuhr, aber es gab auch gute Tage, an denen sein kleiner Transporter mit Abfall überladen die Straßen entlangknatterte. Für Geld würde Abdul überall hinfahren, je weiter weg von Annawadi, desto besser. Er fuhr sogar bis nach Vapi im Nachbarbundesstaat Gujarat. Er fuhr bis nach Kalyan, bis nach Thane. Aber die meiste Zeit war er innerhalb der Stadtgrenze unterwegs.

Wenn er spätabends seine Runden drehte, spielte er manchmal mit dem Gedanken, gar nicht zu seiner Familie und in diesen Slum zurückzufahren, den er inzwischen nur noch als »'ne andere Art Knast« empfand. Er malte sich aus, einfach weiterzufahren und irgendwo in der Ferne, oder vielleicht noch lieber Fremde, zu verschwinden. Aber seine Stadt riss ihn am Ende immer wieder aus solchen Träumereien. Busse und Geländewagen rasten auf ihn zu und wichen in letzter Sekunde aus. Kinder liefen unbedacht in den rollenden Verkehr, so wie Fatimas Tochter dauernd, als ob sie gar nicht wüssten, wie wertvoll das eigene Leben ist.

»Ein Fehler beim Fahren, und ich bin erledigt«, klagte er seiner Mutter gegenüber, wenn er unweigerlich doch wieder in Annawadi ankam. »Da draußen ist so 'ne Hochspan-

nung – man darf nie die Gedanken wandern lassen. Man muss jede Sekunde auf der Hut sein.«
In Wahrheit verspürte er so etwas wie Macht, wenn er sich mit stecknadelkleinen müden Augen durch den mitternächtlichen Verkehr schlängelte. Vielleicht war diese ganze blinkende Riesenstadt ja wirklich nicht zu bewältigen, aber er bewältigte immerhin ein paar Meter klebrige Straße locker.

Eines frühen Morgens hockte Abdul vor der Video-Bude auf einem schwarzen Müllsack und grübelte über die letzte ergebnislose Fahrt nach Dongri und seine »Irgendwas abzuholen?«-Runde am Abend danach, als Sunil sich auf den Müllsack daneben fläzte. Sie hatten sich schon länger nicht mehr gesehen, weil Abdul dauernd unterwegs war. Sunil schmiegte sich an ihn, wie Beinah-Freunde es manchmal tun.
»Leihst du mir zwei Rupien für Essen?«
Abdul schoss hoch. »Ähhh! Du hängst dich direkt unter meine Nase und hast dir nicht mal die Zähne geputzt! Ist ja widerlich. Das Gesicht auch. Geh dich mal waschen! Ich krieg ja schon bei deinem Anblick Angst.«
»Okay, okay, mach ich gleich«, sagte Sunil und lachte. »Bin grad erst aufgewacht.«
»Reichlich früh für Diebe.«
»Bin keiner mehr.«
Die Preise für Müll waren ganz langsam wieder geklettert, die Polizei prügelte jetzt noch brutaler, und die Security-Leute am Flughafen hatten ihn einmal nackt ausgezogen und ihm den Kopf kahlgeschoren. Sunil hatte beschlossen, lieber wieder Müll suchen zu gehen. Das war der eigentliche Grund, weshalb er auf einem Müllsack neben Abdul auf der Straße saß. Der Tamile, dem die Spielbude gehörte, war sauer, dass Sunil ihm keine gestohlenen Sachen mehr brachte, und ließ ihn nicht mehr in die Hütte.

Sonu, der Zwinkerer, hatte Sunil die Diebstahlphase fast verziehen, aber nicht die Angewohnheit, nie vorm Morgengrauen aufzuwachen. Sunil wollte sich wieder mit Sonu zusammentun und übte jetzt, früh aufzustehen. Und er arbeitete an irgendetwas, das wirklich half, sich wegen der Arbeit, wegen der er sich selbst als ekelhafte Gesellschaft empfand, nicht auch noch selbst zu hassen. Erase-X half zwar ganz gut, hatte Sunil festgestellt, aber nicht sehr lange.
»Andauernd überleg ich, wie ich das hinkrieg, dass mein Leben schöner wird, richtiger, aber verbessert hat sich nie was«, sagte er. »Also versuch ich's jetzt mal anders. Gar nicht mehr überlegen, wie ich irgendwas besser mache, einfach aufhören mit dem Gegrübel, wer weiß, was dann passiert? Vielleicht kommt dann ja was Gutes einfach mal so.«
Abdul haute ihm eine runter. »Ich werd irre, wenn ich dich so höre«, sagte er. Er kam sich uralt vor neben jemandem, der sich noch Gedanken machte. Wenn der Slum erst abgerissen war, würden sie sich wahrscheinlich nie wiedersehen. Sunil wollte irgendwo anders ein neues Leben anfangen, außerhalb der Stadt, wo es Bäume und Blumen gab, aber Abdul sah Sunil eher auf irgendeinem Bürgersteig schlafen, mitten in der Stadt, sehr bald. Vielleicht waren diese letzten Tage von Annawadi überhaupt die besten, die Sunil noch erlebte.
Ein großes glänzendes Blatt wehte über die Gasse und landete vor Abduls Füßen. Es war noch kaum vom Dreck in der Luft verfärbt. Abdul hob es auf, zog eine rostige Rasierklinge aus der Tasche, zerschnitt es in winzige Schnipsel und pustete in die Hand. Grünes Konfetti wirbelte auf Sunils Augenbrauen und seinen geschorenen Kopf.
»Also, was jetzt?«, fragte Sunil nach einer Minute.
»Wie was jetzt? Du gehst dir die Zähne putzen und dann an die Arbeit! Du bist sowieso spät dran. Was glaubst du, was jetzt überhaupt noch irgendwo rumliegt?«

»Okay, bis dann«, sagte Sunil. Er sprang auf, wischte sich die Blattschnipsel ab und lief los. Abdul sah ihm nach. Was für ein schräger, aber anständiger Junge – er wünschte ihm Glück. Und Sunil fand es tatsächlich, eine halbe Stunde später auf einem schmalen Vorsprung hoch oben über dem Mithi.

Bald würden die Taxifahrer, die da immer ihren Abfall über die Mauer warfen, von ihrem Halteplatz verdrängt werden, damit der neue Flughafen seine ganze Symbolkraft entfalten konnte: als elegantes Tor zu einer der bedeutendsten Weltstädte des einundzwanzigsten Jahrhunderts. Aber im Augenblick warteten auf dem langen Betonsims noch elf Blechdosen, sieben leere Wasserflaschen und eine zusammengeknüllte Alufolie auf das erste Kind, das den Mut hatte, sie sich zu holen.

Nachwort

Ich habe mich vor zehn Jahren in einen indischen Mann verliebt und ein ganzes Land dazubekommen. Ich solle das aber nicht wörtlich nehmen, ermahnte er mich.

Als ich meinen Mann zum ersten Mal traf, war ich dreizehn Jahre als Reporterin unterwegs gewesen. Ich hatte mir in den Vereinigten Staaten etliche Armutsviertel von innen angesehen und schreibend darüber nachgedacht, was Menschen in einem der reichsten Länder der Welt wirklich brauchen, um die Armut hinter sich lassen zu können. Als ich nach Indien kam, in eine Nation, die immer wohlhabender und einflussreicher wird und in der gleichzeitig ein Drittel der Armut und ein Viertel des Hungers auf diesem Planeten zu Hause sind, stand ich vor ganz ähnlichen Fragen.

Ich war bald nur noch wütend über die üblichen rührseligen Elendsbilder aus Indien, diese Schnappschüsse von klapperdürren Kindern mit Fliegen in den Augen und anderen Emblemen des Jammers. Sicher, man entkommt solchen Anblicken nicht, selbst wenn man nur fünf Minuten durch einen Slum geht.

Mir sind andere Fragen wichtiger – und ich wage zu behaupten, auch den meisten Eltern, deren Kinder in Armut aufwachsen müssen, egal in welchem Land –, aber die Antworten brauchen etwas länger: Gibt es in der jeweiligen Gesellschaft eine Infrastruktur für Chancengleichheit? Wessen Fähigkeiten werden vom Markt und von der jeweiligen Wirtschafts- und Sozialpolitik gefördert? Wessen Fähigkeiten werden brachliegen gelassen? Welche Maßnahmen könnten jenem klapperdürren Kind helfen, in weniger Armut aufzuwachsen?

Ich hatte eine Reihe weiterer bohrender Fragen bezüglich der Gleichzeitigkeit des zutiefst Ungleichen – Erkennungsmerkmal so vieler moderner Städte. (Neuere Forschungen zur Kluft zwischen wohlhabenden und verarmten Bürgern zeigen, dass in New York und Washington, D.C., ein fast ebenso krasses Gleichheitsgefälle herrscht wie in Nairobi und Santiago de Chile.) Manche Menschen halten es für ein *moralisches* Problem, dass Reichtum und Armut so dicht nebeneinander existieren. Ich dagegen finde faszinierend, wie selten dieses Nebeneinander als *praktisches* Problem wahrgenommen wird. Schließlich gibt es mehr arme als reiche Leute in den Mumbais dieser Welt. Wieso eigentlich sehen Gegenden wie die Airport Road, in der Slums praktisch auf Tuchfühlung mit Luxushotels liegen, nicht aus wie die Bürgerkriegsszenerien in Videospielen? Warum implodieren unsere ungleichen Gesellschaften nicht viel öfter?

Ich hätte gern ein Buch gelesen, das mir wenigstens ein paar Fragen beantwortet. Es selbst zu schreiben, traute ich mir nicht zu. Ich bin keine Inderin, ich spreche die Sprachen nicht, ich war nicht mein Leben lang in die dortigen Zusammenhänge eingebunden. Ich traute mir nicht mal zu, mit Monsunen und Slumverhältnissen klarzukommen, so miserabel, wie meine Gesundheit seit Jahren war. Meine Entscheidung, es trotzdem zu versuchen, fiel in einer absurd langen Nacht allein zu Hause in Washington, D.C. Ich war über ein Riesenlexikon gestolpert und fand mich plötzlich auf dem Fußboden wieder, inmitten einer immer größer werdenden Lache aus Diät-Brause, mit einer punktierten Lunge und drei gebrochenen Rippen. Ich kam nicht einmal kriechend an ein Telefon. So vergingen Stunden, in denen ich eine gewisse Klarheit gewann. Da ich nachgewiesenermaßen schon ungeeignet war, unfallfrei mit einem Riesenlexikon zusammenzuleben, hätte ich auch nicht viel zu verlieren, wenn ich meine Neugier auf fremdes Territorium verlagerte – an einen Ort jenseits meiner sogenannten Erfahrungswelt, wo zwar die Gefahr des Scheiterns groß, menschliches Miteinander aber auch irgendwie sinnvoller war.

Ich hatte den Eindruck, dass es überhaupt kaum Sachliteratur über Indien gab, gründlich recherchierte Reportagen darüber, wie Menschen mit geringen Einkommen – insbesondere Frauen und Kinder – im Zeitalter der globalen Märkte zurechtkommen. Ich kannte Berichte über Menschen, die sich neu erfunden hatten und im indischen Software-Boom Triumphe feierten. Darin wurde allerdings manchmal geflissentlich übergangen, dass diese Siegertypen schon früh durch ihre Kaste, familiären Reichtum und private Schulbildung privilegiert waren. Ich hatte auch Geschichten von Slumbewohnern gelesen, die in heiliger Demut in einem monochromatischen Jammertal festsaßen – das heißt, bis der (zumeist weiße westliche) Erlöser herbeigaloppierte, um sie zu erretten. Und ich hatte Storys über Gangster und Drogenbarone gelesen, auf deren Wortgewalt Salman Rushdie neidisch wäre.

Die Slumbewohner, die ich selbst schon kennengelernt hatte, waren weder mythische noch erbärmliche Gestalten. Sie waren auch alles andere als passiv. Sie lebten überall in Indien und in Gegenden, in denen nie Erlöser vorbeikamen, und waren oft höchst erfinderische Improvisationskünstler, die die neuen ökonomischen Möglichkeiten des einundzwanzigsten Jahrhunderts für sich zu nutzen suchten. Manche offiziellen Statistiken gaben kleine Einblicke in die Überlebensstrategien solcher Familien. Leider haben in Indien – wie in vielen Ländern der Welt, mein eigenes eingeschlossen – Statistiken über arme Leute herzlich wenig mit gelebter Erfahrung zu tun.

Für mich gehört, wenn man sich einem Land verbunden fühlt, immer auch dazu, dass man unbequeme Fragen nach Gerechtigkeit und Perspektiven für seine schwächsten Bürger stellt. Und je besser man diese Schwächsten selbst kennt, desto dringender möchte man nachbohren. Ich würde mir nicht anmaßen, von einem kleinen Ausschnitt auf das Gesamtbild zu schließen, aber ich fand es ganz nützlich, die Einwohner eines einzelnen durchschnittlichen Slums in diesem aufblühenden Land über mehrere Jahre zu begleiten und mitzuerleben, wer vorankam und wer nicht und warum. Dass ich keine Inderin bin, war eine Beschränkung, die sich nicht aus der Welt schaffen ließ, aber ich versuchte, sie mit derselben Methode auszugleichen wie auf unvertrautem Terrain in meinem eigenen Land: indem ich viel Zeit dort verbringe, den Menschen Aufmerksamkeit widme, alles sauber recherchiere, gegenchecke und sicher dokumentiere.

Die geschilderten Ereignisse sind real, auch die Namen sind echt. Ich bin an einem Tag im November 2007 zum ersten Mal durch Annawadi gegangen und habe Asha und Manju kennengelernt. Und ich habe die Erfahrungen der Annawadier bis zum Abschluss meiner Recherchen im März 2011 dokumentiert, mit schriftlichen Notizen, Videoaufzeichnungen, Tonaufnahmen und Fotos. Manche der Kinder des Slums haben schnell gelernt, mit meiner Videokamera umzugehen, und so haben auch sie die im Buch geschilderten Ereignisse festgehalten. Als besonders leidenschaftlicher Dokumentarfilmer hat sich übrigens einer von Manjus ehemaligen Schülern entpuppt, Devo Kadam.

Ich habe außerdem über dreitausend amtliche Akten eingesehen, viele erst nach jahrelangen ständigen Anfragen an Regierungsstellen und dem Verweis auf das gesetzlich garantierte Informationsrecht *(Right to Information Act,* 2005). Die Unterlagen von Behörden – der Polizei von Mumbai, dem Gesundheitsamt von Maharashtra, Bildungsinstitutionen des Bundesstaates und der Zentralregierung, aus Wahlämtern, Stadtverwaltung, städtischen Krankenhäusern und deren pathologischen Abteilungen sowie aus Gerichten –

waren doppelt wichtig. Zum einen bestätigten sie viele Einzelheiten der hier erzählten Geschichte. Zum anderen enthüllten sie, auf welche Weise Korruption und Gleichgültigkeit von Amts wegen die Lebenserfahrungen armer Bürger aus dem öffentlichen Gedächtnis tilgen.

Was ich über die Gedanken der einzelnen Menschen auf den vorangegangenen Seiten geschrieben habe, ist mir und meinen Dolmetscherinnen oder auch anderen in unserer Anwesenheit so berichtet worden. Da, wo ich erst im Nachhinein zu begreifen versucht habe, was jemand in einem bestimmten Moment gedacht hat, oder wo ich jemanden mehrmals interviewen musste, um seine Ansichten in ihrer ganzen Komplexität zu erfassen – was sehr häufig vorkam –, habe ich paraphrasiert. Abdul und Sunil zum Beispiel hatten vorher kaum über ihr Leben und ihre Gefühle gesprochen, nicht einmal mit ihren Familien. Hinter ihre Gedankengänge kam ich nur, indem ich sie immer wieder (sie würden sagen: ohne Ende) zum Erzählen und Faktenabklären drängte, meistens während sie arbeiteten.

Ich war mir durchaus bewusst, dass das zu Überinterpretationen führen könnte, aber mir schien die Gefahr zu verzerren größer, wenn ich meine Aufmerksamkeit nur der Handvoll Annawadier schenken würde, die über mehr verbale Ausdruckskraft verfügten, also vielleicht farbenfreudigere Zitate zu bieten hatten. Die Alltagssprache all der Menschen, die oft den größten Teil des Tages mit Müll verbringen, schweigend, von der Arbeit ausgelaugt, war eher handlungsgebunden. Sie lässt nicht unmittelbar auf die tief darunterliegende, sehr eigensinnige Klugheit schließen, die trat erst im Laufe der beinahe vier Jahre ganz deutlich zutage.

Wenn ich an irgendeinen Ort gehe, um zuzuhören und zu beobachten, dann nicht, weil ich mir vormache, dass die Geschichten einzelner Menschen allein für sich Argumente sind. Ich bin allerdings überzeugt, dass wir bessere Argumente, vielleicht sogar eine bessere Politik, erst formulieren können, wenn wir mehr über gewöhnliche Lebensumstände wissen.

Ich habe mich zu Vergleichszwecken auch in anderen Slums länger aufgehalten, mich dann aber aus zwei Gründen auf Annawadi konzentriert: Erstens roch es dort nach Perspektiven, denn auf allen Seiten griff der Wohlstand um sich, und zweitens war das Feld so klein, dass man von Haustür zu Haustür gehen und Leute befragen konnte – wie ein Wandersoziologe, sozusagen. Durch solche Umfragen lernte ich allmählich zu unterscheiden, was nur Randprobleme und was allgemeine Probleme waren, wie etwa die Verweigerung des Wahlrechts für die Immigranten und Hijras von Annawadi.

Besonders schön war es nicht, dort Reporterin zu sein, vor allem am Anfang nicht. Ich legte zuverlässig lächerliche Auftritte hin, fiel beim Drehen notorisch in den Klärteich und geriet in Konflikt mit der Polizei. Aber die Einwohner hatten drängendere Sorgen als meine Anwesenheit. Ein, zwei Monate hielt ihre Neugier an, dann gingen sie wieder mehr oder weniger ihren Geschäften und ich gleichzeitig ihren Lebensgeschichten nach.

Der Übergang gelang dank der begabten, großherzigen Mrinmayee Ranade. Sie war in den ersten sechs Monaten des Projekts meine Dolmetscherin, ihre wache Intelligenz, ihr feines Gehör und ihre warmherzige Art sorgten dafür, dass ich die Leute von Annawadi und sie umgekehrt mich kennenlernen konnten. Eine andere wunderbare Dolmetscherin war 2008 die Collegestudentin Kavita Mishra. Und ab April desselben Jahres gehörte die brillante junge Unnati Tripathi als Übersetzerin zum Projekt. Sie hatte Soziologie an der Universität von Mumbai studiert und war anfangs sehr skeptisch gegenüber dieser Frau, die aus dem Westen angereist kam, um etwas über Slumbewohner zu schreiben. Aber bald gewann ihre Zuneigung zu den Annawadiern die Oberhand über ihre Vorbehalte. Sie wurde schnell zu meiner glühenden Co-Investigatorin und kritischen Gesprächspartnerin, und dieses Buch wimmelt geradezu von ihren Einblicken. Drei Jahre lang haben wir gemeinsam immer wieder mit der Frage gerungen, ob tagelanges Herumhocken in rattenverseuchten, müllverstopften Hütten in einem Slum und nächtelange Erkundungszüge mit Dieben an einem neuen Flughafen irgendetwas zum Verständnis dessen beitragen konnten, was das Streben nach Aufstiegschancen in der ungleichen globalisierten Welt bedeutet. Doch, vielleicht, beschlossen wir forsch.

Die meisten Geschehnisse in diesem Buch habe ich selbst miterlebt. Andere habe ich, kurz nachdem sie passiert waren, in Interviews und anhand von Dokumenten festgehalten. So stammt die Schilderung der Stunden vor Fatima Shaikhs Selbstverbrennung und den Ereignissen unmittelbar danach aus mehrmaligen Interviews mit 168 Menschen sowie aus Akten der Polizei, des Krankenhauses, der Pathologie und der Gerichte.

Bei meinen Aufzeichnungen zu dieser und anderen Episoden der gesamten Erzählung, in der gegensätzliche Ansichten aufeinanderprallten, erwiesen sich die annawadischen Kinder als die verlässlichsten Zeugen. Sie waren weitgehend unempfänglich für die politischen, ökonomischen und religiösen Querelen der Erwachsenen und überlegten nicht groß, wie das wohl klang, was sie sagten. Fatimas Töchter beispielsweise, die den Streit miterlebt hatten, an dessen Ende ihre Mutter in Flammen stand, blieben ebenso dabei, Abdul Husain zu entlasten, wie andere Kinder in Annawadi. Ich lernte schnell, ihrem scharfen Blick und Verstand zu trauen.

Alles kam darauf an, bei Ereignissen selbst anwesend zu sein oder sie sofort danach zu recherchieren und aufzuzeichnen, denn im Laufe der Jahre gewichteten manche Slumbewohner ihre Erzählungen etwas anders, aus Angst, die Behörden zu verärgern. (Die Angst war nicht unbegründet: Slumbewohner, die mit mir sprachen, wurden hin und wieder von Polizisten der Wache Sahar bedroht.) Andere Annawadier arrangierten ihre Erzählungen so um, dass sie mehr psychologische Entlastung boten. Im Nachhinein attestierten sie sich oft mehr Kontrolle über Erfahrungen, als sie zum Zeitpunkt selbst gehabt hatten. Sich lange mit unglücklichen Erinnerungen aufzuhalten galt allgemein als unheilvoll und kontraproduktiv, und Abdul sprach für viele seiner Nachbarn, als er eines Tages protestierte: »Bist du eigentlich begriffsstutzig, Katherine? Ich hab dir das schon dreimal erzählt, und du hast das in deinen Computer getan. Ich hab das längst vergessen. Es soll auch vergessen *bleiben.* Also würdest du mich bitte nicht mehr danach fragen?«

Trotzdem taten er und die anderen Leute von Annawadi von November 2007 bis März 2011 alles Erdenkliche dafür, dass ich ihr Leben und ihre Nöte richtig schildern konnte. Obwohl sie genau wussten, dass ich ihre Schwächen genauso darstellen würde wie ihre Stärken, und ihnen klar war, dass sie nicht alles gut und richtig finden würden in dem Buch, das dabei herauskam.

Ich bin ziemlich sicher, dass sie nicht aus lauter Zuneigung zu mir bei dem ganzen Projekt mitmachten. Ich war ihnen sicher sympathisch, jedenfalls solange ich keine schlimmen Erinnerungen ans Licht zerrte. (Umgekehrt waren sie mir mehr als sympathisch.) Aber geduldet haben sie mich vor allem, weil sie ähnliche Befürchtungen wie ich hatten, was ihre Perspektiven in diesem Land des rasanten Wandels anging, das sie liebten. Manju Waghekar zum Beispiel sprach ganz offen über Korruption, in der leisen Hoffnung, dass das vielleicht dazu beitrug, ein faireres System für andere Kinder zu gestalten. Sie alle haben angesichts ihrer sozialen und ökonomischen Verwundbarkeit mutige Entscheidungen getroffen.

Selbstverständlich steht die Geschichte von Annawadi nicht

für das ganze riesige und vielschichtige Land namens Indien, und ebenso wenig bietet sie einen ordentlichen Abriss des gesamten Zusammenhangs von Armut und Chancen in der Welt des einundzwanzigsten Jahrhunderts. Im Detail sind alle »Armutsviertel« verschieden und die Unterschiede wichtig. Trotzdem war ich verblüfft, wie groß die Gemeinsamkeiten zwischen Annawadi und den anderen *communities* sind, in denen ich Zeit verbracht habe.

Trotzdem ist Hoffnung auch im Zeitalter der Globalisierung mit ihrer »Adhoc«-Mentalität, ihren prekären Jobs und ihrem erbitterten Konkurrenzkampf keine Fiktion. Extreme Armut wird nach und nach weniger, ungleichmäßig zwar, aber bedeutend. Gleichzeitig rast das Kapital um den Planeten, ist die Vorstellung von dauerhaften Arbeitsplätzen nur noch ein Anachronismus, werden individuelle Glücksversprechen zerrieben von den Unwägbarkeiten des täglichen Lebens. Idealerweise ist der Staat dazu da, derartige Instabilität abzufedern. Ein schwacher Staat dagegen verschärft sie oft noch und erweist sich als Nährboden, auf dem Korruption besser gedeiht als menschliche Fähigkeiten.

Die meistunterschätzte Folge der Korruption ist meiner Meinung nach nicht, dass ökonomischen Chancen schrumpfen, sondern dass unser moralisches Universum schrumpft. Ich bin bei meinen Reportagen immer wieder verblüfft, welche klaren Wertvorstellungen ganz junge Menschen haben, sogar wenn sie unter so verzweifelten Bedingungen leben, dass man ihnen eher Eigensucht zugestehen würde. Leider haben Kinder kaum die Macht, nach solchen Vorstellungen zu handeln, und so werden aus ihnen eines Tages womöglich auch Erwachsene, die einfach weitergehen, wenn ein Müllsammler langsam am Straßenrand verblutet, die sich abwenden, wenn eine brennende Frau sich vor Schmerzen krümmt, deren erste Reaktion, wenn ein lebenssprühender Teenager Rattengift trinkt, nur Achselzucken ist. Wie ist so etwas möglich? Wie wird aus Kindern, die – in Abduls Bild –, so gern Eis sein wollen, Wasser? Ein Klischee besagt, dass der Verlust des Lebens in Indien weniger zählt als in anderen Ländern, wegen des hinduistischen Glaubens an Wiedergeburt und der enorm großen Bevölkerung. Ich habe festgestellt, dass junge Menschen den Verlust eines Lebens sehr intensiv spürten. Die scheinbare Gleichgültigkeit gegenüber dem Leid anderer Menschen hatte wenig mit Wiedergeburt zu tun und noch weniger mit angeborener Gefühllosigkeit. Nach meiner Überzeugung hatte sie dagegen sehr viel mit den Lebensumständen zu tun, die ihre angeborene Fähigkeit zu moralischem Handeln sabotiert hatten.

In einer Welt, die durch falsche staatliche Prioritäten und den marktwirtschaftlichen Imperativ so unberechenbar geworden ist, dass man seine eigene Familie nicht mehr ernähren zu können glaubt und manchmal sogar die eigene Freiheit riskiert, indem man einem Nachbarn hilft, ist die Idee von der Gemeinschaft der Armen, die sich gegenseitig unterstützen, beschädigt. In so einer Welt geben die Armen sich gegenseitig die Schuld für Dinge, über die in Wahrheit der Staat oder der Markt entscheiden, und wir Nicht-Armen halten die Armen ebenso gnadenlos für sowieso selbst schuld.

Aus sicherer Entfernung entgeht einem leicht, wie grausam schwer es ist, in Unterstädten, in denen die Korruption regiert und erschöpfte Menschen auf engstem Raum um Brosamen konkurrieren, ein guter Mensch zu sein. Das Erstaunliche ist, dass manche Menschen dennoch gut *sind* und viele sich Mühe geben, es zu sein. Das sind all die unsichtbaren Individuen, die Tag für Tag vor einem ähnlichen Dilemma stehen wie Abdul, als er eines Julinachmittags mit einer Steinplatte in den Händen zusehen musste, wie sein ganzes Leben auseinanderbrach. Kann man, wenn ein Haus schiefe und bröckelige Wände hat und obendrein auf unebenem Boden steht, überhaupt irgendetwas gerade hinkriegen?

DANKSAGUNG

Den tiefsten Dank schulde ich den Einwohnern von Annawadi. Und ich bin folgenden Menschen und Institutionen dankbar:

Bharati Chaturvedi, Vijaya Chauhan, Naresh Fernandes, Severina Fernandes, Mahendra Gamare, Shailesh Gandhi, Matthew Geczy, David Jackson, James John, Kumar Ketkar, Cressida Leyshon, The John D. and Catherine T. MacArthur Foundation, Nandini Mehta, Sharmistha Mohanty, Sumit Mullick, Shobha Murthy, Kiran Nagarkar, Alka Bhagvaan Nikale, Brijesh Patel, Gautam Patel, Jeet Narayan Patel, Rajendra Prasad Patel, Vikram Raghavan, Altamas Shaikh, Gary Smith und der American Academy in Berlin, Hilda Suarez, Arvind Subramanian, M. Jordan Tierney sowie Madhulika und Yogendra Yadav.

Außerdem Binky Urban und Kate Medina dafür, dass sie mir entgegen aller Wahrscheinlichkeit dieses Buch zugetraut haben.

David Remnick für sein Eintreten für die Art Arbeit, die viel Zeit braucht und keine reine Freude fürs Anzeigengeschäft ist.

David Finkel und Anne Hull für zuverlässigen Rat in jedem Stadium des Projekts.

Unnati Tripathi für ihr Genie und ihre Kühnheit.

Mrinmayee Ranade für ihre Lektionen, ihren Optimismus und ihre Sensibilität für das häusliche Leben ganz normaler Frauen.

Luca Giuliani, Joachim Nettelbeck und den Mitarbeitern des Wissenschaftskollegs Berlin für einen Zufluchtsort, an dem

ich mich von den Recherchen erholen und die erste Buchfassung schreiben konnte.
Lorraine Adams, Jodie Allen, Evan Camfield, Elizabeth Dance, Ramachandra Guha, Anne Kornhauser, Molly McGrath, Amy Waldman und besonders Dorothy Wickenden, nicht nur für kluges und so wichtiges Testlesen, durch das dieses Buch besser geworden ist, als es sonst geworden wäre.
Meiner Familie, die mich seit Jahren dabei unterstützt, dem Leben und den Vorstellungen von Abdul Husain und seinen Nachbarn gerecht zu werden, und die mich das gesamte Projekt hindurch inhaltlich und gefühlsmäßig geleitet hat: meinem verstorbenen Vater Clinton Boo; John and Nick Boo; Tom Boo und Heleen Welvaart; Catherine Tashjean; Asha Sarabhai; Kyla Wyatt Leonor; Mary Richardson; Matt Buhr-Vogl, der mir die Augen für Zusammenhänge geöffnet hat; Jack Boo, dem ausgeschlafensten zwölfjährigen Lektor überhaupt; den beiden Mary Boos – meiner stürmischen, brillanten Schwester und meiner Mutter, die meine zuverlässigste Leserin und Inspirationsquelle bleibt; und Sunil Khilnani, meiner Liebe, meiner besseren Welt.

DANKSAGUNG DER ÜBERSETZERIN

Die Übersetzerin dankt sehr herzlich dem Goetheinstitut Mumbai fürs Verkuppeln, der Lebensabschnitts-Mumbaierin Daniela Verma und dem ex-kalifornischen Urgestein diverser Berliner Flughafen-Tower Bruce Christie für prompte & präzise kluge Antworten selbst auf blöde Fragen. Und natürlich auch Katherine Boo, die zuverlässig für letzte Klärung mancher (zum Beispiel »Geschlechter«-)Probleme gesorgt hat, die nur sie klären konnte. One from the heart to you all!